行政事业单位常见审计问题及案例

XINGZHENG SHIYE DANWEI CHANGJIAN SHENJI WENTI JI ANLI

广东诚安信会计师事务所
中勤万信会计师事务所 组编

中国财经出版传媒集团
经济科学出版社
Economic Science Press

图书在版编目（CIP）数据

行政事业单位常见审计问题及案例/广东诚安信会计师事务所，中勤万信会计师事务所组编．—北京：经济科学出版社，2019.12（2024.8 重印）
ISBN 978 -7 -5218 -1112 -4

Ⅰ.①行… Ⅱ.①广…②中… Ⅲ.①行政事业单位 - 内部审计 - 案例 - 中国 Ⅳ.①F239.66

中国版本图书馆 CIP 数据核字（2019）第 273372 号

责任编辑：杜 鹏 张庆杰
责任校对：杨 海
责任印制：邱 天

行政事业单位常见审计问题及案例

广东诚安信会计师事务所
中勤万信会计师事务所 组编
经济科学出版社出版、发行 新华书店经销
社址：北京市海淀区阜成路甲 28 号 邮编：100142
编辑部电话：010 -88191441 发行部电话：010 -88191522
网址：www.esp.com.cn
电子邮箱：esp_bj@163.com
天猫网店：经济科学出版社旗舰店
网址：http://jjkxcbs.tmall.com
固安华明印业有限公司印装
710×1000 16 开 21.5 印张 370000 字
2020 年 1 月第 1 版 2024 年 8 月第 7 次印刷
ISBN 978 -7 -5218 -1112 -4 定价：68.00 元
（图书出现印装问题，本社负责调换。电话：010 -88191545）

编委会

导 读

一、编写目的

随着新预算法的实施，财政部重新构造新的政府会计框架，为政府转变职能提供了制度保障。注册会计师审计工作是市场经济发展中的基础性专业保障，在工商领域实施注册会计师审计制度已十分普遍。由于财政、审计等政府监督和公共部门内部审计资源和力量不足，加之政府购买服务力度逐步加大，注册会计师近年来均以受托服务方式大量参与公共部门审计业务。这些业务实践使注册会计师逐步熟悉和掌握了公共部门法律法规、业务特征和运行状态，为独立开展公共部门审计工作奠定了业务基础和制度设计。不断完善的审计工作机制不仅有利于进一步完善公共部门监督体系，促进政府审计、内部审计和注册会计师审计分工合作、形成合力，而且还有利于发挥注册会计师的专业优势和激发市场活力，符合政府监管职能在一定范围内让渡于社会组织的改革方向。

行政事业单位作为公共部门重要的组成部分，能否严格按照国家财经法纪规范自身行为，对维护财政财务收支的合法性和保障公共资源有效运行起着至关重要的作用。我们通过参与协助有关监管机构检查工作，不仅开展预算绩效管理执行情况运行监测，而且还开展财政收支、内部控制、专项资金、会计信息质量、内部审计、资产清查等监督检查工作，范围领域极广，可以从中不断发现和披露行政事业单位存在的一些典型财经审计问题。为进一步深化注册会计师审计成果的运用，提高审计效率，从依法依规的视角，方便行政事业单位正确理解和规范运用现行法规制度，提高对审计发现问题的认识，举一反三，及时纠正不规范行为。我们结合理论与实务的梳理，同时也试图对行政事业单位开展注册会计师审计实践操作提供一个“广东样本”，三易其稿，从而完成了《行政事业单位常见审计问题及案例》的编写。

二、编写特点

本书针对行政事业单位容易发生的常见财经审计问题及表现形式，选取的实务案例大部分来源于审计和财务检查实际工作，编写人员还参考了中华人民共和国财政部、中华人民共和国审计署等公开途径查阅的审计案例和其他文献资料，选取了涉及财政局、医院、学校等不同类别行政事业单位的典型审计案例，按照强调实务性、操作性强的原则，以求达到通俗易懂的效果。本书对审计案例进行了必要的技术处理，主要是对案例进行归纳、分析，请读者不要对号入座。

三、编写结构

本书共设 11 章作为一级模块，包括预决算管理、收入管理、支出管理、资金管理、资产管理、债务管理、政府采购管理、建设项目管理、合同管理、小金库、其他审计问题及案例。其中支出管理、资金管理、资产管理这三个模块内容比较多，对这部分内容进行了细分，分别下设若干节作为二级模块。每个一级模块均由常见问题及表现形式、审计案例、本章小结构成。本书涉及 194 个常见审计问题，共 285 个审计案例。每个审计问题都配有实务案例，按照案例、法规定性、启示或建议的体例来安排。本书法规定性所引用的政策依据截止到 2019 年 8 月底，为方便读者查阅法规，我们整理了行政事业单位相关法规发布文号、施行时间、废止时间，并作为附录排在本书正文后面。

本书力求挖掘出经典案例，具有较强的操作指引性，分享给广大同行朋友参考，以期抛砖引玉、以点带面、以面带全、不断思索、深入挖掘、找出问题根源之所在。本书可作为行政事业单位财务、审计等政府部门工作人员以及会计师事务所等专业服务机构从业人员学习分析行政事业单位存在的财经审计问题、加强和改进相关工作的培训教材，也可以作为财经类专业师生审计案例教学的参考资料。

本书由《行政事业单位常见审计问题及案例》课题组共同编写，参编人员均具有丰富的实践经验，主要有中勤万信会计师事务所（特殊普通合伙）和广东诚安信会计师事务所有限公司谢园保、王映芬、邓洵威、邓沫、林小燕、李金辉、邹仁忠、蓝长青、罗风梅、刘远洪、雷凤英、包玉玲、李丽红、付晶、余琳燕、莫小之、梁锦培、杨嫦虹、丁波、夏玲、苏慧玲、黄璇君、李双、张红梅、王文利、朱平玉、伍晓彬、高淑梅、李云强、徐芳、杨基鸿、李伟豪、熊维、曾容、王莅婷、由亚卫、刘俊林、李清、何嘉儒、陈名哲、许丽飞、容晓哲、奉有东、李杰、马玉琳、尹崇玲、陈丽丽（广州商学院）等老师；最后由谢园保、王映芬负责总纂定稿。

本书在编写过程中得到了中勤万信会计师事务所（特殊普通合伙）首席合伙人胡柏和同志的大力支持，同时得到了广东省注册会计师协会袁庆同志、广州注册会计师协会相关领导同志的悉心指导，对他们的大力支持表示感谢。

由于我们水平有限，并受时间及专业所限，难免有疏忽和错漏，在此恳请读者和同行朋友在使用过程中若发现有更好的表述或需要更正、补充的地方，务必及时向我们提出您的宝贵意见，以便我们根据政策变化及时更新、不断修改和完善。

广东诚安信会计师事务所

中勤万信会计师事务所

2019年9月于广州

Contents

目录

第1章
预决算管理

1.1　常见问题及表现形式

1.1.1　预算编制、审批、调整

1. 预算编制不完整、不准确、不细化。主要表现形式：未将下属单位纳入部门预算管理，或未编制国有资本经营或政府性基金或社会保险基金预算；租金、利息收入等非税收入未纳入本年收入预算，以前年度结余结转未编入年初预算；当年预算项目结余资金未纳入财政结余资金管理，如当年预算项目结余资金转入非零余额银行账户；虚构预算、重复预算或夸大预算；预算编制未细化，量化程度低；预算编制依据不充分，预算缺乏准确性、合理性等。

2. 预算编制不规范。主要表现形式：预算体系不健全；预算编制的方法选择不恰当，上级预算管理单位代下级单位编制预算；部门预算编制及申报流程不规范，导致预算编制缺乏有效性、科学性；未按国家有关政策、制度规定的开支范围及开支标准编制基本支出预算等。

3. 未执行预算审批程序。主要表现形式：未按照规定的程序进行审批，预算收支调整未报同级人大审批；预算审核批准责任不清晰，标准不明确；预算指标分解不合理；项目未经立项即申报预算并获批等。

4. 预算调整不够规范。主要表现形式：追加预算不合理，调整事由不充

分；未经批准追加或调减预算等。

1.1.2 预算执行问题

1. 预算执行率偏低。主要表现形式：整体支出进度偏慢、重点部门预算执行率偏低，资金使用效益不高；重点项目的预算执行率低，影响到积极财政的落实；收入未达到序时进度或未及时完成支出预算调整，导致支出进度慢等。

2. 预算执行率偏差大。主要表现形式：实际执行的项目专项经费与编报的项目支出计划存在较大差异，项目预算约束性差；管理措施不到位导致项目进度滞后；项目支出前期准备不足影响预算执行进度等。

3. 以拨代支、虚列支出。主要表现形式：违规使用、超范围使用权责发生制方式虚列支出；以列支转作暂存款方式虚列支出；违规将当年未实际支出的款项列作当年支出；违规将财政资金转入财政专户，以拨代支虚列支出；采用不实交易、提前拨付等形式，虚列支出等。

4. 隐瞒、少列支出。主要表现形式：应属于当年的支出未按规定在当年列支出；将支出科目调整到往来科目；坐支财政专户，少列支出；违规人为调整数据，少列支出等。

5. 无预算、超预算支出。主要表现形式：违规超预算支出；无预算安排支出等。

6. 未按预算批复的用途使用资金。主要表现形式：基本支出调整；项目调整；挪用专项经费，弥补部门或所属单位人员经费和日常公用经费支出；擅自提高日常公用经费开支标准等；未经审批擅自调剂使用不同预算科目和支出项目的资金等。

1.1.3 决算问题

1. 决算数据不准确。主要表现形式：决算数与账面数不符，不真实地反映其实际执行情况；多计或少计收入，多计或少计支出，多计或少计结余，多计或少计负债；部门自行调整所属预算单位决算数据；部门决算与会计账存在部分经济科目不一致情况等。

2. 报表数据不完整。主要表现形式：未对应预算项目进行反映；余额未并入决算反映等。

3. 决算报表披露不全面。主要表现形式：应当披露的事项没有披露；未披露项目的结余资金情况等。

1.1.4 预算绩效管理

全面预算绩效管理机制尚不完善。主要表现形式：未按要求申报整体支出绩效目标；绩效目标设定不够科学；绩效评价不够规范；绩效信息公开比例较低等。

1.2 审计案例

【案例1】预算编制不完整、不准确、不细化

某行政机关2016年预算编制不完整：（1）未将利息、租金等收入编报预算，涉及当年度收入200万元；（2）未将以前年度结余结转500万元编入年初预算；（3）未将下属单位机关幼儿园（公益二类）纳入年初预算，涉及收入金额320万元；（4）“培训费”项目预算编制不准确，未单独编列在“培训费”科目，而是编列在“其他商品和服务支出”科目，涉及金额180万元；（5）下属某中心编制“安全生产专项资金”项目预算支出时不够细化，没有明确需要完成的具体工作内容、数量等，涉及金额100万元；（6）由于准备不充分，未能结合年度计划，预算指标设置未充分考虑相关部门意见，基础数据不准确，导致编制的预算缺乏科学性、准确性。

【定性依据】

1.《中华人民共和国预算法》（2014年修正）第四条：“预算由预算收入和预算支出组成。政府的全部收入和支出都应当纳入预算。”第八条：“各部门预算由本部门及其所属各单位预算组成。”第三十六条：“各级预算收入的编制……。各级政府、各部门、各单位应当依照本法规定，将所有政府收入全部列入预算，不得隐瞒、少列。”

说明：由于该案例为2016年适用于2014年预算法修订版，目前《中华人民共和国预算法》于2018年12月29日再次修订后的第四条、第八条、第三十六条内容不变。

2.《关于进一步做好预算执行工作的指导意见》（财预〔2010〕11号）：“一、进一步完善预算编制各地区、各部门、各单位要采取有效措施，进一步做细、做实、做准预算，为预算执行打下良好基础。”

3.《行政事业单位内部控制规范（试行）》（财会〔2012〕21号）第二十条：“单位的预算编制应当做到程序规范、方法科学、编制及时、内容完整、项目细化、数据准确。”

4.《行政单位财务规则》第十七条：“行政单位的各项收入应当全部纳入单位预算，统一核算，统一管理。”

5.《事业单位财务规则》（财政部令〔2012〕第68号）第十六条：“事业单位的各项收入全部纳入单位预算，统一核算，统一管理。”

6.《中华人民共和国预算法实施条例》（国务院令186号）：“第十七条 各部门、各单位编制年度预算草案的依据：（一）法律、法规；（二）本级政府的指示和要求以及本级政府财政部门的部署；（三）本部门、本单位的职责、任务和事业发展计划；（四）本部门、本单位的定员定额标准；（五）本部门、本单位上一年度预算执行情况和本年度预算收支变化因素。”

7.《广东省省级单位部门预算试行办法》（粤财预〔2002〕105号）第四条：“省级部门预算编制原则……（五）完整性原则。编制预算时，要将部门依法取得的包括所有财政性资金在内的各项收入以及相应的支出作为一个有机整体进行管理，对各项收入、支出预算的编制做到不重不漏，不得在部门预算之外保留其他收支项目。”

【启示或建议】

加强预算编报管理，严格执行预算法的相关规定，避免漏编漏报，应纳入未纳入部门预算管理，进一步做细、做实、做准预算，提高预算的准确性。

【案例2】预算编制不规范

某市某行政单位预算体系不健全，未设立专门的预算编制与审核岗。（1）预算编制的方法选择不恰当，未编制或未完整编制国有资本经营预算，未按规定将市本级防范化解金融风险准备金2000万元纳入预算管理。（2）编制的基本支出预算比较笼统，如在商品服务支出预算中缺少水电费、邮电费、会议费、公务出国（境）费、招待费等支出，项目支出预算没有细化到具体项目。(3) 没有编制采购预算。普遍存在年初不编制政府采购预算，在采购时未经批准自行采购。(4) 编制收入预算时不能坚持实事求是的原则，存在不同程度的少报、漏报和虚报收入现象。(5) 编制支出预算时不能结合下年度的工作需要统筹安排支出预算，其预算的编制带有一定的随意性，与单位实际情况存有较大出入。

【定性依据】

1.《中华人民共和国预算法》(2014 年修正) 第三十六条："……各级政府、各部门、各单位应当依照本法规定，将所有政府收入全部列入预算，不得隐瞒、少列。"第三十七条："各级预算支出应当依照本法规定，按其功能和经济性质分类编制。"

2.《行政事业单位内部控制规范（试行)》(财会〔2012〕21 号) 第二十条："单位的预算编制应当做到程序规范、方法科学、编制及时、内容完整、项目细化、数据准确。"

【启示或建议】

行政事业单位应当严格按照预算法及其他相关规定，健全预算编制体系，实事求是、科学、合理、规范编制预算。

【案例 3】预算编制与预算执行脱节

某医院项目预算编制申报流程未按规定要求采取自下而上的程序，各项目责任单位未报送本部门业务范围内的年度项目计划，而是由上级部门根据了解各单位的情况确定，致使项目编制不准确，项目调整频繁。部分项目实际实施与预算调整后的项目名称及内容不一致，归口管理部门及相关审批中均未落实项目资金来源，存在项目之间相互挤占资金情况。

该医院无专人专职负责预算编制与管理，除财政补助经费收入预算比较准确，执行力比较好外，其他预算收支及固定资产投资预算编制不够细化、内容不够准确，预算管理执行力较差，预算考核未全面落实。

【定性依据】

1.《中华人民共和国预算法实施条例》(中华人民共和国国务院令 186 号) 第三十三条："政府财政部门负责预算执行的具体工作，主要任务是：……(六) 编报、汇总分期的预算收支执行数字，分析预算收支执行情况，定期向本级政府和上一级政府财政部门报告预算执行情况，并提出增收节支的建议。"第三十八条："各级政府、各部门、各单位应当加强对预算支出的管理，严格执行预算和财政制度，不得擅自扩大支出范围、提高开支标准；严格按照预算规定的支出用途使用资金；建立健全财务制度和会计核算体系，按照标准考核、监督，提高资金使用效益。”

2.《医院财务制度》（财社〔2010〕306 号）第十条：“医院要实行全面预算管理，建立健全预算管理制度，包括预算编制、审批、执行、调整、决算、分析和考核等制度。”

说明：目前《医院财务制度》仍然有效，2019 年 1 月 1 日废止《医院会计制度》并执行《政府会计制度——行政事业单位会计科目和报表》。

【启示或建议】

在预算编制过程中，行政事业单位未能结合单位年度计划，或预算指标未考虑相关部门意见；缺乏恰当的预算编制方法和程序，预算编制基层员工意识不够，配合不高，计划性较差等原因都可能导致编制的预算缺乏科学性、准确性、合理性。

行政事业单位应当加强预算编制处理流程，加强对预算编制人员的培训，同时细化预算编制，严控预算编制、审批、执行、调整、决算、分析等，并将预算执行情况纳入考核，实现预算管理从粗放型向精细化转变。

【案例 4】预算调整未报同级人大审批

2016 年某县调整补助收入 12000 万元，追加支出 8000 万元，预算收支调整方案未及时报同级人大常委会审批。该县某预算单位变更项目也未按原程序报批，实施项目建设内容与预算不一致，未经有关部门核准变更。

【定性依据】

1.《中华人民共和国预算法》（2014 年修正）第十三条：“经人民代表大会批准的预算，非经法定程序，不得调整。各级政府、各部门、各单位的支出必须以经批准的预算为依据，未列入预算的不得支出。”第六十七条：“经全国人民代表大会批准的中央预算和经地方各级人民代表大会批准的地方各级预算，在执行中出现下列情况之一的，应当进行预算调整：（一）需要增加或者减少预算总支出的；（二）需要调入预算稳定调节基金的；（三）需要调减预算安排的重点支出数额的；（四）需要增加举借债务数额的。”第七十一条：“在预算执行中，地方各级政府因上级政府增加不需要本级政府提供配套资金的专项转移支付而引起的预算支出变化，不属于预算调整。接受增加专项转移支付的县级以上地方各级政府应当向本级人民代表大会常务委员会报告有关情况；接受增加专项转移支付的乡、民族乡、镇政府应当向本级人民代表大会报告有关情况。”

说明：由于该案例为 2016 年，适用于 2014 年预算法修订版，目前《中华人民共和国预算法》于 2018 年 12 月 29 日再次修订，修订后的第十三条、第六十七条、第七十一条内容不变。

2.《中华人民共和国预算法实施条例》（中华人民共和国国务院令 186 号）第六十条：“预算调整方案由政府财政部门负责具体编制。预算调整方案应当列明调整的原因、项目、数额、措施及有关说明，经本级政府审定后，提请本级人民代表大会常务委员会审查和批准。”

【启示或建议】

在预算执行中，要区分该事项是否属于预算调整，是否要履行预算审批程序。

【案例 5】预算调整不规范

某主管部门 2017 年部分财政转移支付资金预算调整不规范。一是向尚不具备实施条件的 4 个项目追加预算 2 亿元，截至次年 3 月未支出；二是该主管部门 2017 年全年申请回收或调减预算指标超过年初预算安排资金 50% 的项目共有 18 个，回收或调减指标合计 3 万元，占上述项目年初预算总额的 80%。

【定性依据】

1.《中华人民共和国预算法实施条例》（国务院令 186 号）第六十条：“预算调整方案由政府财政部门负责具体编制。预算调整方案应当列明调整的原因、项目、数额、措施及有关说明，经本级政府审定后，提请本级人民代表大会常务委员会审查和批准。”

2.《关于进一步做好预算执行工作的指导意见》（财预〔2010〕11 号）第一条：“进一步完善预算编制……各单位要科学合理编制本单位预算……确保列入年度预算的项目切实可行。”

【启示或建议】

各预算单位应科学合理编制预算，确保列入年度预算的项目切实可行和全面完整，合理调整预算。

【案例 6】预算执行率偏低

某市有 2016 年涉及 100 个当年安排的项目支出预算执行率低于 30%，涉及未执行资金3亿元，年结转项目支出预算执行率低于50%，涉及未执行资金6亿元。(1) 该市教育局多个重点项目预算执行率偏低，其中“现代职业教育质量提升计划专项资金”3000万元预算完全未执行，“学前教育专项资金”5000万元只花掉了1400万元，剩余3600万元还在“睡大觉”，预算执行率低于30%。(2) 该市某高等学校有10项预算执行率低于50%的项目，预算总金额为5000万元，实际支出2000万元；有1项预算执行率为0%的项目，预算总金额为800万元，实际支出0万元。

预算执行率偏低的主要原因如下：一是未在规定时间内下达转移支付资金，涉及80项、1200万元；二是年初安排的30个项目预算500万元、年度追加的40个项目预算130万元，由于预算安排不科学、准备工作不充分、项目实施推进慢等原因，当年未执行。

【定性依据】

1.《中华人民共和国预算法》(2014年修正) 第五十七条：“各级政府财政部门必须依照法律、行政法规和国务院财政部门的规定，及时、足额地拨付预算支出资金，加强对预算支出的管理和监督。”

说明：由于该案例为2016年，适用于2014年预算法修订版，目前《中华人民共和国预算法》于2018年12月29日再次修订，修订后的第五十七条内容不变。

2.《广东省人民政府关于深化预算管理制度改革的实施意见》(粤府〔2015〕50号)(五)：“提高预算执行的时效性和均衡性。均衡预算执行进度……完善财政预算支出进度通报机制。在确保资金安全的前提下，加快资金审核进度并及时办理资金拨付手续。”

3.《广东省省级部门整体支出绩效评价暂行办法》(粤财评函〔2015〕132号) 附表1广东省省级部门整体支出绩效评价指标体系：“部门(单位)本年度部门预算支出完成率低于60%，绩效评价考核0分。”

4.《关于进一步做好预算执行工作的指导意见》(财预〔2010〕11号) 第五点：“要加强预算执行分析，及时掌握预算执行动态，做好督促检查工作……切实加快执行进度。”

【启示或建议】

加强预算执行管理，提高财政资金的使用效益和预算约束力。做好项目评估和可行性论证，制定保证预算目标实现的控制措施和办法，业务部门和项目责任人应落实预算执行的责任，加强预算意识，对项目执行过程中存在的问题应及时做出整改和处理，制定合理进度计划，加快项目预算支出的执行进度，提高资金使用效率。

【案例7】预算编制与实际执行偏差较大

某医院预算编制与实际执行差异较大，主要体现以下三个方面：(1) 三公经费预算与实际支出偏差较大，如2015年公务接待费预算90万元，实际支出分别为10万元；会议费预算78万元，实际支出为8万元。(2) 科研项目执行进度缓慢，如某研究项目本年收到50万元、实际支出3万元；某障碍认知项目本年收到35万元，本年实际支出0万元。(3) 实际开展过程中因论文发表周期较长、版面费无法支出等影响，支出不能与课题进展同步，以及个别课题项目立项后下拨较慢。

【定性依据】

1. 《财政部关于进一步做好预算执行工作的指导意见》(财预〔2010〕11号)："一、进一步完善预算编制　预算编制与预算执行关系密切，各地区、各部门、各单位要采取有效措施，进一步做细、做实、做准预算，为预算执行打下良好基础。"

2. 《中华人民共和国预算法实施条例》(中华人民共和国国务院令186号) 第三十三条："根据年度支出预算和季度用款计划，合理调度、拨付预算资金，监督检查各部门、各单位管好用好预算资金，节减开支，提高效率。"

3. 《医院财务制度》(财社〔2010〕306号) 第十一条："医院应按照国家有关预算编制的规定……根据业务活动需要和可能，编制支出预算，包括基本支出预算和项目支出预算。编制收支预算必须坚持以收定支、收支平衡、统筹兼顾、保证重点的原则。"

说明：2019年1月1日废止《医院会计制度》并执行《政府会计制度——行政事业单位会计科目和报表》(财会〔2017〕25号)，但《医院财务制度》(财社〔2010〕306号) 仍然有效。

【启示或建议】

进一步加强对预算支出的管理，严格执行预算和财政制度，在预算执行过程中应定期将执行情况与预算进行对比分析，及时发现偏差、查找原因，采取必要措施，保证预算整体目标的顺利完成。同时，加强支出项目绩效评价制度建设，建立以评价结果为导向的预算管理机制，按照标准考核、监督，提高资金使用效益。

【案例8】为完成年初预算提前支付款项

某局为参公事业单位，与一软件服务商签订采购信息系统合同，约定在信息系统运行三个月内支付款项95%，2016年底在信息系统尚未运行的情况下，为完成年初预算，提前支付了系统运维服务费30万元。

【定性依据】

1.《中华人民共和国预算法实施条例》（国务院令186号）第六十七条：“政府财政部门、各部门、各单位在每一预算年度终了时，应当清理核实全年预算收入、支出数字和往来款项，做好决算数字的对账工作。不得把本年度的收入和支出转为下年度的收入和支出，不得把下年度的收入和支出列为本年度的收入和支出。”

2.《广东省人民政府关于深化预算管理制度改革的实施意见》（粤府〔2015〕50号）（五）：“提高预算执行的时效性和均衡性。均衡预算执行进度……完善财政预算支出进度通报机制。在确保资金安全的前提下，加快资金审核进度并及时办理资金拨付手续。”

【启示或建议】

本案例中，该单位为完成年初预算，不按合同约定进度付款，岁末突击花钱，提前支付系统运维服务费，资金支出审批管理不严，加大财政资金风险。建议每一预算年度终了时，应当清理核实全年预算收入、支出数字和往来款项，做好决算数字的对账工作。同时，完善财政预算支出进度通报机制。

【案例9】为完成支出进度虚列支出

1. 某市财政局存在超范围使用权责发生制的情况。该市财政局2017年12月31日将当年未支出的资金2亿元一次性列支，涉及1.5亿元列入“一般公共预算支出”，0.5亿元列支“政府性基金预算支出”。上述资金未形成实际支出，也未安排给预算单位使用，资金没有归属主体。

2. 该市财政局通过列支转作暂存款方式虚列支出2000万元。下达预算单位财政授权支付额度时，借记“一般公共预算支出”，贷记“暂存款”，收到国库报来的支付资金时，借记“暂存款”，贷记“财政局经费户”，截至2017年12月31日，暂存款期末余额2000万元，该项挂账金额已列支一般公共预算支出，实际上尚未支出。

3. 该市财政局为了完成支出进度，违规将资金转到下级单位或预算单位专户形式虚列支出2亿元。其在年底时将大笔资金拨付到预算单位基本账户2亿元，第二年初又回拨到该市财政专户。

4. 该市财政局违规将资金转入财政专户虚列支出3000万元。该市财政局从国库汇入本局专用存款账户5000万元，计入一般公共预算支出，同时增加其他应付款，截至2017年12月31日，其他应付款余额为3000万元，尚未形成真正的支出。

【定性依据】

1.《中华人民共和国预算法》（2014年修正）第五十七条："各级政府财政部门必须依照法律、行政法规和国务院财政部门的规定，及时、足额地拨付预算支出资金，加强对预算支出的管理和监督。各级政府、各部门、各单位的支出必须按照预算执行，不得虚假列支。"第五十八条："各级预算的收入和支出实行收付实现制。特定事项按照国务院的规定实行权责发生制的有关情况，应当向本级人民代表大会常务委员会报告。"

说明：由于该案例为2016年，适用于2014年预算法修订版，目前《中华人民共和国预算法》于2018年12月29日再次修订，修订后的五十七条、第五十八条内容不变。

2.《国务院办公厅关于进一步做好盘活财政存量资金工作的通知》（国发办〔2014〕70号）第三条："（五）……从2014年起，地方各级政府除国库集中支付年终结余外，一律不得按权责发生制方式虚列支出。除国库集中支付年终结余资金外，凡在总预算会计中采取借记'一般预算支出'，贷记'暂存款'科目方式核算的，一律按照虚列支出问题处理。"

3.《关于进一步规范地方国库资金和财政专户资金管理的通知》（财库〔2014〕175号）第一条："……严禁违规将财政资金支付到预算单位实有资金银行账户。"

4.《关于进一步加强财政支出预算执行管理的通知》（财预〔2014〕85号）第二条："（三）……严禁违规将国库资金转入财政专户等'以拨代支'行为，确保国库资金安全。"

【启示或建议】

为了完成支出进度，出现了各种手段虚列支出。各部门、各单位应当进一步加强资金管理，严格执行预算法相关规定，严禁虚列支出。

【案例10】以拨代支，虚列支出

A大学属于省级财政拨款、省教育厅管理的厅级事业单位。2017年A大学“以拨代支”的项目经费结余未纳入决算报表中的“结余资金”反映，涉及金额2亿元。一是在该大学下属核算单位B的“其他应付款”账户挂账共20个单位，这些单位完成项目支出小于50%的达15个，年末未完成支出的项目资金，在“其他应付款”科目挂账，涉及虚列支出金额1.8亿元。二是在下属核算单位中承担业务较多的单位C未完成年度项目支出的项目7个，涉及金额2000万元，在单位的“其他应付款”账户挂账。2017年A大学集中在12月的大笔资金拨出的款项共10笔，金额为9000万元，经抽查会计凭证及项目合同发现，项目资金未完成项目进度，以项目名义预付进度款，提前将款项拨出用款单位，属于“虚列支出”，该项目资金也未在决算报表中的“结余资金”反映。

【定性依据】

《中华人民共和国预算法实施条例》（中华人民共和国国务院令186号）第六十七条：“政府财政部门、各部门、各单位在每一预算年度终了时，应当清理核实全年预算收入、支出数字和往来款项，做好决算数字的对账工作。不得把本年度的收入和支出转为下年度的收入和支出，不得把下年度的收入和支出列为本年度的收入和支出；不得把预算内收入和支出转为预算之外，不得随意把预算外收入和支出转为预算之内。”

【启示或建议】

“以拨代支”是行政事业单位年末为了完成项目资金的支出进度惯用手法，是将资金拨出至行政单位纳入单位预算管理、拨付给所属单位的非同级财政拨款资金，而不管是否真实支出；“虚列支出”是行政事业单位年末为了完成项目资金的支出进度而以“不实”的事项而支出的款项，这种“不实”的支出事项包括：不按进度（或会计期间）提前支款、没有或不会发生的业务等。“以拨代支”不一定是不实支出，而“虚列支出”则在规定的会计期间或支付进度方面一定是不实支出。

在审计实务中，审计人员面对决算报表反映的支出未必就是真实支出，在审计中一定要核实会计报表所披露支出的真实性，避免承担审计风险，在审计时应予以关注是否存在“以拨代支”“虚列支出”的情况，以规避审计风险。

【案例 11】为平衡预算收支少列预算支出

1. 某区财政局为平衡预算收支，将已拨款但未列入年初预算安排的公共预算支出 1 亿元转列其他应收款，同时根据次年的预算逐步消化历年挂账余额。截至 2017 年 12 月 31 日其他应收款余额为 3000 万元，为累计已支付尚未列入预算的支出。

2. 该区财政局 2017 年在专户中收到企业预付的土地项目资金 1 亿元，并在该账户中直接列支土地征收补偿资金，未将相关支出纳入政府性基金预算管理，导致少列 2017 年预算支出 1 亿元。

【定性依据】

《中华人民共和国预算法》（2014 年修正）第四条：“预算由预算收入和预算支出组成。政府的全部收入和支出都应当纳入预算。”第五十七条：“各级政府、各部门、各单位的支出必须按照预算执行，不得虚假列支。”第七十五条：“编制决算草案，必须符合法律、行政法规，做到收支真实、数额准确、内容完整、报送及时。”

说明：由于该案例为 2017 年，适用于 2014 年预算法修订版，目前《中华人民共和国预算法》于 2018 年 12 月 29 日再次修订，修订后的第四条、第五十七条、第七十五条内容不变。

【启示或建议】

加强对预算支出的管理与监督，提高财政支出的真实性、完整性。

【案例 12】办理无预算、超预算拨款支出

1. 某县 2017 年办理无预算、超预算拨款 1 亿元，主要是在未编制预算调整方案和未报同级人大常委会批准的情况下，通过暂付方式支付。

2. 该县某公办中学 2017 年人员经费预算不足，向财局追加预算及申请调剂但未获审批，在公用经费中支出社保费 50 万元，占用公用经费。另外在预算之外新增维修项目，无预算安排项目 2 项，涉及金额 20 万元。

3. 该县某单位办理无预算、超预算拨款支出涉及金额 300 万元。其中在“A 分会工作经费”“B 院工作经费”等 10 个专项资金中列支了项目预算中没有安排的人员酬金共 120 万元；列支了项目预算中没有安排的维修费共 180 万元。

【定性依据】

1. 《中华人民共和国预算法实施条例》（中华人民共和国国务院令第 186

号）第三十八条："各级政府、各部门、各单位应当加强对预算支出的管理，严格执行预算和财政制度，不得擅自扩大支出范围、提高开支标准；严格按照预算规定的支出用途使用资金；建立健全财务制度和会计核算体系，按照标准考核、监督，提高资金使用效益。"

2.《中华人民共和国预算法》(2014 年修正) 第十三条："经人民代表大会批准的预算，非经法定程序，不得调整。各级政府、各部门、各单位的支出必须以经批准的预算为依据，未列入预算的不得支出。"

说明：由于该案例为 2018 年，适用于 2014 年预算法修订版，目前《中华人民共和国预算法》于 2018 年 12 月 29 日再次修订，修订后的第十三条内容不变。

【启示或建议】

合理编制年度预算，加强项目的预见性，严格执行批准的预算，加强预算支出管理。加强对单位经济活动的财务控制和监督，对实际执行过程中确因特殊情况需要调整增加预算的，应当依法依规履行相关审批手续。

【案例 13】擅自改变预算支出用途，基本支出挤占项目支出

1. 某单位擅自改变了预算支出的用途。该单位"C 项目前期费用"项目尚有结余 30 万元，但该单位将应在上述项目中列支的地下室垃圾清理费用等共 20 万元在"D 项目工作经费"专项中列支。

2. 该单位基本支出挤占项目支出。由于直属或下属单位体制机制不顺导致挪用项目经费 200 万元用于公用经费和人员经费支出；为了弥补基本支出资金的不足，私自扩大项目支出的范围，基本支出挤占项目支出 300 万元。被挤占挪用的专项资金用于弥补基本经费不足、发放福利和补贴、建设职工住宅及办公楼等公共或福利性支出。

【定性依据】

1.《中华人民共和国预算法》(2014 年修正) 第十三条："经人民代表大会批准的预算，非经法定程序，不得调整。各级政府、各部门、各单位的支出必须以经批准的预算为依据，未列入预算的不得支出。"第六十三条："各部门、各单位应当加强对预算收入和支出的管理，不得截留或者动用应当上缴的预算收入，不得擅自改变预算支出的用途。"

说明：由于该案例为 2018 年，适用于 2014 年预算法修订版，目前《中华人民共和国预算法》于 2018 年 12 月 29 日再次修订，修订后的第十三条、

第六十三条内容不变。

2.《中华人民共和国预算法实施条例》（中华人民共和国国务院令 186 号）第六十二条："各部门、各单位的预算支出，必须按照本级政府财政部门批复的预算科目和数额执行，不得挪用；确需作出调整的，必须经本级财政部门同意。"

【启示或建议】

应加强对预算支出的管理，严格按照预算批复的支出用途使用资金。要树立专款专用的意识，认识到挤占项目资金是违法违规行为。

应当按照批准的项目和用途使用，专款专用。首先应按照有关规定足额安排人员经费和公用经费，从机制上保障不挤占项目资金。其次统筹安排项目支出，在编制项目支出时，一定要审核其项目的合法性、真实性、必要性。

【案例 14】未经批准调整预算资金用途

某单位未经批准调整预算资金用途共计 100 万元：（1）基本支出调整。包括未经批准调整工资、预算单位编制内人员增加、新成立单位或单位撤销、行政事业单位隶属关系变动、单位职能调整、行政事业单位之间人员和车辆调配等引起的经费调整或变更。（2）项目调整。包括专项支出项目之间的调剂使用，预算额度内设备购置数量的变更，主管部门对全市性工作专项业务经费预算分解的调整或变更，已安排预算的项目因故取消或项目暂停实施引起的调整或变更。项目调整必须在项目库中进行，未进项目库的，不予调整。

【定性依据】

1.《中华人民共和国预算法》（2014 年修正）第十三条："经人民代表大会批准的预算，非经法定程序，不得调整。各级政府、各部门、各单位的支出必须以经批准的预算为依据，未列入预算的不得支出。"

说明：由于该案例为 2018 年，适用于 2014 年预算法修订版，目前《中华人民共和国预算法》于 2018 年 12 月 29 日再次修订，修订后的第十三条内容不变。

2.《中华人民共和国预算法实施条例》（中华人民共和国国务院令 186 号）第六十二条："各部门、各单位的预算支出，必须按照本级政府财政部门批复的预算科目和数额执行，不得挪用；确需作出调整的，必须经本级财政部门同意。"

【启示或建议】

严格执行预算法规定，不得未经批准调整预算资金用途。

【案例 15】决算数据不准确

2015 年对某区财政局及行政事业单位进行财务收支审计时，发现决算报表个别数据与会计账簿存在不一致的情况：

1. 某区财政局编制的年度财政总决算报表的《2015 年度 A 区预算资金年终资产负债表》中的“其他财政存款”科目期末数比会计账簿少反映 3000 万元；“暂付款”科目期末数比会计账簿多反映 3000 万元。

2. 该区某街道办事处会计账簿与部门决算报表反映收支数差异幅度达到 15%。2015 年末，会计账簿反映当年总收入为 7000 万元，总支出为 7200 万元，但收入支出决算报表反映当年的总收入为 6100 万元，总支出为 6300 万元，会计账簿与决算报表的收入相差 900 万元，支出相差 900 万元。

3. 该区某医院 2015 年决算报表财政补助收入 7500 万元，经审计的财政补助收入 3500 万元，差额 4000 万元；财政项目支出 4050 万元，经审计的财政项目补助支出 4030 万元，差额 20 万元。

【定性依据】

1.《中华人民共和国预算法实施条例》（中华人民共和国国务院令 186 号）第六十七条：“政府财政部门、各部门、各单位在每一预算年度终了时，应当清理核实全年预算收入、支出数字和往来款项，做好决算数字的对账工作。……决算各项数字应当以经核实的基层单位汇总的会计数字为准，不得以估计数字替代，不得弄虚作假。”

2.《行政单位财务规则》（2012 年 12 月 6 日财政部令第 71 号）第十四条：“行政单位应当加强决算审核和分析，规范决算管理工作，保证决算数据的完整、真实、准确。”

3.《事业单位财务规则》（财政部令〔2012〕第 68 号）第四条：“事业单位财务管理的主要任务是：合理编制单位预算，严格预算执行，完整、准确编制单位决算，真实反映单位财务状况。”

4.《财政部关于印发〈部门决算管理制度〉的通知》（财库〔2013〕209 号）第十七条：“行政事业单位应当在全面清理核实收入、支出、资产、负债，并办理年终结账的基础上编制决算。”

5.《财政部关于印发〈财政总预算会计制度〉的通知》（财预字〔1997〕

287号）第六十三条：“总预算会计报表的数字，必须根据核对无误的账户记录汇总。切实做到账表相符，有根有据。”

说明：该案例为2015年，适用于财预字〔1997〕287号，2016年1月1日废止该文件并执行《关于印发〈财政总预算会计制度〉的通知》（财库〔2015〕192号）。新制度第五十条规定：“总会计应当按照下列规定编制会计报表：……二、总会计应当根据本制度编制并提供真实、完整的会计报表，切实做到账表一致，不得估列代编，弄虚作假。”

6.《财政部关于下发〈行政事业单位会计决算报告制度〉的通知》（财统〔2002〕4号）第二十条第二款：“应根据登记完整、核对无误的账簿记录和其他有关会计核算资料编制会计决算报告，做到数字真实、计算正确、内容完整、账表相符、表表相符。”

【启示或建议】

应当加强会计核算的规范性，提高会计核算的准确性，重视会计核算信息质量，确保账实相符。

【案例16】决算数据不完整

某医疗单位报表未能完整反映单位的财务状况和收支情况。该医疗单位设置了两个账套分别核算财政厅下拨事业经费账和卫生部下拨的援外医疗队经费账，并分别向省财厅和国家卫生计生委报送报表，对外未编制汇总报表，不能完整反映单位的财务状况和收支情况。如提供的2015年12月31日资产负债表中货币资金为1430万元，未包括援外医疗队经费账面期末货币资金750万元。

【定性依据】

1.《事业单位财务规则》（财政部令〔2012〕第68号）第四条：“事业单位财务管理的主要任务是：合理编制单位预算，严格预算执行，完整、准确编制单位决算，真实反映单位财务状况。”

2.《事业单位会计准则》（财政部令〔2012〕第72号）第十三条：“事业单位应当将发生的各项经济业务或者事项统一纳入会计核算，确保会计信息能够全面反映事业单位的财务状况、事业成果、预算执行等情况。”

说明：由于该案例为2015年，适用于《事业单位会计准则》（财政部令〔2012〕第72号），2019年1月1日废止该文件并执行《关于印发〈政府会计制度——行政事业单位会计科目和报表〉的通知》（财会〔2017〕25号）。

【启示或建议】

单位要将发生的各项经济业务或者事项统一纳入会计核算，确保会计信息能够全面反映事业单位的财务状况、事业成果、预算执行等情况，保证提供报表的完整性。

【案例17】决算报表未对应预算项目进行反映

A 学校预算已编报“2016 年市教育科研经费”“上级补助收入 2016 年教育发展专项资金高水平大学建设方向项目”等项目，决算未与其对应反映。约 50 笔项目资金收支明细账，均在决算报表“高等教育”项目反映。

【定性依据】

1.《中华人民共和国预算法》（2014 年修正）第七十五条：“决算草案应当与预算相对应，按预算数、调整预算数、决算数分别列出。”

说明：由于该案例为 2016 年，适用于 2014 年预算法修订版，目前《中华人民共和国预算法》于 2018 年 12 月 29 日再次修订，修订后的第七十五条内容不变。

2.《2016 年度部门决算报表编制说明》：“十五、行政事业类项目收入支出决算表（财决 06－1 表）本表反映单位本年度行政事业类项目收支节余情况。根据单位项目资金收支明细账的发生数，按支出功能分类科目分‘类’‘款’‘项’并分项目逐一填列。”

【启示或建议】

加强培训与学习，提高决算水平，使决算报表按照对应预算项目进行反映。

【案例18】决算报表披露不全面

1. 某市本级决算草案未披露 3 个事项：一是未全面反映预算稳定调节基金情况，未披露全年使用金额及结余规模等内容；二是以收入退库方式安排支出 1 亿元，直接冲减一般公共预算收入；三是为弥补三项基金因缴纳增值税减少的收入，从一般公共预算转列政府性基金预算 2 亿元，两本预算重复列收列支。

2. 某医院决算报表未反映项目的结余资金情况，由于该医院科研经费未按项目单独核算，导致决算报表披露不全面，未能反映项目的结余资金情况。如：项目课题名称为“A 免疫反应的影响研究”，2016 年收到自然科学基金资助款 20 万元，项目科研支出了 5 万元，应结存 15 万元，2016 年决算报表未反映该科研项目的结余资金情况。

【定性依据】

1.《财政部关于下发〈行政事业单位会计决算报告制度〉的通知》（财统〔2002〕4号）第二十条第二款："应根据登记完整、核对无误的账簿记录和其他有关会计核算资料编制会计决算报告，做到数字真实、计算正确、内容完整、账表相符、表表相符。"

2.《事业单位财务规则》（财政部令〔2012〕第68号）第二十三条："事业单位从财政部门和主管部门取得的有指定项目和用途的专项资金，应当专款专用、单独核算，并按照规定向财政部门或者主管部门报送专项资金使用情况；项目完成后，应当报送专项资金支出决算和使用效果的书面报告，接受财政部门或者主管部门的检查、验收。"

【启示或建议】

单位应当加强对专项资金的管理，对收到专项资金分项目独立核算，严格按照规定用途使用，不得挪用和超范围使用。加大对财务人员关于专项资金核算等知识的培训，确保会计信息披露符合会计法及会计制度的规定及决算报表完整性。

【案例19】全面预算绩效管理机制不完善

审计发现，某行政单位2017年度全面预算绩效管理机制尚不完善，存在以下问题：

1. 有2个部门未按要求申报整体支出绩效目标。

2. 绩效目标设定不够科学。政府性基金预算、国有资本经营预算10亿元未设立绩效目标，2个投资专项未填报绩效目标表。已设立目标的5个投资专项存在评价标准偏低、缺少关键因素等情形；10个一级项目绩效量化指标偏少、定性指标偏多；有9个项目量化指标超出项目内容或低于已完成情况。有10项专项转移支付和1项政府性基金、20个项目绩效目标设定不够明确，或相关管理规定要素不完整；10项专项转移支付的绩效目标未与预算同步下达。

3. 绩效评价不够规范。3项专项转移支付、15个项目未按要求将以前年度绩效评价结果作为预算安排参考因素。6个投资专项、20个项目自评结果不够客观，有的未全面开工即自评满分；6个投资专项未严格按设定目标自评，其中1个专项将量化指标自行变更为不可量化指标并自评满分；2个投资专项自评内容不完整，缺少二级、三级指标的详细得分。

4. 绩效信息公开比例较低。有2个单位未按要求对30个项目开展绩效自评，10个单位开展了绩效自评但评价结果未按要求进行公开，其中尚未公开2项专项转移支付年度整体绩效目标，10个项目的绩效评价结果只公开了2个。

【定性依据】

《中华人民共和国预算法》(2014年修正)第五十七条："各级政府财政部门必须依照法律、行政法规和国务院财政部门的规定，及时、足额地拨付预算支出资金，加强对预算支出的管理和监督。……各级政府、各部门、各单位应当对预算支出情况开展绩效评价。"第七十九条："县级以上各级人民代表大会常务委员会和乡、民族乡、镇人民代表大会对本级决算草案，重点审查下列内容：……(二)支出政策实施情况和重点支出、重大投资项目资金的使用及绩效情况。"

说明：由于该案例为2017年，适用于2014年预算法修订版，目前《中华人民共和国预算法》于2018年12月29日再次修订，修订后的第五十七条、第七十九条内容不变。

【启示或建议】

建立完善的预算绩效管理机制，提高财政资金使用效益的发挥及财政职能的实现。

1.3 本章小结

财政预算作为国家行使分配职能，保障社会经济健康、协调发展的重要手段，预算编制的完整性、准确性起着重要作用。当前预算编制存在不完善、不规范等问题，使预算执行有较大的调整空间，为了完成年初预算，掩盖预算执行率偏低、经费支出超预算等目的，出现了各种违规操作、数据造假和"以拨代支""虚列支出"及调整预算收支等情况，导致了决算数据不真实、不完整、披露不全面的问题。

如何应对预决算管理中出现的问题，成为工作中的关键，主要措施主要包括：

一是要提高预算编制的准确性，须强化重大项目预算编制审核，年度预算安排充分考虑政策变化、结转结余以及与项目实际进度有效衔接，切实提高财政资金配置效率，更要进一步做细、做实、做准部门预算，提高项目支出预算精细化水平，提高部门预算编制的准确性和科学性。

二是要重视预算执行规范化管理，应督促各部门按照“收入一个笼子，预算一个盘子，支出一个口子”的要求将各类收支全部编入预、决算，据实反映预算收支，加强对下属单位的管理，对其收支情况进行清理检查，按照规定统一纳入部门预算管理；要求各单位组织专门力量对往来资金及遗留问题进行清理处置，保证资产真实完整；完善制度机制，落实内部控制相关制度要求，完善资产管理，严控经费支出范围，严格执行政府采购和资金管理的相关规定，按照资金使用范围、工作计划安排预算。

三是要强化预算绩效管理，规范预算编制与执行，设置细化、量化、可衡量的绩效指标，采取有效措施推进项目进度；重视项目资金绩效管理，促进清理结余结转资金，提高财政资金使用效益；强化对项目绩效管理，健全支出绩效评价及反馈纠偏机制，及时开展绩效评价工作，公开绩效自评报告，及时修订完善专项资金管理办法；促进领导干部树立正确的政绩观，严格财经纪律，严肃对违反预算法规、虚报财政业绩、贪污侵占、铺张浪费等违法违纪行为的追责查处。

第 2 章
收入管理

2.1　常见问题及表现形式

1. 虚增收入。主要表现形式：将政府性基金纳入一般公共预算收入核算，虚增一般公共预算收入；将教育收费、医疗收入、经营服务收费等纳入一般公共预算虚增收入；将财政资金下拨企业，再由企业以税费等名目缴回财政虚增收入；利用地方政府债券资金与融资平台公司，虚增财政收入；年底提前支付工程款完成税收预算等。

2. 截留、挪用收入。主要表现形式：截留或挪用国有住房出售收入，未做到专款专用；截留或挪用国有资产出租收入，将出租收入转移到下属单位直接用于本单位和下属单位的福利等支出；截留罚没收入，直接用于本单位购置办公设备等日常支出等。

3. 坐收坐支。主要表现形式：所收资金未执行“收支两条线”管理，用于弥补经费支出；让渡国有资产出租收入，换取免费消费额度等。

4. 调节收入。主要表现形式：利用非税收入延迟入库以调节各年预算收入；从收入中计提政府调整资金、暂存款等科目，未按规定上缴国库，通过逐年缴入国库方式调控入库进度等。

5. 少列收入。主要表现形式：以承担征地成本方式抵减土地出让金收入做账务处理，少列预算收入；为了降低预算收入中非税收入占比，或者压减国库存款规模，将非税收入挂账或滞留专户未及时上缴国库，少列预算收入等。

6. 应收未收。主要表现形式：未及时、足额收回国有资产收益；应收未收非税收入；缴纳义务人长期欠缴、少缴、漏缴承包款、土地出让金等。

7. 违规收费。主要表现形式：违规设立收费项目；违规转嫁费用；违规超额收取水电费；违规征收减、免、停征项目收费；违规少征、提前征收、减免、缓征等。

8. 不及时上缴收入。主要表现形式：应缴未缴预算收入，未按规定上缴国库或财政；非税收入上缴不及时，如经营性非税收入不定期上缴等。

9. 收入管理不规范。主要表现形式：收入支出核算不规范；非税收入管理系统管理不到位；非税收入分配办法实行收支挂钩；应计未计非税收入等。

10. 滥用、串用、违规使用财政票据。主要表现形式：擅自印制和使用收费票据；私自刻制、使用和伪造票据监（印）制章；伪造收费票据；未按规定使用收费票据、票据内容填写不全；擅自转借、转让、代开、买卖、销毁、涂改收费票据；利用收费票据乱收费或收取超出规定范围和标准的收费或政府性基金；互相串用各种票据；丢失毁损收费票据等。

2.2 审计案例

【案例 20】虚增一般公共预算收入

某市 2016 年存在下列虚增一般公共预算收入行为：

1. 将土地出让价款收入 3000 万元缴存国库时，列入一般公共预算。由于土地出让金属于政府性基金，该市利用政府性基金收入虚增一般公共预算收入。

2. 将门诊收入 2000 万元、培训费收入 500 万元、实行专户管理的教育收费 3000 万元列入“非税收入——其他收入”。由于上述收入属于经营性项目收入，该市将经营性项目收入纳入一般公共预算管理，虚增一般公共预算收入。

3. 财政局以扶持企业发展名义通过 2 家公司将财政资金拨付到 10 家企业后，再以企业缴税名义虚增当年一般公共预算收入 1 亿元。

4. 财政局通过虚假转让客运站等资产的方式，由相关公司将融资租赁获得的 1 亿元资金缴入国库，虚增当年一般公共预算收入。

5. 通过将医疗药品收入和学费收入等缴入国库的方式，虚增当年一般公共预算收入 2 亿元。

6. 通过向相关公司、医院、街道办事处拨付财政资金，再以罚款、集中收入等名义收缴入库的方式，虚增当年一般公共预算收入3亿元。

【定性依据】

1.《中华人民共和国预算法》(2014年修正)第五十五条:“预算收入征收部门和单位，必须依照法律、行政法规的规定，及时、足额征收应征的预算收入。不得违反法律、行政法规规定，多征、提前征收或者减征、免征、缓征应征的预算收入，不得截留、占用或者挪用预算收入。”

说明：由于该案例为2016年，适用于2014年预算法修订版，目前《中华人民共和国预算法》于2018年12月29日再次修订，修订后的第五十五条内容不变。

2.《中华人民共和国预算法实施条例》(中华人民共和国国务院令186号)第六十七条:“政府财政部门、各部门、各单位在每一预算年度终了时，应当清理核实全年预算收入、支出数字和往来款项，做好决算数字的对账工作。不得把本年度的收入和支出转为下年度的收入和支出，不得把下年度的收入和支出列为本年度的收入和支出。”

【启示或建议】

财政空转是一个虚假的经济行为，掩盖了真实的财政收支状况。应当严格监管，真实反映财政收入情况，去虚求实。

【案例21】为完成税收预算，年底提前支付工程款，虚收空转

2015年某县有5个政府利用非政府资金来承建某些基础设施的项目，即BT(建设—转让)项目，回购人(政府)与投资人(承包商A)签订的《BT工程建设合同及回购协议》约定，建设期两年，若该项目第一年工程进度超过50%，则政府当年支付回购款10%，之后9年每年支付回购款10%。

2015年12月23日，县政府召开会议决定，为完成本年度税收任务，在当年12月31日前提前回购并支付这些BT项目工程进度款。企业提交款项申请书并申请支付工程进度款，要求政府将款项汇至税务局税收缴款专户用来支付工程款部分对应的税款，经各镇政府、县政府批复后，县财政局按各BT项目批复的工程进度款，直接把款项汇至税务局缴款专户，5个项目共缴交税款1200万元，审计组查阅县财政局会计账册、BT合同支付条款、付款申请批件及核实镇财政所的监理进度表等资料，发现为5个BT项目支付的工程进度款，工程进度与监理报告提及的进度不符，监理报告上的各工程进度落后

3～6个月不等，实际上提前支付了工程进度款，通过提前支付工程款，税局完成了税收任务，县本级完成了一般公共预算目标。

【定性依据】

1.《中华人民共和国预算法》（2014年修正）第五十五条："预算收入征收部门和单位，必须依照法律、行政法规的规定，及时、足额征收应征的预算收入。不得违反法律、行政法规规定，多征、提前征收或者减征、免征、缓征应征的预算收入，不得截留、占用或者挪用预算收入。"

说明：由于该案例为2015年，适用于2014年预算法修订版，目前《中华人民共和国预算法》于2018年12月29日再次修订，修订后的第五十五条内容不变。

2.《中华人民共和国预算法实施条例》（中华人民共和国国务院令186号）第六十七条："政府财政部门、各部门、各单位在每一预算年度终了时，应当清理核实全年预算收入、支出数字和往来款项，做好决算数字的对账工作。不得把本年度的收入和支出转为下年度的收入和支出，不得把下年度的收入和支出列为本年度的收入和支出。"

【启示或建议】

这是一起税收虚收空转的案例，"虚收空转"通常是指政府通过预征税款，无偿出借财政资金给应税单位缴税的做法，资金以税款的名义经过纳税人、银行、税务局、财政局周转一圈后，又回到其原始位置的周转活动。本案例中，BT项目并未达到监理进度报告的工程进度，县政府通过提前支付工程进度款，税局完成了当年的税收任务，财政完成预算指标，却虚增了当年财政收入，并且本案例中支付工程款，省略了中间步骤，银行流水未经过企业账面，而是直接转款到税收缴款专户，提前支付工程款减轻了企业的资金紧张情况，加大了政府工程的资金风险。

【案例22】未执行"收支两条线"管理，截留、挪用非税收入

审计查明，某县未执行"收支两条线"管理，截留、挪用非税收入涉及资金210万元。

1. A局隐瞒、截留的排污费收入10万元，截留、挪用探矿权、采矿权使用费20万元及育林基金20万元，上述非税收入均未上缴国库。

2. A局下属单位用"A县牲畜屠宰批发市场内部结算凭证""收据"等非正式收款收据，收取赞助款、管理费、猪肉税（费）、查补罚没款、屠工证、酒类登记资格证、其他收入等款项 50 万元；在屠宰执法中，收取打击私屠乱宰、打击路边黑屠等查补罚没款 10 万元。所收资金未执行“收支两条线”管理，被截留、挪用于弥补经费支出。

3. B 交警大队截留罚没收入 100 万元。2016 年 B 交警大队交通罚款 100 万元直接用于添置执法的设备、工具，该支出未列入年初预算里面安排，而是仅通过交警大队内部审批。

【定性依据】

1. 《政府非税收入管理办法》（财税〔2016〕33 号）第三条：“本办法所称非税收入，是指除税收以外，由各级国家机关、事业单位、代行政府职能的社会团体及其他组织依法利用国家权力、政府信誉、国有资源（资产）所有者权益等取得的各项收入。具体包括：（三）罚没收入。”第十二条：“执收单位应当履行下列职责：（二）……及时足额上缴非税收入……”第十七条：“非税收入应当全部上缴国库，任何部门、单位和个人不得截留、占用、挪用、坐支或者拖欠。”

2. 《中华人民共和国预算法实施条例》（中华人民共和国国务院令 186 号）第三十六条：“一切有预算收入上缴任务的部门和单位，必须依照有关法律、行政法规和财政部的有关规定，将应当上缴的预算收入，按照规定的预算级次、预算科目、缴库方式和期限缴入国库，不得截留、占用、挪用或者拖欠。”

3. 《中华人民共和国道路交通安全法》（2011 年修正）第八十二条规定：“公安机关交通管理部门依法实施罚款的行政处罚，应当依照有关法律、行政法规的规定，实施罚款决定与罚款收缴分离；收缴的罚款以及依法没收的违法所得，应当全部上缴国库。”

【启示或建议】

提高法制意识，不得将非税收入当作单位的收入，避免随意截留和挪用，严格执行预算要求，确保财政资金及时、有效、安全地发挥效益。

【案例 23】未经批准出租账外房产，截留、挪用国有资产出租收入

B 投资中心是一家市级预算行政单位，在城市内拥有较多的土地及房产，这些房产来源包括：政府划拨、未售出的房改房、并购等。B 投资中心有下属单位为 Z 机关服务中心。根据 B 投资中心提供的 2017 年度决算报表，其本级财务账目无房产出租收入。审计人员查阅并核实情况如下：

一是将从财务部门获取的固定资产总账及明细账与从资产管理部门获取的固定资产实物统计台账进行比对，发现存在账外房产和土地26处且均未取得产权证。

二是检查2017年度的全部租赁合同，合同编码数为72份，合同缺编号26份。这26份合同是Z机关服务中心2016年前已经签订的租赁合同。其中：出租给高尔夫公司用于高尔夫场地2处，租金70万元/年；出租商铺3处，租金30万元/年；出租住宅21处，租金30万元/年。

三是查阅Z机关服务中心2017年的电子会计账簿，调阅了房产出租相关的会计账簿及相关凭证，核实2017年Z机关服务中心共取得出租收入120万元，在"其他应付款——租金"科目核算。同时将房产出租收入用于Z机关服务中心超编人员的工资支出及B投资中心食堂等日常支出，未上缴国库。

【定性依据】

1.《行政单位国有资产管理暂行办法》(财政部令第35号）第二十四条："行政单位拟将占有、使用的国有资产对外出租、出借的，必须事先上报同级财政部门审核批准。未经批准，不得对外出租、出借。"第二十五条："行政单位出租、出借的国有资产，其所有权性质不变，仍归国家所有；所形成的收入，按照政府非税收入管理的规定，实行'收支两条线'管理。"

说明：该案例适用上述文件，《行政单位国有资产管理暂行办法》已于2017年12月4日修订（财政部令第90号），修订后第二十四条、二十五条内容不变。

2.《政府非税收入管理办法》（财税〔2016〕33号）第十七条："非税收入应当全部上缴国库，任何部门、单位和个人不得截留、占用、挪用、坐支或者拖欠。"

【启示或建议】

上述是一起截留、挪用国有资产出租收入的典型案例。案例中B投资中心除了未将出租收入上缴国库外，还存在多处违规，如将未取得产权证的资产未入账；未经财政部门（或国有资产管理部门）批准擅自对外出租；将出租收入转移到下属单位入账核算，直接用于本单位和下属单位的福利等支出，未按规定实行"收支两条线"管理。

行政单位不得将账外资产游离于监管之外，应当根据《行政单位财务规则》（中华人民共和国财政部令第71号）第三十四条"……行政单位资产有原始凭证的，按照原始凭证记账；无原始凭证的，应当依法进行评估，按照评估价值记账”的相关规定记账，并加强资产的日常管理工作。同时要强化国有资产管理意识，国有资产不是“部门”资产。出租国有资产要严格按照审批程序，经财政部门、国有资产管理等相关部门审批后方可出租，不得擅意为之。单位要严格执行“收支两条线”的管理方式，不得利用下属单位直接列支出租收入用于本单位的福利等开支。

【案例 24】非税收入未及时上缴财政

某县 2016 年有 3 个部门涉及 1500 万元非税收入未及时上缴财政，主要包括彩票公益金收入、利息收入、临时占用土地补偿收入、国有资产处置收入等，具体如下：

1. A 学院学费收入未及时上缴财政。该学院学费收入在“其他应付款——暂存款”核算，涉及金额 700 万元，截至 2016 年底仍未上缴财政。其中：2013 年 30 万元，2014 年 50 万元，2015 年 220 万元，2016 年上半年 400 万元。

2. B 区某事业单位非税收入 500 万元上缴不及时，经营性非税收入没有定期上缴，财政专户的利息收入未上缴财政。

3. C 医院停车场停车收入 300 万元，由 E 有限公司管理，未纳入单位统一核算，未按规定上缴国有资产有偿使用收入。

【定性依据】

1. 《广东省财政厅关于印发〈广东省行政事业性收费财务管理办法〉的通知》（粤财综〔1995〕23 号）第七条：“各行政事业性收费单位必须严格遵守如下制度：（二）按规定应上交国库和财政专户的收入，必须按月结算，于每月终了后 5 日内，将款项及时上缴。”

2. 《转发省政府关于进一步加强非税收入征管工作提高非税收入质量的通知》（穗府〔2006〕28 号）三：“……对属于经营性非税收入，各单位应于每月终了后 10 个工作日内，扣除需缴交的税费后缴入国库或财政专户。”

3. 《中华人民共和国预算法》（2014 年修正）第四十六条：“有预算收入上缴任务的部门和单位，必须依照法律、行政法规和国务院财政部门的规定，将应当上缴的预算资金及时、足额地上缴国家金库（以下简称国库），不得截留、占用、挪用或者拖欠。”

说明：由于该案例为 2016 年，适用于 2014 年预算法修订版，目前《中华人民共和国预算法》于 2018 年 12 月 29 日再次修订，修订后的第四十六条内容不变。

【启示或建议】

非税收入是政府财政收入的重要组成部分，加强征收管理，健全公共财政职能有着重要的现实意义。行政事业单位应当严格按规定及时、足额地收纳入库，不得以任何理由拖延上缴。

【案例 25】坐收坐支非税收入

某财政局直接坐支非税收入。其中财政专户、过渡户收缴的租金收入 1000 万元、国有资产处置收入 1500 万元、国有企业分红款 5000 万元未上缴国库，而是直接从财政专户直接拨付给执收单位用于发放临时工工资、奖金、业务经费、工程支出等。

【定性依据】

1. 《财政专户管理办法》（财库〔2013〕46 号）第二十三条："暂未实现非税收入资金直接缴入国库单一账户的，应按规定时限将应上缴国库单一账户的非税收入资金足额缴库，禁止将非税收入资金坐支和用于调节收入。"

2. 《中华人民共和国预算法》（2014 年修正）第九十三条："各级政府及有关部门、单位有下列行为之一的，责令改正，对负有直接责任的主管人员和其他直接责任人员依法给予降级、撤职、开除的处分：（一）未将所有政府收入和支出列入预算或者虚列收入和支出的。"

说明：由于该案例为 2016 年，适用于 2014 年预算法修订版，目前《中华人民共和国预算法》于 2018 年 12 月 29 日再次修订，修订后的第九十三条内容不变。

【启示或建议】

强化预算约束，加强财政专户管理，规范收支行为。

【案例 26】出租收入抵公款消费，规避预算管理

B 招待所是 A 市某公益一类事业单位的下属单位。审计组发现 B 招待所存在房产出租经济活动，但 A 机关的决算报表并未发现有租金上缴财政。审计延伸 B 招待所并调阅其所有房屋出租合同，发现 2009 年 B 招待所与 C 海鲜酒家（无关联关系）签订《房屋租赁合同》存在异常。该合同约定 B 招待所将其名下一栋临街房产租给 C 海鲜酒家经营高档餐饮。C 海鲜酒家除每月定期向B招待所缴纳租金外，另每月提供“免费消费额度”2万元。B招待所解释：该“免费消费额度”是C海鲜酒家提供的一项赠送服务，主要用于招待所3名员工订购午餐，但无法向审计组提供员工消费明细记录。审计组按B招待所解释测算，3名员工每天午餐费价值高达300元。针对该异常情况，审计组决定向C海鲜酒家取证B招待所近两年消费记录。消费记录显示：除工作日固定小额送餐外，每月另有金额不等的大额消费。经核实，截至2017年12月C海鲜酒家向B招待所提供“免费消费额度”共210万元。

【定性依据】

1.《广州市市属行政事业单位国有资产使用管理办法》（穗财规字〔2016〕1号）第二十二条：“除法律法规另有规定外，行政单位和公益一类事业单位不得以任何形式用占有、使用的国有资产举办经济实体和从事经营活动。行政单位在2007年之前已经用占有、使用的国有资产举办经济实体的，应当按照党政机关与所办经济实体脱钩的有关规定进行脱钩。脱钩之前，行政单位应当按照国家有关规定对举办的经济实体的经济效益、收益分配及资产使用情况等进行管理和监督检查。”

2.《广东省财政厅关于省直行政事业单位国有资产使用管理的暂行办法》（粤财资〔2011〕18号）第三十八条：“省直事业单位国有资产出租、出借取得的收入，应按照预算管理及事业单位财务和会计制度的有关规定纳入单位预算，统一核算、统一管理。国家或省另有规定的从其规定。”

3.《事业单位财务规则》（财政部令〔2012〕第68号）第十七条：“事业单位对按照规定上缴国库或者财政专户的资金，应当按照国库集中收缴的有关规定及时足额上缴，不得隐瞒、滞留、截留、挪用和坐支。”

4.《党政机关厉行节约反对浪费条例》（中发〔2013〕13号）第七条：“党政机关依法取得的罚没收入、行政事业性收费、政府性基金、国有资产收益和处置等非税收入，必须按规定及时足额上缴国库，严禁以任何形式隐瞒、截留、挤占、挪用、坐支或者私分，严禁转移到机关所属工会、培训中心、服务中心等单位账户使用。”

【启示或建议】

上述案例中，该事业单位为公益一类事业单位，未按规定与下属企业性质单位脱钩；租赁合同的“免费消费额度”条款是合同的重要组成部分，其业务实质是B招待所让渡租金换取一种免费服务，应当将“免费消费额度”

视同租金收入，纳入单位预算统一管理，2009～2017年B招待所借助“免费消费额度”名义在C海鲜酒家消费，其实质是利用国有资产收益直接支付消费，逃脱预算管理，涉嫌违法公款消费。

近年来，行政事业单位不断推行厉行节约，反对浪费，严控经费额度。各单位应当按照相关内部控制制度要求，建立健全合同管理制度。工作人员在不断提高业务水平的同时，不断提高政治思想觉悟。

虽然各单位经费使用审批严苛，监管力度不断加强，但违法手段依旧层出不穷。房屋租赁是一项非常普通的经济业务，但被审计单位却能利用不起眼的条款隐藏坐支事实，掩盖违规公款消费，直接将违法行为控制在账外。经过多年的审计，一级预算单位已逐步规范化，违法乱纪行为已处于下沉状态。我们在审计实务中，要将账务和经济活动紧密联系起来，注意细节，时刻保持职业怀疑，审慎评价。

【案例27】收入直接冲减支出，未正确核算收支科目

某医院未正确核算收入和成本费用，以收入直接冲减成本费用：

1. 2013～2015年支付劳务费，未通过成本费用科目核算，而是通过借记“医疗收入”科目、贷记“银行存款”科目核算。

2. 该医院收取的停车费收入直接用于保安人员的管理费支出，未列入收入总额中反映，也未作为非税收入上缴财政。该医院无相应的收费资格，由物业公司代为收取外来车辆的停车费，收取的停车费在支付两名保安的费用中抵扣。如2014年6月停车费收入冲减保安费5万元，凭证附件也未见相关的收费统计表，未完整反映停车费收入和物业管理费支出。

3. 该医院收到赔偿款及业务款项，未按规定确认收入，反映在“其他应付款或专项应付款”中，直接用于支付离退休人员补贴、会议工作费用等。

【定性依据】

1.《事业单位会计准则》（财政部令〔2012〕第72号）第十三条：“事业单位应当将发生的各项经济业务或者事项统一纳入会计核算，确保会计信息能够全面反映事业单位的财务状况、事业成果、预算执行等情况。”

说明：此文于2018年12月31日废止，2019年1月1日起执行《财政部关于贯彻实施政府会计准则制度的通知》（财会〔2018〕21号）。上述业务发生时间早于2018年12月31日，因此适用上述条款。

2.《转发关于加强政府非税收入管理的通知》（穗财综〔2004〕2274

号）："对属于经营性的非税收入，各单位应于每月终了后10个工作日内，扣除需缴交的税费后上缴市财政专户。"

3.《会计基础工作规范》（财会字〔1996〕19号）第三十八条："各单位的会计核算应当以实际发生的经济业务为依据，按照规定的会计处理方法进行，保证会计指标的口径一致、相互可比和会计处理方法的前后各期相一致。"

说明：由于本案例为2013～2015年，适用上述文件。《会计基础工作规范》于2019年3月14日修订（2019年财政部令第98号），修订后第三十八条内容不变。

【启示或建议】

医院应进一步规范财务收支管理，合理真实完整反映账面收支情况，统一核算，及时按规定上缴非税收入，规避账外设账的"小金库"情况。确保会计信息披露符合会计法及会计制度的规定。

【案例28】调节一般公共预算收入

某市财政局2016年因当年非税收入占比较高，分别将农田易地保护费资金100万元、其他国有资本经营收入2000万元、从收入中计提政府调整资金2000万元挂作暂存款，未按规定上缴国库，通过延后缴库方式或逐年缴入国库方式调控入库进度，以调节各年预算收入。

【定性依据】

1.《中华人民共和国预算法》（2014年修正）第三十六条："各级政府、各部门、各单位应当依照本法规定，将所有政府收入全部列入预算，不得隐瞒、少列。"

说明：由于该案例为2016年，适用于2014年预算法修订版，目前《中华人民共和国预算法》于2018年12月29日再次修订，修订后的第三十六条内容不变。

2.《财政专户管理办法》（财库〔2013〕46号）第二十三条："暂未实现非税收入资金直接缴入国库单一账户的，应按规定时限将应上缴国库单一账户的非税收入资金足额缴库，禁止将非税收入资金坐支和用于调节收入。"

【启示或建议】

一些地方围绕收入计划，想方设法在年度之间调节收入进度，以达到以丰补歉或者完成任务的目的。行政事业单位应当重视这一问题，坚决防范和制止调节财政收入进度的做法，避免造成预算收入数据失真。

【案例29】以承担征地成本方式抵减土地出让金收入方式，少列预算收入

某区政府2016年出让一地块，成交金额为1.2亿元，取得土地出让金收入1亿元，剩余2000万元出让金由开发商通过承担征地成本方式抵减土地出让金收入，少列预算收入2000万元。

【定性依据】

《中华人民共和国预算法》（2014年修正）第五十五条："预算收入征收部门和单位，必须依照法律、行政法规的规定，及时、足额征收应征的预算收入。"

说明：由于该案例为2016年，适用于2014年预算法修订版，目前《中华人民共和国预算法》于2018年12月29日再次修订，修订后的第五十五条内容不变。

【启示或建议】

国家规定土地出让收入应全额纳入地方政府基金预算管理，收入全部缴入地方国库，支出一律通过地方政府基金预算从土地出让收入中予以安排。行政事业单位应当严格执行"收支两条线"，不得随意支出，真实反映预算收支。

【案例30】收取校车服务费未确认收入

某公办小学收取的校车费用未确认收入直接冲减公务用车运行维护费用。2015年收取校车费用期初结转4万元，2015年收取学生校车费用10万元，冲减公务用车运行维护费用11万元；2016年收取学生校车费用13万元，冲减公务用车运行维护费用9万元；2017年使用以前年度收取的校车费用冲减公务用车运行维护费用2万元。截至2017年12月31日，收取学生校车费用未付的余额为5万元。

【定性依据】

1.《中华人民共和国预算法》（2014年修正）第五十五条："预算收入征收部门和单位，必须依照法律、行政法规的规定，及时、足额征收应征的预算收入。不得违反法律、行政法规规定，多征、提前征收或者减征、免征、缓征应征的预算收入，不得截留、占用或者挪用预算收入。”第六十三条：“各部门、各单位应当加强对预算收入和支出的管理，不得截留或者动用应当上缴的预算收入，不得擅自改变预算支出的用途。”

说明：由于该案例为2015年，适用于2014年预算法修订版，目前《中华人民共和国预算法》于2018年12月29日再次修订，修订后的第五十五条、第六十三条内容不变。

2.《事业单位财务规则》（财政部令〔2012〕第68号）第十七条：“事业单位对按照规定上缴国库或者财政专户的资金，应当按照国库集中收缴的有关规定及时足额上缴，不得隐瞒、滞留、截留、挪用和坐支。”

3.《事业单位会计准则》（中华人民共和国财政部令第72号）（2012年）第三十四条：“事业单位的收入一般应当在收到款项时予以确认，并按照实际收到的金额进行计量。”第三十八条：“事业单位的支出一般应当在实际支付时予以确认，并按照实际支付金额进行计量。”

说明：此文于2018年12月31日废止，2019年1月1日起执行《财政部关于贯彻实施政府会计准则制度的通知》（财会〔2018〕21号）。上述业务发生时间早于2018年12月31日，因此适用上述条款。

【启示或建议】

应按照实际发生的公务用车运行维护费用列支支出，按照实际收取的校车费用确认收入，正确核算，保证数据的准确性。

【案例31】未及时收回出租国有资产收益

某公办中学校出租商铺给A市某艺术设计公司使用，截至2018年6月，A市某艺术设计公司拖欠租金15万元，拖欠时间3年以上。学校多次通知艺术设计公司付款未果，未采取法律手段追收款项，只是将其应支付给A市某艺术设计公司工程款12万元扣留延期付款，且拖欠的租金学校账上未挂账。

【定性依据】

1.《事业单位国有资产管理暂行办法》（2006年财政部令第36号）第八条：“事业单位负责对本单位占有、使用的国有资产实施具体管理。其主要职责是：……（四）负责本单位用于对外投资、出租、出借和担保的资产的保值增值，按照规定及时、足额缴纳国有资产收益。”

2.《广州市非税收入管理办法》（广州市人民政府令2006年1号）第十

条："执收单位或者其委托单位应当严格依法征收非税收入，确保应收尽收，不得多征、少征或者擅自减征、免征、缓征，不得隐瞒、转移、截留、坐支、挪用、私存私放、私分或者变相私分所收非税收入款项。"

【启示或建议】

根据预算法规定，一般公共预算收入包括各项税收收入、行政事业性收费收入、国有资源（资产）有偿使用收入等，因此国有资资产有偿使用收入是一般公共预算收入的重要组成部分，应当依法、足额进行征收。

【案例32】应收未收利息等非税收入

某市国土局未按照合同规定，未对延期缴纳土地出让价款的单位收取利息和违约金。2017年受让人分期缴纳土地出让金，交款时间超过合同时间，产生应收利息500万元，应收违约金100万元，但国土局一直未收取利息和违约金。同时该县应收未收城市基础设施配套费、防空地下室易地建设费等非税收入2000万元。

【定性依据】

1.《政府非税收入管理办法》（财税〔2016〕33号）第十七条："非税收入应当全部上缴国库，任何部门、单位和个人不得截留、占用、挪用、坐支或者拖欠。"

2.《中华人民共和国会计法》（中华人民共和国主席令第24号）第十条："下列经济业务事项，应当办理会计手续，进行会计核算：（一）款项和有价证券的收付；（二）财物的收发、增减和使用；（三）债权债务的发生和结算。"第二十六条："公司、企业进行会计核算不得有下列行为……（二）虚列或者隐瞒收入，推迟或者提前确认收入……"

说明：该会计法于2017年11月4日主席令第81号第二次修正。

3.《广州市非税收入管理办法》（广州市人民政府令2006年1号）第十条："执收单位或者其委托单位应当严格依法征收非税收入，确保应收尽收，不得多征、少征或者擅自减征、免征、缓征，不得隐瞒、转移、截留、坐支、挪用、私存私放、私分或者变相私分所收非税收入款项。"

说明：该法规于2015年9月30日修正，修正后的第十条内容不变。

【启示或建议】

加强宣传，进一步提高对征收管理重要性水平的认识，加强对国有资产收益的追收，并及时上缴财政，坚持依法执收应收不漏。

【案例 33】违规超额收取水电费，弥补日常经费支出

B 服务中心是 A 行政机关的下属单位，审计组对 A 机关 2015 财务收支进行了审计，B 服务中心通过“其他应付款——水电费”科目核算代收代付 A 机关及下属单位的水电费，审计组发现该科目历年均有结余挂账，且代收和代付各单位水电费的金额不一致。经进一步审查，B 服务中心 2015 年超额收取各单位水电费 130 万元，超额收取的水电费主要用于弥补日常经费支出，2015 年共支出 60 万元。同时，厅机关服务中心将以前年度超收部分的 150 万元在 2015 年 1 月直接转为事业基金。

【定性依据】

1. 《中华人民共和国电力法》（2015 年修订）第四十四条：“禁止任何单位和个人在电费中加收其他费用；但是，法律、行政法规另有规定的，按照规定执行。”

说明：该法规于 2018 年 12 月进行修订，修订后第四十四条不变。

2. 《中华人民共和国价格法》（中华人民共和国主席令第九十二号）第四十七条：“国家行政机关的收费，应当依法进行，严格控制收钱项目，限定收费范围、标准。收费的具体管理措施由国务院另行制定。”

3. 《关于治理乱收费的规定》（中办发〔1993〕18 号）：“五、规范管理，整章建制。收费单位必须到计划（物价）部门办理收费许可证，坚持持证收费，接受社会和群众监督；必须使用由省、自治区、直辖市以上财政部门统一制发的收费票据或监制的专用票据，否则视为非法收费予以查处。没有收费许可证、没有持证收费、没有使用规定票据的，任何单位或个人可以拒绝交费。”

【启示或建议】

B 服务中心未经许可私自超额收取水电费用于弥补日常经费支出属于违规行为，并通过“其他应付款”科目隐匿收支核算，及直接转入事业基金科目。A 机关应责成 B 服务中心停止超收水电费的行为，规范管理，防止此类情况再次发生。

【案例 34】违规收费

2013 ~2015 年，某医院以自制的白条单据（医院其他费用收据）向住院病人收取陪住费、包房费、租床费、医疗用品等自定项目，合计 250 万元。

【定性依据】

1.《关于印发〈卫生部关于加强卫生行业作风建设的意见〉的通知》（卫办发〔2004〕130号）规定："医疗机构和医务人员不准在国家规定的收费项目和标准之外，自立、分解项目收费或提高标准加收费用。"

2.《关于印发〈医疗收费票据使用管理办法〉的通知》（财综〔2012〕73号）第二十三条："医疗机构取得门诊医疗收入和住院医疗收入，应当向付款方开具医疗收费票据，并加盖本单位财务章或收费专用章。医疗机构不开具医疗收费票据的，付款方有权拒绝支付款项。"

【启示或建议】

该医院不得违规收费，应当向付款方开具医疗收费票据。

【案例35】滥用、串用财政票据

我们对某高校进行2016年预算执行审计，该校为公益二类事业单位，发现该校本部财务人员将收取的刊物出版费、技能鉴定费等部分经营服务性收费，开具了资金往来结算票据；国有资产中部分房屋租金、设备使用费等国有资产有偿使用收入，没有开具非税收入专用票据，也开具了资金往来结算票据；将收取的与学生有关的补办各类证书工本费、培训费等服务性收费开具学校收费专用票据，未使用相应的税务发票。

【定性依据】

1.《财政票据管理办法》（中华人民共和国财政部令第70号）第六条："财政票据的种类和适用范围如下：（一）非税收入类票据2. 非税收入专用票据，是指特定的行政事业单位依法收取特定的政府非税收入时开具的专用凭证。主要包括行政事业性收费票据、政府性基金票据、国有资源（资产）收入票据、罚没票据等；（二）结算类票据资金往来结算票据，是指行政事业单位在发生暂收、代收和单位内部资金往来结算时开具的凭证。"第二十九条："财政票据使用单位不得转让、出借、代开、买卖、擅自销毁、涂改财政票据；不得串用财政票据，不得将财政票据与其他票据互相替代。"

2.《广东省财政票据管理办法》（粤财综〔2003〕59号）第八条："除法律、法规和规章另有规定外，部门（单位）实施行政事业性收费、政府性基金和罚没财物以及收取其他非税收入，一律按本办法使用省财政厅印制的财政票据。凡不按本办法使用票据的，被收费、处罚的单位或个人有权拒绝付款，财务部门不得作为报销凭证。"

3.《行政事业单位资金往来结算票据使用管理暂行办法》（财综〔2010〕1号）第八条："下列行为，不得使用资金往来结算票据：（一）行政事业单位按照自愿有偿的原则提供下列服务，其收费属于经营服务性收费，应当依法使用税务发票，不得使用资金往来结算票据……2. 法律法规和国务院部门规章规定强制进行的培训业务以外，由有关单位和个人自愿参加培训、会议的收费……5. 创办刊物、出版书籍并向订购单位和个人收取的费用……8. 其他经营服务性收费行为。（二）行政事业性收费、政府性基金、国有资源有偿使用收入、国有资产有偿使用收入、国有资本经营收益、彩票公益金、罚没收入、以政府名义接受的捐赠收入、主管部门集中收入等政府非税收入，应当按照规定使用行政事业性收费票据、政府性基金票据、罚没票据、非税收入一般缴款书等相应的财政票据，不得使用资金往来结算票据。"

4. 教育部　国家发展改革委　财政部《关于进一步规范高校教育收费管理若干问题的通知》（教财〔2006〕2号）："二、规范服务性收费和代收费管理（一）服务性收费　高校为在校学生提供由学生自愿选择的服务并收取相应的服务性收费。服务性收费必须坚持学生自愿和非营利原则，即时发生即时收取，不得与学费合并统一收取……。四、加强许可证、收费票据和资金的管理　高校收取行政事业性收费和服务性收费，必须到指定的价格主管部门办理收费许可证……在收取服务性收费时应使用相应的税务发票。"

【启示或建议】

行政事业单位应加强财务人员学习财政票据的使用管理规定，主管部门加强财政票据使用规范化、信息化管理，包括发放、监管、稽查等工作，避免出现财政票据管理"空档"和"真空地带。"

上述案例中，高校财务人员对国家有关财政票据以及收费管理的相关制度规定不熟悉，未按规定的种类和适用范围使用财政票据，收取的刊物出版费、技能鉴定费等部分经营服务性收费，开具了资金往来结算票据，按《行政事业单位资金往来结算票据使用管理暂行办法》第八条规定属于经营服务性收费，不得使用资金往来结算票据的行为，应开具税务发票。

国有资产中房屋租金、设备使用费收入，开具了资金往来结算票据，以上收入属国有资产有偿使用收入，根据《财政票据管理办法》第六条规定，应开具非税收入专用票据，却开具资金往来结算票据，属于串用财政票据，违反《财政票据管理办法》第二十九条规定。

收取学生补办各类证书工本费、培训费，这类收费为《行政事业单位资金往来结算票据使用管理暂行办法》第八条、《关于进一步规范高校教育收费管理若干问题的通知》所规定的经营服务性收费，高校开具学校收费专用票据，违反相关规定，应开具相应的税务发票。

【案例36】非税收入管理不到位

某市未将执收单位全部纳入非税收入管理系统，部分执收单位自行收取后集中上缴财政，2016年新墙体材料专项基金、散装水泥专项资金两项非税收入未通过非税收入征收管理系统进行征收，涉及收入2000万元。

2017年底该市非税收入系统中应收账挂账余额1亿元，涉及收费项目100项，涉及执收单位300个，未及时清理长期挂账金额。

【定性依据】

1.《广东省人民政府关于进一步加强非税收入征管工作提高非税收入质量的通知》（粤府〔2006〕62号）第四条："要将收入项目、收入金额、票据使用、会计报表等纳入非税管理系统，逐步实现财政部门、执收单位、代收银行、人民银行国库的网络连接，实现实时查询和实时监控非税收入收缴情况。"

2.《关于进一步完善制度规定切实加强财政资金管理的通知》（财办〔2011〕19号）第二点："二、完善资金收付制度进一步完善非税收入收缴管理制度……非税收入应主要通过非税收入收缴管理信息系统收缴……2012年底前所有地方执收单位及其执收的非税收入项目都要执行非税收入收缴管理制度。"

【启示或建议】

税收收入和非税收入都是政府财政收入的重要组成部分，行政事业单位应当加大宣传力度，提高社会对收入制度的认知度，完善征管体系，采取有效的监督手段，严格执行非税收入管理制度，加强非税收入的信息化建设。

【案例37】代扣个人所得税手续费未确认收入

某公办小学2015～2017年共收取代扣个人所得税手续费收入1万元，在"其他应付款——代征个税手续费"科目核算，并用于奖励相关工作人员支出时直接冲减该科目，未计入本单位收入。

【定性依据】

1.《关于进一步加强代扣、代收、代征税款手续费管理的通知》（财行

〔2005〕365 号）：“……代扣代缴、代收代缴和委托代征（以下简称‘三代’）”和第六条“手续费支付管理……（六）‘三代’单位所取得的手续费收入应该单独核算，计入本单位收入，用于‘三代’管理支出，也可以适当奖励相关工作人员。”

说明：2019 年 2 月 2 日已废止该文件并实行新规定《关于进一步加强代扣代收代征税款手续费管理的通知》（财行〔2019〕11 号）：“四、手续费管理（三）支付管理。4.‘三代’单位所取得的手续费收入应单独核算，计入本单位收入，用于与‘三代’业务直接相关的办公设备、人员成本、信息化建设、耗材、交通费等管理支出。上述支出内容，国家已有相关支出标准的，严格执行有关规定；没有支出标准的，参照当地物价水平及市场价格，按需支出。单位取得的‘三代’税款手续费以及手续费的使用，应按照法律、法规有关规定执行。”

2.《事业单位会计准则》（中华人民共和国财政部令第 72 号）（2012 年）第三十三条：“事业单位的收入包括……其他收入等。其他收入是指财政补助收入、事业收入、上级补助收入、附属单位上缴收入和经营收入以外的各项收入……”第三十四条：“事业单位的收入一般应当在收到款项时予以确认，并按照实际收到的金额进行计量。”第三十六条：“事业单位的支出或者费用包括……其他支出等。其他支出是指事业支出、对附属单位补助支出、上缴上级支出和经营支出以外的各项支出……”第三十八条：“事业单位的支出一般应当在实际支付时予以确认，并按照实际支付金额进行计量。”

说明：由于该案例为 2017 年，适用于《事业单位会计准则》（财政部令〔2012〕第 72 号），目前该文件已废止。自 2019 年 1 月 1 日执行《关于印发〈政府会计制度——行政事业单位会计科目和报表〉的通知》（财会〔2017〕25 号），明确规定：“4609 其他收入　一、‘本科目核算单位取得的除财政拨款收入、事业收入、上级补助收入、附属单位上缴收入、经营收入、非同级财政拨款收入、投资收益、捐赠收入、利息收入、租金收入以外的各项收入……’。7901 其他支出一、本科目核算单位除行政支出、事业支出、经营支出、上缴上级支出、对附属单位补助支出、投资支出、债务还本支出以外的各项现金流出……”

【启示或建议】

代扣个税手续费取得的收入，属于事业单位的其他收入，应计入“其他收入”，奖励相关工作人员发生的支出应计入相关支出。

【案例38】收入未计缴税金

某事业单位将未办理产权的商铺移交给物业管理公司管理，并以收取100万元物业管理费的方式替代租金，未向房产所在地的税务机关缴纳房产税。另外取得培训、租金、物业管理、出版费等收入200万元未计提和缴纳增值税及附加税。

【定性依据】

1.《中华人民共和国房产税暂行条例》第二条“房产税由产权所有人缴纳”；第三条“……房产出租的，以房产租金收入为房产税的计税依据”；第四条“房产税的税率，依照房产余值计算缴纳的，税率为1.2%；依照房产租金收入计算缴纳的，税率为12%。”

2.《中华人民共和国增值税暂行条例实施细则》第一条：“在中华人民共和国境内销售货物或者加工、修理修配劳务（以下简称劳务），销售服务、无形资产、不动产以及进口货物的单位和个人，为增值税的纳税人，应当依照本条例缴纳增值税。”第十九条：“增值税纳税义务发生时间：发生应税销售行为，为收讫销售款项或者取得索取销售款项凭据的当天；先开具发票的，为开具发票的当天。”

2.3 本章小结

2.3.1 财政收入的重要性及存在问题

财政收入是反映一个国家和地区综合实力的重要经济指标，也是各级政府制定政策的主要依据。虚增财政收入掩盖了财政收入的真实性，直接影响到国家财政税收政策与货币信贷政策。部分地方政府事业单位存在为了完成财政收入考核指标、粉饰政绩、提高公款消费标准等目的，而通过种种方法和手段做出违反财政收入规定的行为，如截留、挪用收入、虚增收入、违规收费等。

当前多个地方揭露了无收入来源空转财政收入的情况，税收虚收空转是由纳税的企业、地方政府共同配合玩游戏，一般是由于年初确定的收入目标过高，严重脱离实际，为了完成年初任务采取各种手段进行虚增，如通过财政部门向企业拨款后，再由企业将资金缴回财政，通过倒账虚增收入、虚列支出，完成每年的增长指标。财政“空转”看似多方得利，实则虚增财政收入，扰乱经济运行体系的正常运行，误导宏观调控决策，与新预算法的要求极不相符，同时扰乱企业的正常经营秩序，应坚决防止和纠正这种行为。

2.3.2 准确使用常见定性

审计实践中，我们对财经违法违规行为定性描述和处理处罚时，经常遇到一些意思接近、不好区分、容易混淆的基本概念，需要精确界定和规范使用，如滞留、截留与挪用。滞留和截留都发生在资金管理及上缴拨付的相关环节，挪用是指不但截留而且挪作他用。滞留是指负有上缴或拨款义务的资金管理机构，没有按照规定的时间及时上缴或拨付资金、致使资金停留在该上缴或拨付环节的行为。滞留的过错在于延后了资金的正常流转时间，损害的是公共财政资金应该发挥的效能。滞留资金仍然以货币形态存放，权属关系没有发生变化。截留是截取资金的正常流向（应上缴或拨付）留作其他用途的行为。截取下来的资金仍以货币形式存放在该流转环节是截留；如果用于其他用途，则是挪用。

2.3.3 收入管理的几点建议

为了制止收入管理的违法违规现象，我们提出解决该问题的对策建议如下：

1. 行政事业单位要加强学习非税收入、财政票据、资金往来结算票据等相关管理规定，按规定的种类和适用范围使用财政票据，经营服务性收费开具税务发票，区分使用非税收入专用票据、资金往来结算票据，避免滥用、串用财政票据等违规操作，监管单位应加强财政票据使用规范化、信息化管理，包括发放、监管、稽查等工作，避免出现财政票据管理“空档”和“真空地带。”

2. 强化国有资产管理意识，国有资产不是“部门”资产，出租国有资产要严格按照审批程序，经上级审批后方可出租。

3. 严格按非税收入管理规定收费，不得擅意为之。

4. 严格执行非税收入“收支两条线”的管理方式，不得用于本单位各项支出。

第 3 章
支出管理

3.1 因公出国（境）经费

3.1.1 常见问题及表现形式

1. 超预算或无预算安排出访团组。

2. 未经审核审批，安排出访团组。

3. 出国团组人数、国家数、天数超规定。主要表现形式：出国访问旅程未经批准、绕道旅行、借出国考察名义公款旅游；未经批准乘坐外国航空公司航线等。

4. 扩大出国经费开支范围、提高经费开支标准。

5. 摊派或转嫁出国费用。

6. 使用虚假票据或虚开发票报销出国（境）费。

3.1.2 审计案例

【案例 39】出境经费支出超预算

A 公立院校 2017 年赴台湾 C 科技大学参加×××专业认证培训，因公出境报销未严格执行预算控制，超过出团前公示预算支出标准 3 万元。

【定性依据】

《关于印发〈省直党政机关和事业单位因公临时出国经费管理办法〉的通

知》（粤财行〔2014〕32号）第四条：“因公临时出国经费应当全部纳入预算管理，并按照下列规定执行：……（二）省直单位应当加强预算硬约束，认真贯彻落实厉行节约的要求，在核定的年度因公临时出国经费预算内，务实高效、精简节约地安排因公临时出国活动，不得超预算或无预算安排出访团组。确有特殊需要的，按规定程序报批。”

说明：因公临时出境赴香港、澳门、台湾地区，参照上述管理办法执行。

【启示或建议】

加强因公出国经费预算支出管理、财务控制和监督，防止因公出国无预算、超预算支出。

【案例40】未经单位外事和财务部门审核，安排出访团组

某公立学院2017年安排因公出国事项1次，涉及金额20万元。仅提供旅行社的发票，无《因公临时出国任务和预算审批意见表》，也无详细行程。经询问，该学院安排出访团组，未经单位外事和财务部门审核。

【定性依据】

《因公临时出国经费管理办法》（财行〔2013〕516号）第七条：“……出访团组应当事先填报《因公临时出国任务和预算审批意见表》，由单位外事和财务部门分别出具审签意见，明确审核责任。出国任务、出国经费预算未通过审核的，不得安排出访团组。”

【启示或建议】

加强因公出国的审批管理、因公出国经费的财务控制和监督，防止不合规的出国经费支出。

【案例41】出国团组的国家数量超规定

某事业单位派人参加一国际会议，此次国际会议共安排2人，根据行程单的时间安排，2016年3月1日赴德国参加研讨会，2016年3月10日返程，行程共10天，审计组检查报销凭证，发现有些差旅费支出的地点并非在德国，而是瑞士，因公出国批件的行程只是参加在德国举行的研讨会，列支在瑞士的差旅费超出批件规定的地点，出国团组的国家数量超规定。

【定性依据】

《因公临时出国经费管理办法》（财行〔2013〕516号）第十条：“出国人员根据出访任务需要在一个国家城市间往来，应当事先在出国计划中列明，并报本单位外事和财务部门批准。未列入出国计划、未经本单位外事和财务部门批准的，不得在国外城市间往来。”

【启示或建议】

加强因公出国经费管理的培训和学习，尤其是出行前财经纪律教育，并加强财务管控，防止虚报团组人数、国家数、天数等套取出国经费的情况。

【案例42】出国考察团擅自改变行程，公款旅游

2018年3月，某审计组对J大学2017年度三公经费进行专项审计，该大学为公益二类事业单位。审计组经分析预决算报表等相关财务数据后，发现因公出国经费占三公经费比例达39%，该占比较上年高出40%，因此，审计组对因公出国经费作重点检查。审计组经查阅《因公临时出国任务和预算审批意见表》发现其中一笔赴美国学术研讨会A团组报销14万元超预算20%，另一笔赴美国考察B团组报销16万元超预算23%，超出部分列在其他项目经费中。

1. 赴美国学术研讨会A团组共4人，2017年7月15日启程，7月25日返程，行程共10天，但返程机票时间显示的是7月27日，延长返程时间2天。经进一步询问，原来是A团组借出国研讨之机停留旅游，所产生的费用报销在出国经费中，导致经费超预算。

2. 赴美国考察B团组共5人，考察行程安排是2017年8月10日启程美国Y城市，8月25日返程，行程共15天，但报销凭单没有附相关住宿费、境外城市间交通费票据，只有一张旅行社开具的发票。经询问旅行社负责B团组的项目经理，其提供了一份为B团组设计的在美国S城市旅游的行程单和相关的机票等资料，为了报账方便，B团组让旅行社做了两份行程单，一份是按考察行程设计，另一份是S城市的旅游行程。

A出国团组实际是擅自延长返程时间，借赴美国学术研讨会之机逗留2天旅游观光。B出国团组没有凭有效原始票据据实报销出国经费的原因是实际使用公款绕道旅行。

【定性依据】

《因公临时出国经费管理办法》（财行〔2013〕516号）第九条：“国际旅费按照下列规定执行：（一）选择经济合理的路线……不得以任何理由绕道旅行，或以过境名义变相增加出访国家和时间。”第十条：“出国人员根据出访任务需要在一个国家城市间往来，应当事先在出国计划中列明，并报本单位外事和财务部门批准。未列入出国计划、未经本单位外事和财务部门批准

的，不得在国外城市间往来。出国人员的旅程必须按照批准的计划执行，其城市间交通费凭有效原始票据据实报销。”第十六条：“各单位财务部门应当对因公临时出国团组提交的出国任务批件、护照（包括签证和出入境记录）复印件及有效费用明细票据进行认真审核，严格按照批准的出国团组人员、天数、路线、经费预算及开支标准核销经费，不得核销与出访任务无关的开支。”

【启示或建议】

加强因公出国经费管理的培训和学习，尤其是出行前财经纪律教育，防止因公出国借机公款旅游等浪费国家资源、违反财经纪律问题发生。

【案例 43】超范围报销因公出国经费

审计组对2016年某公立大学进行财务收支审计，检查发现当年度的因公出国（境）经费，有一报销凭证中报销内容为其他费用，金额为3万元，但发票开票内容为工作服，询问得知是给每位出国人员配置的高级西服，该项支出并非因公出国经费的经费范围。

【定性依据】

《因公临时出国经费管理办法》（财行〔2013〕516号）第八条：“因公临时出国经费包括：国际旅费、国外城市间交通费、住宿费、伙食费、公杂费和其他费用。公杂费是指出国人员在国外期间的市内交通、邮电、办公用品、必要的小费等费用。其他费用主要是指出国签证费用、必需的保险费用、防疫费用、国际会议注册费用等。”

【启示或建议】

加强因公出国经费管理的培训和学习，明确开支范围和标准，并加强财务管控，合理合规报销出国费用。

【案例 44】将出国经费转嫁给下属单位

审计组查阅了某政府部门2015年因公出国批件，发现有一出访欧洲行程，但在账上仅报销了住宿费、伙食费、公杂费和其他费用，并未报销来回机票费用，询问得知机票款在下属单位报销，实质上是因公出国费用转嫁给下属单位。

【定性依据】

《因公临时出国经费管理办法》（财行〔2013〕516号）第六条：“……严禁向同级机关、下级机关、下属单位、企业、驻外机构等摊派或转嫁出访费用。”

【启示或建议】

加强因公出国经费管理的培训和学习，明确开支范围和标准，各单位应当严格执行各项经费开支标准，不擅自突破、接受或变相接受企事业单位资助，不向其他单位等摊派或转嫁出访费用。

【案例45】使用虚假票据或虚开发票报销出国费用

某事业单位艺术团长在任职期间，利用出国比赛机会、虚开票据报销，该团长随团到国外参加比赛，出国前用公款兑换了5000美元用于在出国期间备用，然而他在回国后则将剩下的5000美元据为己有，并且购买发票在团里报销兑换美元的费用。

【定性依据】

《因公临时出国经费管理办法》（财行〔2013〕516号）第二十条："组团单位应当采取集中形式，对团组全体人员进行行前财经纪律教育。对出国人员违反本办法规定，有下列行为之一的，除相关开支一律不予报销外，按照《财政违法行为处罚处分条例》等有关规定严肃处理，并追究有关人员责任：（四）使用虚假发票报销出国费用的。"

【启示或建议】

随着《因公临时出国经费管理办法》等制度法规的完善，对于使用虚假发票报销出国费用诸如此类性质恶劣的违反财经纪律的行为，应按制度严惩，落实制度，不让制度成摆设。

3.1.3 本节小结

因公出国费支出存在伪造邀请函、会议通知等情况，业内甚至发明了专门的术语，把真的邀请函叫作签证函，假的邀请函叫作报批函，专为应付国内因公出国（境）考察管理规定而生。近年来，随着出国审批制度的不断完善，明目张胆的利用公费出国（境）旅游已不多见，但是，假借学习、培训、会议、考察等名义，而无实际内容、无明确任务的出国（境）考察则是举不胜举。

三公经费的消费权限多数集中在领导干部手中，同级不便查、同事不好查，致使监督停留在表面，消费歪风有恃无恐。相关部门一要严格因公出国（境）计划审批、完善团组管理、强化预算约束力、规范经费使用和健全部门因公出国（境）活动监管机制的具体措施，进一步加强出国（境）计划、审批、经费管理。二是发现问题要及时整改：对于出国（境）团组未纳入年初计划问题，应通过严格出国（境）团组计划编制、严格执行计划报批审核制度等方式整改；对于无预算、超预算或超标准、超范围列支出国（境）费问题，应通过加强出国（境）费预算编制管理、强化出国（境）费预算定额控制、严格执行出国（境）费标准、规范出国（境）费报销流程等方式整改；对于出访人数、天数、地点超规定问题，应通过从严审核出国（境）人数、天数和地点，加强出国（境）团组量化管控等方式整改；出国（境）费用转嫁给其他单位问题，应通过强化财务审核把关、加强出国（境）费支出控制、规范出国（境）费报销渠道等方式整改。

此外，还需加强党风廉政制度建设和反腐倡廉制度建设，外部审计监督，深化政务公开工作，强化外部监督，严格责任追究。

审计因公出国（境）经费时，可从以下几个方面入手：一是审查预算批复文件，审查内容包括明细费用计划、出国的论证资料和具体计划内容等。二是审查因公出国任务批件，审查内容包括批复意见、活动明细内容、出访服务中介机构的选定程序和服务事项等。三是审查行程记录。将人事或者行政办公部门存放的出国活动资料与财务报销单据校对是否相符。重点查看行程记录、活动照片等可反映出活动痕迹的资料。四是审查报销票据的真实性、合法性，票据明细包括《因公临时出国任务和预算审批意见表》、护照（包括签证和出入境纪录）复印件及费用明细票据（包括国际旅费、国外城市间交通费、住宿费、伙食费、公杂费和其他费用），核对出国团组人员、职务、日期、天数、详细行程、开支内容、金额、开支标准是否合规，并与经费预算比较是否超预算。

审计人员不要被表面假象蒙蔽，做足审计程序，不放过可疑线索，关注“行程”和“停留时间”等细节，透过合理开支的表象，发现违规问题。

3.2 公务用车购置及运行费

3.2.1 常见问题及表现形式

1. 无预算、超预算安排公车运行维护费。

2. 超编制、超标准配备公务用车。

3. 违规列支公务用车运维费。主要表现形式：列支非本单位车辆运行维护费，报销维修费无维修清单等。

4. 违反规定使用公务用车。主要表现形式：公车私用、私车公养；既领取公务交通补贴又违规使用公务用车；违反规定将公务用车登记在下属单位、企业或者个人名下的；换用、借用、占用下属单位或者其他单位和个人的车辆，或者擅自接受企事业单位和个人赠送车辆的；挪用或者固定给个人使用执法执勤、机要通信等公务用车等。

5. 公车在非定点服务商维修、保养、加油。

6. 公务用车使用管理和公示制度不完善。

7. 未建立健全车辆管理台账。主要表现形式：用车时间、事由、地点、里程、油耗、费用等明细信息登记不全等。

8. 公务用车管理混乱。主要表现形式：对已批准处置核销的公车未及时在台账、会计账、资产管理系统进行核销清理；公车处置收入未上缴财政等。

3.2.2 审计案例

【案例46】公务运维费超预算，挤占差旅费预算

某事业单位2017年在差旅费科目中列支公务用车运行维护费5万元，审计组询问得知公车维护费已超预算，但差旅费预算尚有空间，就列在差旅费。

【定性依据】

1. 《中共广东省委办公厅、广东省人民政府办公厅关于进一步规范和控制“三公”经费支出的通知》（粤办发〔2012〕20号）第二点：“建立健全‘三公’经费预算管理制度，严格控制‘三公’经费预算规模，不得无预算或超预算安排支出。因特殊情况确需调整的，要严格按规定程序报批。”

2. 《广东省党政机关厉行节约反对浪费实施细则》（粤发〔2014〕7号）第八条：“党政机关应当遵循先有预算、后有支出的原则，严格执行预算，严禁超预算或者无预算安排支出，严禁虚列支出、转移或者套取预算资金。”

【启示或建议】

加强公务用车经费预算支出管理、财务控制和监督，防止公车运维费无预算、超预算支出或挤占其他支出等问题。

【案例47】公务用车运行费实际支出超预算

2018年，某机关服务中心公务用车运行费预算为10万元，实际支出12万元，超预算列支2万元，超支比例20%。

【定性依据】

1.《中共广东省委办公厅、广东省人民政府办公厅关于进一步规范和控制“三公”经费支出的通知》（粤办发〔2012〕20号）第二点：“建立健全‘三公’经费预算管理制度，严格控制‘三公’经费预算规模，不得无预算或超预算安排支出。因特殊情况确需调整的，要严格按规定程序报批。”

2.《广东省党政机关厉行节约反对浪费实施细则》（粤发〔2014〕7号）第八条：“党政机关应当遵循先有预算、后有支出的原则，严格执行预算，严禁超预算或者无预算安排支出，严禁虚列支出、转移或者套取预算资金。”

【启示或建议】

加强公务用车经费预算支出管理、财务控制和监督，防止公车运维费无预算、超预算支出或挤占其他支出等问题。

【案例48】超编制配备小汽车

2017年审计组对某局负责人进行离任审计，该局公车改革定编的公务用车为9辆，审计组抽查报销公车费用的凭证发现，有一辆小汽车车牌不在配备的公车范围内，原来是该局未经小汽车定编办公室审核，私自购买。

【定性依据】

中共广东省委办公厅　广东省人民政府办公厅《〈广东省全面推进公务用车制度改革总体方案〉和〈广东省省直机关公务用车制度改革实施方案〉的通知》（粤办发〔2015〕9号）第三条：“（二）严格执行纪律……任何单位、任何个人不得以特殊用途等理由变相超编制、超标准配备公务用车。”

【启示或建议】

严格执行纪律，公务用车配备和运行维护费用已纳入日常和专项审计监督及政务公开范围。任何单位、个人不得以特殊用途等理由变相超编制配备公务用车。

【案例49】超标准配置公务用车

某事业单位2018年末保留机要通信用车1辆，价格18万元，车辆排气量

1.8升，超出“机要通信用车配备价格12万元以内、排气量1.6升”的标准。

【定性依据】

《党政机关公务用车管理办法》（中办发〔2017〕71号）第七条第（一）款“党政机关配备公务用车应当严格执行以下标准：机要通信用车配备价格12万元以内、排气量1.6升（含）以下的轿车或者其他小型客车。”

【启示或建议】

严格执行公务用车相关规定，任何单位、个人不得违规超标准配备公务用车。

【案例50】改装公务用车增加高档配置、豪华内饰

W部门2017年12月30日25号凭证反映支出车辆改装费5万元，是为新购买的四辆新车改装，涉及车内换真皮等。

【定性依据】

《党政机关公务用车管理办法》（中办发〔2017〕71号）第二十六条：“党政机关有下列情形之一的，依纪依法追究相关人员责任：（六）为公务用车增加高档配置或者豪华内饰的。”

【启示或建议】

严格执行公务用车相关规定，任何单位、个人不得违规增加公务用车高档配置或者豪华内饰。

【案例51】违规列支公务用车运维费

审计组整理某管理局下属服务中心2018年车辆管理维护费中，发现有些维修费、加油费所对应的车辆并非本单位车辆，经了解，该车为上级单位某领导的公务用车，截至2018年12月31日该车辆在服务中心共报销费用15万元（其中加油费13万元，维修费2万元），在运行维护科目中列支。

某中心报销制度执行不到位，报销汽车维修费时，无维修清单。

【定性依据】

1.《党政机关公务用车管理办法》（中办发〔2017〕71号）第二十六条：“党政机关有下列情形之一的，依纪依法追究相关人员责任：……（七）在车辆维修等费用中虚列名目或者夹带其他费用，为非本单位车辆报销运行维护费用的。”

2.《行政事业单位内部控制规范（试行）》（财会〔2012〕21号）第三

十条（二）："加强支出审核控制。全面审核各类单据。重点审核单据来源是否合法，内容是否真实、完整，使用是否准确，是否符合预算，审批手续是否齐全。支出凭证应当附反映支出明细内容的原始单据。"

【启示或建议】

加强培训、学习公务用车管理办法，明确开支范围和标准，并加强财务管控，合理合规报销公务用车运维费。

【案例 52】车辆维修费用违规列支其他费用

抽查 W 部门 2017 年 1 月至 2018 年 3 月"公务用车运行费——车辆维修"，发现在"公务用车运行费——车辆维修"中夹带差旅费，涉及金额 13000 元。

【定性依据】

《党政机关公务用车管理办法》（中办发〔2017〕71 号）第二十六条："党政机关有下列情形之一的，依纪依法追究相关人员责任：（七）在车辆维修等费用中虚列名目或者夹带其他费用，为非本单位车辆报销运行维护费用的。"

【启示或建议】

加强公务用车管理办法的培训和学习，加强财务管控，对于不合理、不合规的公务用车运维费坚决不予报销。

【案例 53】占用下属单位车辆

1. 2010~2016 年，王某在担任某局局长期间，长期占用下属单位车辆开展业务活动，2016 年 8 月该市公务用车改革下发相关文件发放车改补贴后，仍未按要求对所占用车辆予以停驶封存，依然使用至 2016 年 12 月。

2. 2017 年，在公车改革发放车改补贴后，某侨联仍借用下属单位的车辆 1 辆，在日常公用经费中列支了 3 万元燃料费和维修费。

上述单位领取车改补贴后继续占用下属单位车辆，规避组织监督。

【定性依据】

1.《党政机关公务用车配备使用管理办法》（中办发〔2011〕2 号）第十七条："党政机关不得对外出租出借公务用车，不得借用、占用下属单位或者其他单位车辆，不得接受企业捐赠车辆。"

说明：该办法已于 2017 年 12 月 5 日废止，自 2017 年 12 月 5 日施行《党政机关公务用车管理办法》（中办发〔2017〕71号）。

2.《党政机关公务用车管理办法》（中办发〔2017〕71号）第二十六条："党政机关有下列情形之一的，依纪依法追究相关人员责任：（四）换用、借用、占用下属单位或者其他单位和个人的车辆，或者擅自接受企事业单位和个人赠送车辆的；（七）在车辆维修等费用中虚列名目或者夹带其他费用，为非本单位车辆报销运行维护费用的。"

【启示或建议】

加强公务用车管理办法的培训和学习，加强财务管控，对于不合理、不合规的公务用车运维费坚决不予报销。

【案例54】公务人员违规乘坐公务用车

审计抽查C部门"车辆使用登记表"，据统计，2018年度C部门公务用车共使用1027次。其中：在广州市行政区域越秀区、天河区、荔湾区、海珠区、白云区范围内一般公务用车320次。公务用车主要是"开会、参加培训"等公务，与公务用车制度规定不符。从公务用车抽查的情况看，违反公务用车制度的占正常公务用车的35%。C部门存在"既领取公务交通补贴、又违规乘坐公务用车"问题。

【定性依据】

《党政机关公务用车管理办法》（中办发〔2017〕71号）第十六条："党政机关应当加强公务用车使用管理，严格按照规定使用公务用车，严禁公车私用、私车公养，不得既领取公务交通补贴又违规使用公务用车。"

【启示或建议】

加强党风廉政建设，规范公务用车使用管理，严防既领取公务交通补贴又违规使用公务用车诸如此类问题发生。

【案例55】未在协议供应商保养维修公车

广州市某公办中学2017年发生公务车年审保养维修费用4万元，维修厂家不属于《广州市财政局关于我市2017至2018年度政府采购协议供应项目有关采购事宜通知》（穗财采〔2016〕108）文件中规定的公务用车维修服务协议供应商，公务车保养维修在非定点厂家维修。

【定性依据】

《广州市市直党政机关事业单位"三公"经费管理办法》（穗财编

〔2015〕192 号）第二十五条："公务用车保险、维修、加油等实行政府采购，降低运行成本。公务用车在本市范围内加油的，必须到公务用车加油服务协议供应商（加油站）加油，并使用公务用车加油卡支付费用……车辆维修、保养须在公务用车维修服务协议供应商进行维修、保养。"

【启示或建议】

行政事业单位应加强公务用车保险、维修、加油协议供应商的宣传，对于在非协议供应商处维修、加油等不合规又不能合理解释的支出不予报销。

有关公车定点供应商的文件会经常发生变动，据《广州市财政局关于2019~2020年度政府采购协议供应项目有关采购事宜的通知》（穗财采〔2019〕7 号）文件，有关公车定点供应商仅含：车辆租赁服务定点服务商、车辆加油服务定点服务商，并未确定公务用车维修服务协议供应商名单。

【案例 56】公务用车使用管理和公示制度不完善

1. 某学院公务用车制度不细化，制度未得到有效执行。

2018 年审计某学院，《学院公务用车管理制度》规定公务用车流程如下：常规公务用车由学院领导、各二级单位负责人或办公室根据用车需求，通过电话或短信形式向交通服务中心提出申请派车，由司机登记《学院汽车出勤登记表》，于每月月初将上月的登记表交由交通服务中心主任审核并提交学院办公室审批，司机通过出车地点和出车次数领取出车补贴。

审计发现，该学院《学院公务用车管理制度》未制定"保留派车记录"条款，《学院汽车出勤登记表》记录混乱，每月的出勤登记表无审核人签字，未实时登记用车情况，复核责任人未签名，不利于公车的监督管理。公务用车也未按学院的制度实时登记每辆公车的维修费、油料费、行驶里程等。

2. 公务用车制度公示信息条款制订不完善。

对 T 部门 2018 年公务用车进行审核，T 部门 2016 年 8 月制订的《关于印发〈T 部门公务用车使用管理暂行办法〉的通知》第四条规定："严格公务用车使用公示制度。……于每月 10 日前在一定范围内公示上月公务用车使用情况，包括每辆公务用车的上月总里程和各种费用、违规使用公务用车情形等，并按照规定报送年度公务用车运行和修理情况。"该制度未明确严格登记和公示用车时间、事由、地点、里程、油耗、费用等信息，公务用车制度公示信息条款制订不完善。

【定性依据】

1.《行政事业单位内部控制规范（试行）》（财会〔2012〕21号）第五条：“单位建立与实施内部控制，应当遵循下列原则：……（三）制衡性原则。内部控制应当在单位内部的部门管理、职责分工、业务流程等方面形成相互制约和相互监督。”

2.《党政机关公务用车管理办法》（中办发〔2017〕71号）第二十条：“党政机关应当建立健全公务用车使用管理制度，严格执行，加强监督，降低运行成本。严格公务用车使用时间、事由、地点、里程、油耗、费用等信息登记和公示制度。严格执行回单位或者其他指定地点停放制度，节假日期间除工作需要外应当封存停驶。实行公务用车保险、维修、加油政府集中采购和定点保险、定点维修、定点加油制度，健全公务用车油耗、运行费用单车核算和年度绩效评价制度。”

【启示或建议】

行政事业单位应完善公务用车使用管理制度和公示制度，加强对党政机关公务用车配备更新、使用、处置等情况的监督检查，定期通报或公示相关情况，接受社会监督。

【案例57】未建立健全车辆管理台账

某市机关单位车辆使用登记表记录不完整，主要是公务车的用车前后里程、加油升数、加油金额、油耗及调度信息（如用车时间、事由、地点）记录不齐全，缺乏监督。

【定性依据】

《党政机关公务用车管理办法》（中办发〔2017〕71号）第十九条：“党政机关应当建立公务用车管理台账，加强相关证照档案的保存和管理。”第二十条：“……严格公务用车使用时间、事由、地点、里程、油耗、费用等信息登记和公示制度。”

【启示或建议】

应加强公务车辆管理台账管理，对于用车时间、事由、地点、里程、油耗、费用等明细信息需登记完整，减少公务用车的管理漏洞，防止公车私用及报销不合规公车运维费。

【案例58】公务用车经费支出管理混乱之一

公车改革要求需在2016年12月底完成取消车辆封存停驶工作，2017年1月1日实行公务交通报销额度管理。行政单位Z管理局及其下属单位的公务车辆在2015年9月30日前完成车辆封存停驶工作，并经机构改革核定公务用车编制方案。审计发现Z管理局下属单位X管理处存在如下问题：

1. X管理处公车运行维护费超预算20万元，定编车辆为8台，2017年期间公车运行维护费预算数为20万元。2017年8台定编车辆实际发生金额为40万元。

2. Z管理局下属单位X管理处核定车辆8辆，但上报的2017年公务用车自查表，有12辆公务用车，超出核定车辆4辆。项目组对超出车进行清查，发现其中3台已报废多年，属于改革前的编制车辆，已在2015年9月前公务车辆改革时，统一拍卖、报废，全部处置，但截至检查日，车辆台账、资产管理系统仍未核销。还有1台为外来借用车辆，其来源：经省厅同意，某研究院2014年5月与Z管理局签订了省××水利工程实验室建设项目合作协议书，出借建设用地100亩研究院作为研究用，用于实验室L号楼建设。后来，双方口头协议，在工程建设期间为了治安工作，研究院将自有的小汽车借给Z管理局下属X管理处使用，费用由X管理处自行支出。经核实，2015～2017年账面列支了交通费10万元，其中粤通卡2万元、加油费5万元、维修费3万元，在防洪车辆及起重机械等生产专业设备运行维护专项——其他交通费用列支。

3. 管理处有一车辆2017年6月已经报废处置完毕，之前借用给Z管理局工会活动使用，车辆存放地点风吹日晒，损耗严重，由工会直接处置，收到处置收入款后，未上缴财政，该收入记入工会账的其他收入。

4. 管理处存在公务用车维修时间顺序不符合正常逻辑情况，用车运行维护费支出缺乏控制，如抽查2017年12月15号凭证支付某市×达汽车维修有限公司公务用车维修费相关资料：其中车牌号为粤Q05×的车辆申请维修时间是2017年11月4日，审批时间是2017年11月29日，进厂维修时间、费用结算出单日是2017年10月31日，出现维修在前、审批在后的情况；还存在公务用车维修资料登记不齐全情况，如申请维修时间及审批维修时间欠缺，上述问题涉及金额10万元。

X管理处存在如下问题：（1）公车运行维护费超预算；（2）公车已经批准处置核销，未及时对车辆台账、资产管理系统进行核销清理；（3）公车处置收入未上缴财政；（4）公务用车经费中列支定编外的外来车辆费用；

(5) 公务用车运维方面存在维修在前、审批在后，申请维修时间、审批时间等要件欠缺问题。

【定性依据】

1. 省委办公厅、省府办公厅《关于进行进一步规范和控制“三公”经费支出的通知》(粤办发〔2012〕20号) 第二条：“建立健全‘三公’经费预算管理制度，严格控制‘三公’经费预算规模，不得无预算或超预算安排支出。因特殊情况确需调整的，要严格按规定程序报批。”

2.《广东省党政机关厉行节约反对浪费实施细则》(粤发〔2014〕7号) 第八条：“党政机关应当遵循先有预算、后有支出的原则，严格执行预算，严禁超预算或者无预算安排支出，严禁虚列支出、转移或者套取预算资金。”

3.《省直行政事业单位国有资产处置管理暂行办法》(粤财资〔2014〕16号) 第十一条：“行政事业单位资产处置后，应当在进行财务账务处理的同时，及时更新行政事业资产管理信息系统中相应资产卡片信息，进行资产账目处理，做到‘账实相符’‘账账相符’。”第十二条：“省直行政事业单位资产出售、出让、转让收入、置换补价收入、报废残值收入、报损补偿取得的收入，在按规定扣除相关税费后，按照政府非税收入管理的规定上缴省财政，实行‘收支两条线’管理。国家或省另有规定的，从其规定。”

4.《党政机关公务用车配备使用管理办法》(中办发〔2011〕2号) 第十五条：“党政机关应当建立健全公务用车使用管理制度，降低使用和维修保养成本。(一) 加强公务用车集中管理，统一调度，严禁分散管理使用，减少驾驶，提高使用效率，避免浪费。(二) 严格公务用车使用登记和公示制度，严格登记和公示用车时间、事由、地点、里程、油耗、费用等信息。一般公务用车严格实行回单位停放制度，节假日期间除特殊工作需要外应当封存停驶。(三) 实行公务用车保险、维修、加油政府集中采购和定点保险、定点维修、定点加油制度，健全公务用车油耗、运行费用单车核算和节奖超罚制度，降低运行成本。”

说明：该办法已于2017年12月5日废止，自2017年12月5日施行《党政机关公务用车管理办法》(中办发〔2017〕71号)。

5.《党政机关公务用车管理办法》(中办发〔2017〕71号) 第二十条：“党政机关应当建立健全公务用车使用管理制度，严格执行，加强监督，降低运行成本。严格公务用车使用时间、事由、地点、里程、油耗、费用等信息登记和公示制度。严格执行回单位或者其他指定地点停放制度，节假日期间除工作需要外应当封存停驶。实行公务用车保险、维修、加油政府集中采购和定点保险、定点维修、定点加油制度，健全公务用车油耗、运行费用单车核算和年度绩效评价制度。”

6.《行政事业单位内部控制规范（试行）》（财会〔2012〕21号）第三十条（二）：“加强支出审核控制。全面审核各类单据。重点审核单据来源是否合法，内容是否真实、完整，使用是否准确，是否符合预算，审批手续是否齐全。支出凭证应当附反映支出明细内容的原始单据，并由经办人员签字或盖章，超出规定标准的支出事项应由经办人员说明原因并附审批依据，确保与经济业务事项相符。”

【启示或建议】

对于“车轮上的铺张”，除了不断完善公务用车管理办法，全方位扎紧制度的笼子，还需严格执行内部控制制度，加强和完善财务管理，防止经费超预算、支出不真实、不合规，公车处置未及时核销、处置收入未上交等现象。

【案例59】公务用车经费支出管理混乱之二

审计发现，行政单位Z管理局下属单位Y服务中心公务用车异常情况如下：

1. Y服务中心2017年车辆管理维护费中，发现有一辆车不属于公车编制，但其维修费、加油费均计入公务用车费用中，该车为警车，由H派出所和Y服务中心共同出资购置的，2015年9月服务中心将10万元直接打入公安局账号，该局以治安装备经费开具了其他非税收入通用票据。

H派出所是公安局特意设置为Y服务中心（主要对大型国有水坝工程进行维护）的治安管理服务，根据某公（治）〔1999〕×号《关于某市公安局H派出所管理体制的决定》第四点：“某市公安局H派出所民警工资（按国家规定标准）、福利等所需费用由Z管理局供给；公安专用装备、武器弹药等由市公安局按规定划拨。”H派出所经费支出按该文件执行，据该文件，公安专用装备应由公安局按规定划拨，经核实服务中心违规与H派出所合资购置车辆，并自2016年截至检查日在Y服务中心列支该车辆运维费用2万元（其中加油费1.5万元，维修费0.5万元），在防洪车辆及起重机械等生产专业设备运行维护科目中支出。

2. 抽查2017年全年公务车费用，发现一笔费用是租车费，为2016~2017年，Y服务中心与某市×凤汽车租赁有限公司签订租车合同，租金20万元，用于职工通勤。询问了解，因上下班路途遥远租车，查询账册，自2016年起，该服务中心已向工作人员发放交通补贴，检查组自2016年延伸至检查日，Y服务中心2016年至2018年8月，既领取公务交通补贴又违规乘坐公务用车，涉及租车费25万元，其中资金来源财政资金24万元、经营收入资金1万元。

3. Y服务中心先后于2013年5月和2013年9月与某市A出租汽车公司和B汽车租赁公司租赁车辆各1辆，合同期限3年，三年租车费用分别为35万元、30万元，合计65万元。上述两台车辆在租赁期到期后，2016年直接签订补充协议续租2年，租金分别为26万元和23万元，合计49万元（其中2017年租车费用合计24万元）。该租车费用在事业支出——租赁费科目中列支，以上几笔租赁业务已达当时政府采购服务限额标准，经查询，某市A出租汽车公司和B汽车租赁公司均未在政府采购目录内，且A出租汽车公司经营范围无汽车租赁服务项目。

【定性依据】

1. 中共广东省委办公厅　广东省人民政府办公厅《〈广东省全面推进公务用车制度改革总体方案〉和〈广东省省直机关公务用车制度改革实施方案〉的通知》（粤办发〔2015〕9号）第三条："（二）严格执行纪律……任何单位、任何个人不得以特殊用途等理由变相超编制、超标准配备公务用车……公务人员不得既领取公务交通补贴、又违规乘坐公务用车。"

说明：根据《关于省直党政机关和事业单位差旅费管理问题的补充通知》（粤财行〔2016〕66号）："一、加强公务用车制度改革与差旅费管理制度的衔接　省直单位要认真贯彻落实省委、省政府公务用车制度改革精神，不断完善内部控制，规范公务出行，严格公务交通补贴管理，切实做好其与现行差旅费管理制度的有机衔接。（一）关于公务用车制度改革后驻穗省直机关公务人员公务出行。省直机关公务人员公务出行根据单位常驻地实际区别对待：1. 常驻地在广州市越秀区、天河区、荔湾区、海珠区、白云区等5个规定区域内，在本区域内从事公务活动的，按公务用车制度改革规定由单位发放公务交通补贴，不得报销公务交通费用，公务出行方式自行选择，实行社会化提供，不得既领取公务交通补贴，又违规乘坐公务用车；在广州市上述5个规定区域以外且广州市范围以内从事公务活动（含会议与培训），公共交通费、伙食费补助和市内交通费参照现行差旅费管理办法的规定执行。在广州市上述5个规定区域以外从事公务活动的，原则上选择公共交通工具出行。

确有必要选择利用社会化租赁车辆方式的，在保证节约、安全、便捷的前提下，经所在单位批准，按规定由社会化车辆租赁公司提供出行服务，有关费用在‘差旅费’科目中核算。2. 常驻地在广州市越秀区、天河区、荔湾区、海珠区、白云区等5个规定区域外的，公务用车制度改革与差旅费管理的衔接按所在地区有关规定执行。3. 以上所称驻穗省直机关公务人员，是指参加驻穗省直机关公务用车制度改革的人员。未参加省直机关公务用车制度改革的人员继续执行现行差旅费管理有关规定。”

2. 《党政机关公务用车管理办法》（中办发〔2017〕71号）第二十六条：“党政机关有下列情形之一的，依纪依法追究相关人员责任：（七）在车辆维修等费用中虚列名目或者夹带其他费用，为非本单位车辆报销运行维护费用的。”

3. 《广东省2013年政府集中采购目录及限额标准》（粤财采购〔2013〕13号）：“二、部门集中类目录C0502 车辆租赁［采购限额标准为预算金额20万元（含20万元）以上］。”

说明：该文件自2017年1月1日起废止，施行新规定《广东省2017年政府集中采购目录及采购限额标准》（粤财采购〔2016〕7号）。

【启示或建议】

各行政事业单位需严格执行公务用车配备、使用规定，强化预算的刚性约束，建立健全公务用车使用管理制度；加强监督，禁止各种理由变相超编制、超标准配备公务用车，杜绝公车私用现象；规范车辆费用报销管理，严禁在公务用车支出中虚列费用或挤占其他经费；对于公务用车的车辆保险、维修、保养严格执行政府采购程序；规范车辆处置、车辆租赁服务供应方资质的管理。

3.2.3 本节小结

公务用车审计不能仅仅依靠账面和凭证上的数字，还要注重细节和实质，要坚持“实质重于形式”的原则，通过核实细节其支出的真实性、合规合法性。公务用车审计主要关注超预算、超编制、超标准、超范围这几个方面，我们可以通过以下细节入手：（1）审计用车是否超编制的，则需关注证照的管理，机动车行驶证的所有人是否为本单位；（2）审计报销车辆维修费的合规性，则是要关注报销车辆号码是否为本单位的，是否有维修申请批复单、维修清单记录是否清晰，维修费是否采用现金结算，查阅车辆违章记录及车辆事故记录、报保险记录与维修清单核对是否相符，是否在定点供应商维修；（3）如公车私用问题则需关注用车申请记录、车辆管理台账登记是否清晰；（4）审计燃油费的支出真实性可通过平均公里数油耗、公务用车正常休假日加油情况、筛查公务用车加油频率、每张油卡对应的车牌，车类型核定车油箱容量等大数据分析，审查公务车辆加油的真实性、合理性，核实公务用车油卡是否实行了一车一卡，是否存在公车私用、违规报销个人油费和燃油费虚报套取资金等问题，充分运用数据关联比对分析提高审计效率；（5）如关注车辆报废则需关注报废审批流程、是否正常报废，定价是否合理，报废收入是否完整入账、上缴。

3.3 公务接待费

3.3.1 常见问题及表现形式

1. 无单位公函、接待清单的公务接待。

2. 超标准、超范围列支接待费。主要表现形式：接待费中列支礼品、旅游等费用、列支应由接待对象承担的费用、借公务接待名义列支其他支出等。

3. 在其他科目列支公务接待费。主要表现形式：在培训费、误餐费、办公费、其他商品和服务支出等科目列支接待费等。

4. 向下级单位、其他单位转嫁接待费用。

5. 在非税收入中坐支接待费用。

3.3.2 审计案例

【案例 60】无单位公函、无具体接待对象

A 机关单位 2017 年接待费中分散多笔列支无单位公函、无具体接待对象的费用，报销原始凭证为某些风景区住宿费、门票、餐费发票，费用合计 10 万元。

【定性依据】

1.《广东省党政机关厉行节约反对浪费实施细则》（粤发〔2014〕7号）第二十一条："……建立国内公务接待清单制度，如实反映接待对象、公务活动、接待费用等情况，并由相关负责人审签。接待清单作为财务报销的凭证之一并接受审计。"

2.《广东省党政机关国内公务接待管理办法》（粤办发〔2014〕12号）第五条："公务外出确需接待的，派出单位应当向接待单位发出公函，告知内容、行程和人员。"第七条："无公函的公务活动和来访人员一律不予接待。应邀来访、出席公务活动的，其相关邀请函件经公务接待管理部门负责人审批同意后，可以纳入接待范围。公务活动结束后，接待单位应当如实填写接待清单，并由相关负责人审签。接待清单包括接待对象的单位、姓名、职务和公务活动项目、时间、场所、费用等内容。"第十四条："接待费报销凭证应当包括财务票据、派出单位公函或者相关审批件和接待清单。"

3.《中华人民共和国会计法》（2017年主席令第81号修正）第十四条："会计机构、会计人员必须按照国家统一的会计制度的规定对原始凭证进行审核，对不真实、不合法的原始凭证有权不予接受，并向单位负责人报告；对记载不准确、不完整的原始凭证予以退回，并要求按照国家统一的会计制度的规定更正、补充。"

4.《会计基础工作规范》（财会字〔1996〕19号）第四十八条第（一）款："原始凭证的内容必须具备：……经济业务内容；数量、单价和金额。"

说明：由于本案例为2017年，适用上述文件。《会计基础工作规范》于2019年3月14日修订（2019年财政部令第98号），修订后的第四十八条第（一）款内容不变。

【启示或建议】

根据《广东省党政机关国内公务接待管理办法》，公务接待公函分为两种情况：一是公务外出确需接待的，派出单位应向接待单位发出公函，告知内容、行程和人员，可予接待；二是应邀来访、出席公务活动的，其相关邀请函件经公务接待管理部门负责人审批同意后，可以纳入接待范围。

【案例61】接待清单填写不完整

审计发现，某事业单位2017年4月32号凭证列支接待费2000元，2017

年9月43号凭证列支接待费3000元，2018年3月2号凭证列支接待费4000元，2018年5月65号凭证列支接待费3000元，以上接待清单填写不完整，未填写公务活动项目、时间、场所、费用等内容。

【定性依据】

《广东省党政机关国内公务接待管理办法》（粤办发〔2014〕12号）第七条："公务活动结束后，接待单位应当如实填写接待清单，并由相关负责人审签。接待清单包括接待对象的单位、姓名、职务和公务活动项目、时间、场所、费用等内容。"

【启示或建议】

加强培训、学习公务接待管理办法，规范公务接待报销流程，只有手续齐全、填写完整的公务接待支出才能予以报销。

【案例62】接待单位陪同人员人数超出标准

广州市某公办中学公务接待陪同人员超标。2016年7月支付接待费2200元，接待用餐人数为12人，陪同用餐人数为6人，陪餐人员超过规定；2016年10月餐费支出1900元，接待用餐人数为10人、陪同用餐人数为6人。

【定性依据】

《党政机关国内公务接待管理规定》（中办发〔2013〕22号）第十条："接待对象应当按照规定标准自行用餐。确因工作需要，接待单位可以安排工作餐一次，并严格控制陪餐人数。接待对象在10人以内的，陪餐人数不得超过3人；超过10人的，不得超过接待对象人数的三分之一。"

【启示或建议】

《广东省党政机关国内公务接待管理办法》（粤办发〔2014〕12号）关于接待标准的规定如下：

一是用餐标准，对于公务接待工作餐开支标准，中央和广东省级文件未作规定，需要根据各地经济发展水平、市场价格等实际情况，按照当地会议用餐标准制定本级国内公务接待工作餐开支标准，并定期进行调整。用餐标准还包括以下规定："工作餐应当供应家常菜，不得提供鱼翅、燕窝等高档菜肴和用野生保护动物制作的菜肴，不得提供香烟和高档酒水，不得使用私人会所、高消费餐饮场所。"

二是住宿标准，接待住宿应当按照差旅费管理有关规定，执行接待对象在当地的差旅住宿费标准。接待住宿还包括以下规定:“接待住宿应当严格执行差旅、会议管理的有关规定,在定点饭店或者机关内部接待场所安排,执行协议价格。出差人员住宿费应当回本单位凭据报销,与会人员住宿费按会议费管理有关规定执行。住宿用房以标准间为主,接待省部级干部可以安排普通套间,厅局级干部安排单间或标准间,处级干部及以下工作人员安排标准间。接待单位不得超标准安排接待住房,不得在房间摆放鲜花和额外配发饰品及洗漱用品等。”

【案例 63】接待费中列支礼品、旅游等费用

A 公立学院 2014 年 1 月至 2016 年 6 月接待费中列支礼品和景点门票支出,涉及金额 7 万元,其中购买礼品 6 万元,旅游景点门票款支出 1 万元,超范围列支招待费。

【定性依据】

《党政机关国内公务接待管理规定》(中办发〔2013〕22 号)第十六条:“接待单位不得超标准接待,不得组织旅游和与公务活动无关的参观,不得组织到营业性娱乐、健身场所活动,不得安排专场文艺演出,不得以任何名义赠送礼金、有价证券、纪念品和土特产品等。”

【启示或建议】

加强党风建设,严禁铺张浪费,加强公务接待报销管控,对于超标准、超范围的公务接待支出不予报销。

【案例 64】利用公务接待组织旅游、娱乐活动

审计组对 A 区教育局的预算执行和其他财政收支情况进行审计。

审计人员查阅了 2017 年的接待费明细账及会议纪要,调取了部分接待经费支出凭证,发现 2017 年 9 月 3 号凭证报销接待杭州某分局考察差旅费 1 万元、餐费 1 万元,无派出单位发出公函;2017 年 9 月 18 号凭证报销接待费 2 万元,原始凭证为交响乐专场演出门票 1 万元、风景区内酒店住宿费及门票 1 万元,还有一张 1 万元餐费发票,未附派出单位公函、接待清单。经核对,两笔凭证的餐费发票由广州市某酒楼饮食有限公司 2017 年 8 月 5 日开具连号发票两张,公务卡支付时间一致。考虑到报销程序内控较弱,审计人员扩大抽查范围,经统计发现 2017 年该单位接待费列支多笔无具体接待对象的接待费用,原始凭证为风景区住宿费、门票、用餐费用 20 万元。

本案例中，该单位公务接待无接待函，列支接待对方差旅费，在公务接待费用中列支娱乐、旅游费用。

【定性依据】

《党政机关国内公务接待管理规定》（中办发〔2013〕22号）第十二条："各级党政机关……禁止在接待费中列支应当由接待对象承担的差旅、会议、培训等费用。"第十四条："接待费报销凭证应当包括财务票据、派出单位公函和接待清单。"第十六条："接待单位不得超标准接待，不得组织旅游和与公务活动无关的参观，不得组织到营业性娱乐、健身场所活动，不得安排专场文艺演出。"

【启示或建议】

加强党风建设，利用召开民主生活会、播放录像、集体讨论等形式深入开展党风廉政、廉洁自律教育，加强公务接待报销管控，对于超标准、超范围的公务接待支出不予报销。

【案例65】接待费中列支应由接待对象承担的差旅费

审计人员查阅了A区教育局2017年的接待费明细账，抽取了部分接待经费支出凭证，发现有一凭证报销接待杭州某分局交流学习人员差旅费1万元，该费用应由对方承担。

【定性依据】

《党政机关国内公务接待管理规定》（中办发〔2013〕22号）第十二条："各级党政机关……禁止在接待费中列支应当由接待对象承担的差旅、会议、培训等费用。"

【启示或建议】

规范公务接待工作，减少不合理的接待费用，实现了公务接待向勤俭、节约、高效的作风转变。

【案例66】借公务接待名义列支办公日常费用

审计检查某镇政府2017年公务接待费，抽查一接待费原始凭证，为某购物中心的发票，发票内容为茶叶，金额3万元，经与办公室主任核实，茶叶已被各科室领做日常使用。

【定性依据】

《党政机关国内公务接待管理规定》（中办发〔2013〕22号）第十二条：

“各级党政机关……禁止借公务接待名义列支其他支出。”

【启示或建议】

加强公务接待报销管控，防止借公务接待名义报销不合理、不合规的支出。

【案例67】在其他科目列支公务接待费

A学院2014～2016年度决算报表反映的公务接待费支出分别为50万元、20万元和20万元；实际发生分别为90万元、50万元和40万元，三年间该学院通过“商品和服务支出”“会议费”“其他”“办公费”等项目列支公务接待费，未记入“公务接待费”科目，涉及金额90万元，年度决算报表反映公务接待费统计数并未包括上述部分。

【定性依据】

1.《广东省党政机关厉行节约反对浪费实施细则》（粤发〔2014〕7号）第二十一条：“不得以举办会议、培训等名义列支、转移、隐匿接待费开支。”

2.《党政机关国内公务接待管理规定》（中办发〔2013〕22号）第十二条：“各级党政机关应当加强对国内公务接待经费的预算管理，合理限定接待费预算总额。公务接待费用应当全部纳入预算管理，单独列示。……禁止以举办会议、培训为名列支、转移、隐匿接待费开支。”

【启示或建议】

加强财务管理报销审核和外部审计监督，防止公务接待费隐形于其他科目。

【案例68】向下属单位转嫁公务接待费用

2016年审计检查某市文化局及下属服务中心，检查服务中心公务接待费支出，其中一支出4万元，无接待公函，原始凭证为餐饮发票，审批单上经手人并非服务中心人员，而是文化局某位领导，经核实该支出为文化局领导接待费用支出。

【定性依据】

《党政机关国内公务接待管理规定》（中办发〔2013〕22号）第十二条：“各级党政机关……禁止向下级单位及其他单位、企业、个人转嫁接待费用。”

【启示或建议】

对于"向下级单位、其他单位转嫁接待费用"的审计，需关注单位支出给下级单位或其他单位的原始单据是否完整、真实详细、合规，必要时延伸至下级单位、其他单位检查。

【案例69】利用出租收入坐支公务接待费

2017年预算执行审计检查发现，某局2017年将资产出租收入3.5万元直接用于接待其他单位人员。

【定性依据】

《党政机关国内公务接待管理规定》（中办发〔2013〕22号）第十二条："各级党政机关……禁止在非税收入中坐支接待费用。"

【启示或建议】

对于非税收入中坐支接待费用的审计，需要关注是否存在账外房产、物业、其他收入，所有的出租收入、其他收入是否上缴财政。

3.3.3 本节小结

3.3.3.1 公务接待费的审计重点

审计人员主要对公务接待费的真实性、合法性、合理性进行审计，主要包括：（1）预算管理情况：预算编制是否完整、准确、细化、是否存在无预算、超预算执行，预决算信息是否及时、全面、准确、公开等；（2）经费管理情况：是否按要求简化公务接待，有无严格履行公务接待费审批程序，严格执行工作餐标准，有无借机相互宴请、大吃大喝，有无安排参观旅游景点和高消费娱乐，赠送礼品、礼金、有价证券、纪念品等；（3）经费开支情况：有无超标准列支公务接待费，有无挤占挪用其他资金用于公务接待等。

3.3.3.2 公务接待费的审计方法

审计人员可通过以下审计方法对公务接待费进行审计：（1）了解被审单位基本情况：单位性质、经费来源等；（2）了解被审单位管理制度，评价审计风险及对实质性程序的影响；（3）获取公务接待费明细账、部门年度预算及决算报表；（4）实施实质性分析程序（预算与决算对比、横向对比）；

（5）细节测试：抽查相关原始凭证，如查阅公函、审批表、发票、接待清单、费用报销单等，审核内容的真实性和依据的充分性，检查会计处理是否符合相关规定。

3.3.3.3 公务接待费审计的易混点

1. 接待国外、境外来宾与国内公务适用法规及标准不同。接待国外、境外来宾适用《省直党政机关外宾接待经费管理办法》（粤财行〔2014〕80号），国内公务适用于《党政机关国内公务接待管理规定》（中办发〔2013〕22号）、《广东省党政机关国内公务接待管理办法》（粤办发〔2014〕12号）。

2. 超范围列支的项目包括列支不合规项目和错列会计科目。列支的项目合规性主要是看是否属于国内公务范畴，是否符合公务接待费的定义，如列支困难退休职工的慰问费及退休人员纪念品，由于慰问活动不属于国内公务范畴，退休人员纪念品按相关规定不应随意发放，属于不合规项目。错列会计科目是指应列入其他科目核算的列入了“公务接待费”科目。如在公务接待费中列支了会议餐费和下级单位与会人员住宿费，由于不属于公务接待费的核算范围，应列入“会议费”科目。

3. 在其他科目错误列支公务接待费。行政事业单位不理解政策或者产生了不合规的支出，将公务接待费错误放在“差旅费”“培训费”“会议费”“暂存款”核算的现象比较普遍。

3.3.3.4 加强对公务接待费监督管理的措施

公务接待费存在的问题层出不穷，各行政事业单位要加强监督管理。（1）健全公务接待费的制度。根据实际情况，严格制定开支标准、范围以及预算定额，完善细化预算编制，细化到具体项目。（2）加强财务管理报销审核，杜绝超标准和超范围支出，防止公务接待费隐形于其他科目。（3）完善公务接待费的公示制度，积极推进财务公开、透明，建立三公经费统一的公示范本、细化公开内容和方法，让社会各界能够深入参与公务接待费的监督，形成提高财政资金使用效率的外在推动力。（4）健全公务接待费的问责制度。将公务接待费与领导干部职责考评制度相结合，加强绩效考核力度。提升各级政府领导干部节约缩减三公经费的主动性，对腐败浪费突破预算控制的直接责任人要坚决启动问责程序。

3.4 会议费

3.4.1 常见问题及表现形式

1. 年度会议计划未经审批，计划外召开会议。
2. 会议会期、规模不符合规定，会议未在规定的地点和场所召开。
3. 虚报会议人数、天数等。
4. 扩大会议费开支范围，提高会议费开支标准。
5. 会议举办单位违规摊派会务费用。
6. 以虚报、冒领手段骗取会议费。
7. 会议费报销凭据不合规。主要表现形式：无会议通知、无参会人员签到表、无费用原始明细单据等。

3.4.2 审计案例

【案例70】年度会议计划未经审批

经查阅某机关办公会议记录本、党组会议记录，2017年度和2018年度会议费已做预算，但会议计划未单列事项上报局长办公会议审定。

【定性依据】

1.《中央和国家机关会议费管理办法》（财行〔2016〕214号）第七条："……三类会议。各单位应当建立会议计划编报和审批制度，年度会议计划（包括会议数量、会议名称、召开的理由、主要内容、时间地点、代表人数、工作人员数、所需经费及列支渠道等）经单位领导办公会或党组（党委）会审批后执行。"

2.《省直党政机关和事业单位会议费管理办法》（粤财行〔2017〕283号）第七条："……三类会议由举办单位建立会议计划编报和审批制度，年度会议计划（包括会议数量、会议名称、召开的理由、主要内容、时间地点、代表人数、工作人员数、所需经费及列支渠道等）经单位领导机构有关会议审批后执行。年度会议计划一经批准，原则上不得调整，对确需临时增加的会议，按上述规定程序报批。”

【启示或建议】

审计可通过检查会议是否做计划，是否经审批，核实会议费支出的真实性、合规性。

【案例71】未经批准召开会议及会议超期

某局2017年度会议计划召开三类会议为3个，审计中检查发现，当年度共召开三类会议4个，有一人事年报汇审工作会议未经单位领导办公会审批，为计划外召开会议，其中一个三类会议会期3天，超规定天数1天。

【定性依据】

《省直党政机关和事业单位会议费管理办法》（粤财行〔2017〕283号）第八条：“省直单位应当严格控制会议规模，缩减会议时间，压减参会人员，不安排与会议内容无关单位和个人参会。一、二类会议的时间安排、与会人数严格执行批准文件。三类会议的会期不超过2天，与会人员不超过200人。除一类会议或批准文件有明确要求的二类会议外，会议工作人员应控制在会议代表人数的15%以内。……参会代表以外地单位为主的，可适当安排会议报到和返程时间，合计不得超过2天，报到和返程天数适用于会议费综合定额标准。”

【启示或建议】

核实会议的真实性可从会议计划的编制与审批方面检查，包含会议数量、会议名称、召开的理由、主要内容、时间地点、代表人数、工作人员数、所需经费及列支渠道等。

【案例72】会议场所不合规

2018年3月，审计组对某行政单位及下属事业单位进行2017年财务收支审计，查阅电子账，抽查一笔较大金额的会议费支出凭证，核对该笔会议费支出的相关凭证及其附件，附有单位内部批文、会议通知、会议签到表、一张10万元的会务费发票等资料；会议通知时间2017年10月，在本系统内部下发业务交流会议的通知，参会人员有机关各处室全体人员，下属事业单位领导班子及办公室、人事、财务人员等，会议地点为广州市从化区某度假村，会议时间2天，会议内容为市区管理、事业单位管理、财务管理等；会议签到表显示参与本次会议的人员有150人，会议通知的行程安排相对宽裕，2天会议上午10点开会至12点、下午3点开会至5点结束，其他时间可自行安排，未见经费支出明细清单。

审计人员询问相关人员，为何安排到市外举行会议，且组织会议的单位也非政府采购定点会议供应商时，被询问人员回复因机关内部场地有限，且市内场租相对价格较高，市外偏远地段的场租相对便宜，机关完全是出于节约成本考虑的；审计人员查阅下属单位的电子账及固定资产台账，收集到另一线索，机关下属有一事业单位曾因运动会需要，单独报批财政专项资金新建运动场馆休息室，后由该下属单位改为会议场所，可容纳500人左右的人流量，具备在市内本单位开会的条件，在本单位开会，更便利、更经济，被询问人员的回复与实际情况不相符。

该单位召开会议，无外地代表且会议规模能够在单位内部会议室安排的会议，未按排在单位内部会议室召开，安排在度假村召开会议，违反会议费管理规定。

【定性依据】

1.《中央和国家机关会议费管理办法》（财行〔2016〕214号）第十二条："未纳入定点范围，价格低于会议综合定额标准的单位内部会议室、礼堂、宾馆、招待所、培训中心，可优先作为本单位或本系统会议场所。无外地代表且会议规模能够在单位内部会议室安排的会议，原则上在单位内部会议室召开，不安排住宿。"

2.《省直党政机关和事业单位会议费管理办法》（粤财行〔2017〕283号）第八条："参会代表以在穗内单位为主的会议原则上不得到穗外召开。无外地代表且会议规模能够在单位内部会议室安排的会议，原则上在单位内部会议室召开，不安排住宿。"

【启示或建议】

党政机关应珍惜物力财力，积极培育和形成崇尚节约、厉行节约、反对浪费的机关文化，并在工作中体现，如改进会议形式，采用电视电话、网络视频召开的会议，优先选择价格低于会议综合定额标准的单位内部会议室、礼堂、宾馆、招待所、培训中心作为会议场所。

【案例73】虚报会议人数和天数

2018年审计检查某机关单位2017年度三公经费，有一会议费用报销金额

10 万元，检查所附会议通知、发票、参会人员签到表、住宿费用、伙食等原始明细单据，发现报销人数比参会人员签到表多出 15 人，会议通知开会天数 2 天，实际只安排了 1 天半的会议，询问得知余下半天自由活动，经核实该会议报销虚报会议人数、天数，涉及金额 3 万元。

【定性依据】

1. 《中央和国家机关会议费管理办法》（财行〔2016〕214 号）第二十八条："违反本办法规定，有下列行为之一的，依法依规追究会议举办单位和相关人员的责任：……（三）虚报会议人数、天数等进行报销的。"

2. 《省直党政机关和事业单位会议费管理办法》（粤财行〔2017〕283 号）第二十四条："违反本办法规定，有下列行为之一的，依法依规追究会议举办单位和相关人员的责任：……（三）虚报会议人数、天数等进行报销的。"

【启示或建议】

随着会议费管理制度的完善，对于虚报会议人数、天数套取经费诸如此类性质恶劣的违反财经纪律的行为，应按制度严惩，不让制度成摆设。

【案例 74】购买特产给参会人员

2017 年审计检查某机关单位，2016 年年度会议费用报销金额 15 万元，检查各会议有关的会议通知、发票、参会人员签到表、住宿费用、伙食等原始明细单据，发现有一发票金额 1 万元，开票内容为农产品，经询问核实，该次会议费预算开支为 4 万元，会议仅开支 3 万元，余下 1 万元购买当地纪念品，发放给参会人员。

【定性依据】

1. 《中央和国家机关会议费管理办法》（财行〔2016〕214 号）第十五条："……严禁以任何名义发放纪念品。"

2. 《省直党政机关和事业单位会议费管理办法》（粤财行〔2013〕443 号）第九条："……减少会议用品支出，各类会议一律不发放纪念品。"

说明：本案例审计当时适用该法规，目前该法规已于 2017 年 9 月 29 日废止，现按照《省直党政机关和事业单位会议费管理办法》（粤财行〔2017〕283 号）第二十三条"……严禁以任何名义发放纪念品"执行。

【启示或建议】

借会议活动发放纪念品、土特产实质是公款送礼，是对公款的挥霍浪费。

公款送礼是把商品交换原则引入政府行政管理的腐败行为。联络的是个人与“关键人物”间的感情，离间的却是政府与人民群众的血肉联系，破坏了政府形象，毒化了社会风气。对该行为应坚决说“不”。

【案例75】擅自提高会议费开支标准

某行政机关2018年召开了4次三类会议，会议费实际支出共计27.84万元，有两次会议平均每人支出为600元/天/人，超出三类会议综合定额（550元/天/人）标准共计1.84万元，擅自提高了会议费开支标准。

【定性依据】

《省直党政机关和事业单位会议费管理办法》（粤财行〔2017〕283号）第十三条：“会议费开支实行综合定额控制，各项费用之间可以调剂使用。会议费综合定额标准如下：

单位：元/人·天

会议类别	会议费综合定额			
	合计	住宿费	伙食费	其他费用
一类会议	760	500	150	110
二类会议	650	400	150	100
三类会议	550	340	130	80

综合定额标准是会议费开支的上限，各项费用之间可以调剂使用，在综合定额控制内据实报销。”

【启示或建议】

行政事业单位组织会议要遵守定额标准，主动节俭，走亲民路线，不组织奢侈、奢靡的会议。

【案例76】会议举办单位摊派会务费用

某局于2018年12月在定点饭店召开全局及下属事业单位年度总结会议，会场费用分摊到各下属单位。

【定性依据】

《省直党政机关和事业单位会议费管理办法》（粤财行〔2017〕283号）第十四条：“会议费用原则上由举办单位在其部门预算公用经费或其他经批准使用的财政性资金中列支，在‘会议费’支出经济科目中统一核算，不得向参会人员收取，不得以任何方式转嫁和摊派。任何单位及其工作人员有权拒绝参加省直单位举办的要求参会人员食宿、场租等费用自理的会议。”

【启示或建议】

会议举办单位违规摊派会务费用的审计，需关注本单位会议费支出的完整性，要将实际支出与会议计划、组织会议实际程序相比较。包括会议名称、主要内容、时间地点、代表人数、工作人员数等。

【案例77】虚列会议支出转移财政资金

2018年某局以召开工作会议虚假事项，将财政经费共计50万元转移存放多家旅行社及酒店，该局已支用40万元（其中：20万元用于以后年度的会议；3万元套现后用于购买礼品支出；3万元由旅行社职员以虚假票据报账提现，但去向不明；4万元旅行社提供的资料与调查反映的情况不一致；10万元旅行社未能提供资料证明实际使用情况），至审计日结余10万元。

【定性依据】

《省直党政机关和事业单位会议费管理办法》（粤财行〔2017〕283号）第二十四条：“违反本办法规定，有下列行为之一的，依法依规追究会议举办单位和相关人员的责任：（二）以虚报、冒领手段骗取会议费的。”

【启示或建议】

虚报、冒领手段骗取会议费等违规行为，一般在会议计划、会议通知、参会人员签名等事项会有漏洞，审计应关注本单位会议费支出的真实性。

【案例78】虚报会议费

2017年审计检查某行政单位2016年度计划安排4个会议，有一个会议费用报销金额4万元，附有会议通知、发票，未附参会人员签到表、住宿费用、伙食等原始明细单据，经核实并无召开会议，而是以会议名义报销费用。

【定性依据】

1.《中央和国家机关会议费管理办法》（财行〔2016〕214号）第十七条：“各单位在会议结束后应当及时办理报销手续。会议费报销时应当提供会议审批文件、会议通知及实际参会人员签到表、定点会议场所等会议服务单位提供的费用原始明细单据、电子结算单等凭证。财务部门要严格按规定审核会议费开支，对未列入年度会议计划，以及超范围、超标准开支的经费不予报销。”

2.《省直党政机关和事业单位会议费管理办法》（粤财行〔2013〕443

号）第十二条："省直单位应严格执行会议费开支标准和批准文件有关规定，未经批准的项目不得列入会议费开支内容。会议举办单位财务部门要严格按规定审核会议费开支，会议费报销凭证必须包括批准文件、会议通知、参会人员签到表、费用原始明细单据、电脑打印的税票等电子结算票据。"

说明：本案例审计当时适用该法规，目前该法规已于2017年9月29日废止，现按照《省直党政机关和事业单位会议费管理办法》（粤财行〔2017〕283号）第十六条"省直单位应严格执行会议费开支标准和批准文件有关规定，未经批准的项目不得列入会议费开支内容。会议举办单位财务部门要严格按规定审核会议费开支，会议费报销凭证必须包括批准文件、会议通知、参会人员签到表、费用原始明细单据、电脑打印的税票等电子结算票据"执行。

【启示或建议】

行政事业单位需加强党风建设和规范会议费管理，明确开支范围，防止借机套取会议费的腐败行为。

【案例79】会议费报销凭据不合规

某市教育局会议费报销手续不合规，主要是参会人员签名不合规，涉及金额4万元，2017年2月53号凭证列支全市工作会议暨全市教育系统党风廉政建设工作会议相关费用2万元，会议费支出事前审批表及经费支出审批表反映会议人数为180人，参会人员签到表是按单位或部门代表签名，共有30名代表，未按实际参会人员签名。2018年7月32号凭证列支全市工作会议费用2万元，经费支出审批表反映会议人数为170人，参会人员签到表是按单位或部门代表签名，共有28名代表，未按实际参会人员签名。

【定性依据】

1.《中央和国家机关会议费管理办法》（财行〔2016〕214号）第十七条："各单位在会议结束后应当及时办理报销手续。会议费报销时应当提供会议审批文件、会议通知及实际参会人员签到表、定点会议场所等会议服务单位提供的费用原始明细单据、电子结算单等凭证。财务部门要严格按规定审核会议费开支，对未列入年度会议计划，以及超范围、超标准开支的经费不予报销。"

2.《省直党政机关和事业单位会议费管理办法》（粤财行〔2013〕443号）第十二条："省直单位应严格执行会议费开支标准和批准文件有关规定，

未经批准的项目不得列入会议费开支内容。会议举办单位财务部门要严格按规定审核会议费开支，会议费报销凭证必须包括批准文件、会议通知、参会人员签到表、费用原始明细单据、电脑打印的税票等电子结算票据。”

说明：本案例审计当时适用该法规，目前该法规已于2017年9月29日废止，现按照《省直党政机关和事业单位会议费管理办法》（粤财行〔2017〕283号）第十六条“省直单位应严格执行会议费开支标准和批准文件有关规定，未经批准的项目不得列入会议费开支内容。会议举办单位财务部门要严格按规定审核会议费开支，会议费报销凭证必须包括批准文件、会议通知、参会人员签到表、费用原始明细单据、电脑打印的税票等电子结算票据”执行。

【启示或建议】

应当完善会议管理流程，完善参会人员的签名程序，明确支出报销流程，按照规定办理支出事项，对于不合规的会议费支出不予报销。

3.4.3 本节小结

3.4.3.1 了解会议费的业务流程

以广东省为例，会议费的整体业务流程主要如下：

1. 编制预算：财务部门组织业务部门和所属单位根据预算编制要求和工作任务编制会议费预算。

2. 会议计划编报和审批：三类会议由举办单位建立会议计划编报和审批制度，年度会议计划（包括会议数量、会议名称、召开的理由、主要内容、时间地点、代表人数、工作人员数、所需经费及列支渠道等）经单位领导机构有关会议审批后执行。

3. 会议会期、人数的安排：三类会议的会期不超过2天，与会人员不超过200人。除一类会议或批准文件有明确要求的二类会议外，会议工作人员应控制在会议代表人数的15%以内。参会代表以外地单位为主的，可适当安排会议报到和返程时间，合计不得超过2天，报到和返程天数适用于会议费综合定额标准。

4. 会议方式及场所的安排：参会代表以在穗内单位为主的会议原则上不得到穗外召开。无外地代表且会议规模能够在单位内部会议室安排的会议，原则上在单位内部会议室召开，不安排住宿。传达、布置类会议优先采取电视电话、网络视频会议方式召开。电视电话、网络视频会议的主会场和分会场应当控制规模，节约费用支出。不能够采用电视电话、网络视频召开的会议实行定点管理。会议应当遵循有利于会议工作部署和就近原则到定点会议场所召开，定点会议场所有关事项按照《广东省党政机关会议定点管理实施细则》（粤财行〔2016〕241号）执行，按照协议价格结算费用。未纳入定点范围，价格低于会议综合定额标准的单位内部会议室、礼堂、宾馆、招待所、培训中心，可优先作为会议场所。不得到党中央、国务院明令禁止召开会议的风景名胜区召开会议。

5. 报销及核算：财务部门根据会议审批文件、会议通知及实际参会签到表、定点饭店等会议服务单位提供的费用原始明细单据、电子结算单等凭证，编制记账凭证，登记入账。

3.4.3.2 会议费的总体及具体审计目标

会议费的总体目标：把握部门会议费总体情况和趋势变化情况，揭示和查处存在的突出问题，推动各部门认真落实相关政策规定，促进完善会议费管理制度规定和支出标准，强化支出控制，切实降低行政成本。

会议费的具体审计目标：（1）真实性：会议费支出对应的事项都是真实发生而非虚构的；（2）完整性：会议相关的支出都已登记入账，没有漏记；（3）准确性：会议费的计算方法正确，金额准确无误，并在适当的账户进行核算；（4）合法性：会议费相关的事项、预算的编制等符合有关法律、法规的规定；（5）揭示与披露：会议费应在部门财务报表和决算报表上被适当地加以分类、列示，并按要求将预算和决算向社会公开。

3.4.3.3 会议费审计的内容和方法

审计的内容包括：（1）会议计划、组织和管理情况。部门是否按规定编制二、三类会议计划，或会议计划编制不完整；是否经批准计划外召开会议等问题；是否充分利用现代通信技术手段节俭办会；是否充分使用单位内部会议场所召开会议，违反规定租用非定点的高级宾馆、饭店召开会议以及在严禁召开会议的风景名胜区召开会议等行为。（2）会议费管理使用情况。是否超标准列支会议费；是否经批准自行调剂其他资金列支会议费；是否向下属单位、其他企事业单位和地方转嫁、摊派会议费支出；是否扩大会议费开支范围，组织会议代表游览及与会议无关的参观、宴请与会人员、发放纪念品等与会议无关的物品；是否、使用不合规票据报销会议费以及虚列会议支出套取资金，私设“小金库”或个人私分、贪污、侵占国有资产等行为。

审计的程序和方法包括：（1）取得部门本年度召开的所有会议情况明细表；（2）将会议明细表中的会议与部门年初的会议计划进行比较；（3）审查会议召开的天数和人数；（4）审查会议明细表中会议召开的形式；（5）审查会议召开的地点；（6）将会议明细表中的实际支出求和，与部门账簿中列支的会议总额进行比较；（7）审查各项会议费的具体构成；（8）选取支出规模较大的会议，调阅相关凭证，关注是否存在使用不合规票据报销的问题；（9）对于举办在华国际会议的，也应参照上述程序进行审计，相关标准参照财政部制订的在华举办国际会议费用开支标准执行。

3.4.3.4 会议费与其他费用的区别

在“会议费”审计的过程中，有些审计人员还分不清“会议费”支出的内容和具体规定，往往将日常会议列作“会议费”核算。会议费主要有住宿费、餐费支出，同样是住宿费和餐费，还会涉及“培训费”“差旅费”“公务接待费”等。这些费用支出的内容有点类似：都有住宿、餐费，所以要明确：如何在住宿费和餐费中划分出会议费、培训费、差旅费、公务接待费、因公出国（境）费用呢？

行政事业单位的会议费、培训费支出是指举办单位因举办会议、培训发生的经费支出，包括住宿费（房租费）、伙食补助费，是举办单位安排参会人员（他人）住宿、用餐发生的住宿费（房租费）、伙食补助费。

差旅费支出是指行政事业单位工作人员因公到常驻地以外的地区出差期间所发生的费用支出，包括城市间交通费、住宿费、伙食补助费和市内交通费，但不包括因公出国（境）所发生的费用。出差可以是去参加会议、也可以去参加培训而发生的住宿费和伙食补助费，与会议费的主要区别在于差旅费发生单位去参加其他单位举办的会议、培训发生的住宿费、伙食补助费，当然也有个别情况。

公务接待费支出包括国内公务接待和外宾接待支出，也存在住宿费和餐费，符合国内公务接待和符合外宾接待的规定可以列“公务接待费支出。”

因公出国（境）经费是指单位工作人员因公务出国（境）的国（境）的国际旅费、国（境）外城市间交通费、住宿费、伙食补助费、公杂费、培训费和其他费用等支出。

因公出国（境）费用支出（含在国外举办的会议）这类活动发生的住宿费、伙食补助费就在“因公出国（境）费用”科目核算。在国外举办的会议，行政事业单位个人费用（指住宿费、伙食费、公杂费、交通费等）费用标准执行国家和省因公出国（境）经费管理规定，其他费用（会议场地租金、会议设备租用、翻译费等）据实报销。

在境内举办国际会议费用开支标准执行，外宾费用标准执行国家和省外宾接待政策，其他人员费用参照一类会议综合定额标准执行。

3.4.3.5 各级政府制定的会议费管理规定

各省（区、市）、市（县、区）应结合本单位业务特点和工作需要，制定会议费管理具体规定，审计时应关注新法规及法规的适用范围。

3.5 培训费

3.5.1 常见问题及表现形式

1. 超范围列支培训费。主要表现形式：假借培训名义安排公款旅游、组织会餐或安排宴请、组织高消费娱乐和健身活动；违规额外配发洗漱用品；7日以内的培训违规组织调研、考察、参观；以培训费名义报销土特产、烟酒、茶叶等消费品；在培训费中列支公务接待费、会议费；使用培训费购置电脑、复印机、打印机、传真机等固定资产以及开支与培训无关的其他费用等。

2. 超标准列支培训费。主要表现形式：培训用餐违规上高档菜肴和提供烟酒；超标准支付讲课费等。

3. 培训机构资质、培训工作人员数量不合规。主要表现形式：在未经组织人事部门认可的培训机构进行培训；组织培训的工作人员数量不合规等。

4. 虚报培训费。主要表现形式：虚报培训天数、人数、开具虚假票据、虚开发票、虚假报销培训费等套取培训费设立“小金库”等。

5. 转嫁、摊派培训费用。主要表现形式：违规向参训人员收费等。

6. 培训费报销手续不合规。主要表现形式：无培训通知；无实际参训人员签到表、讲课费签收单以及培训机构出具的原始明细单据、电子结算单及发票等凭证；出国培训费用报销附件无护照（包括签证和出入境记录）复印件等。

3.5.2 审计案例

【案例 80】借培训名义安排公款旅游

某公立学校于 2017 年 12 月以培训为名，组织安排教职工到四川旅游 4 天，旅游费用在培训费中列支，涉及金额 4 万元。

【定性依据】

1.《中央和国家机关培训费管理办法》（财行〔2016〕540 号）第十四条："严禁借培训名义安排公款旅游。"

说明：根据《关于停止执行培训年度计划备案及执行情况报告规定的通知》（财行〔2019〕231 号），自 2019 年 8 月 1 日起，停止执行《中央和国家机关培训费管理办法》财行〔2016〕540 号第七条及第二十一条之规定，第十四条仍然有效。

2.《省直党政机关和事业单位培训费管理办法》（粤财行〔2017〕260 号）第十四条："严禁借培训名义安排公款旅游。"

说明：根据《关于停止执行培训年度计划备案及执行情况报告规定的通知》（粤财行〔2019〕138 号），自 2019 年 9 月 1 日起，停止执行《省直党政机关和事业单位培训费管理办法》（粤财行〔2017〕260 号）第六条"年度培训计划应于每年 3 月 31 日前同时报省委组织部、省人力资源社会保障厅、省财政厅备案"，第二十一条"各单位应当于每年 3 月 31 日前将上年度培训计划执行情况（包括培训名称、对象、内容、时间、地点、参训人数、工作人员数、经费开支及列支渠道、培训成效、问题建议等）报送省委组织部、省财政厅、省人力资源社会保障厅"的有关规定，第十四条仍然有效。

【启示或建议】

需加强和规范培训费管理，明确开支范围，不得借机消费，严防培训费"变味"的腐败行为。

【案例81】借培训名义安排无实质内容的考察、参观

A单位是一家广东省级行政单位，2017年度培训费预算批复为1600万元，决算数为1700万元。审计人员审计“培训费”支出情况，发现有三笔相同性质的培训费：该单位全体员工共296人分3批次分别于2017年6月、8月和9月在成都某大学举办“干部综合能力专题培训班”，共发生培训支出320万元，其中，120万元列支培训费，200万元列支差旅费（仅飞机票）。审计人员查看了培训会议纪要和相关文件，并询问了负责培训的工作人员，了解到每次培训期为5天（往返不含），其中在校学习2.5天，参观教学2.5天，其培训课程为供给侧改革、领导决策力、公文写作等内容，外出考察、参观教学地点为某旅游景点等。

该单位超预算数安排支出100万元。外出培训成本高，有违省直单位举办培训应当厉行节约，反对浪费的总原则。培训期为5天，却借单位培训活动名义安排一些无实质内容的考察和参观，违反了7天以内的培训不得组织调研、考察、参观的规定。

【定性依据】

1.《省直党政机关和事业单位培训费管理办法》（粤财行〔2017〕260号）第十一条：“省直单位举办培训应尽量利用网络、视频等信息化手段，充分利用单位内部培训场地和既有条件，大力推行干部选学、在职自学等方式，降低培训成本，提高培训效率。”第十四条：“……7日以内的培训不得组织调研、考察、参观。”

说明：根据《关于停止执行培训年度计划备案及执行情况报告规定的通知》（粤财行〔2019〕138号），自2019年9月1日起，停止执行《省直党政机关和事业单位培训费管理办法》（粤财行〔2017〕260号）第六条“年度培训计划应于每年3月31日前同时报省委组织部、省人力资源社会保障厅、省财政厅备案”，第二十一条“各单位应当于每年3月31日前将上年度培训计划执行情况（包括培训名称、对象、内容、时间、地点、参训人数、工作人员数、经费开支及列支渠道、培训成效、问题建议等）报送省委组织部、省财政厅、省人力资源社会保障厅”的有关规定，第十一条和第十四条仍然有效。

2.《广东省党政机关厉行节约反对浪费实施细则》（粤发〔2014〕7号）第八条：“党政机关应当遵循先有预算、后有支出的原则，严格执行预算，严禁超预算或者无预算安排支出，严禁虚列支出、转移或者套取预算资金。”

【启示或建议】

行政事业单位举办培训应强化厉行节约，反对浪费的意识，尽量利用网络、视频等信息化手段，充分利用单位内部培训场地和既有条件，大力推行干部选学，在职自学等方式，降低培训成本，提高培训效率。严禁超预算安排支出的行为，谨防借培训名义，安排外出参观等活动。

【案例 82】在培训费中列支购置固定资产费用

某省直机关单位借培训之机，购置了数台手提电脑和复印机，并将购置费用在培训费中列支，涉及金额约 8 万元。

【定性依据】

1.《中央和国家机关培训费管理办法》（财行〔2016〕540 号）第十四条："……严禁使用培训费购置电脑、复印机、打印机、传真机等固定资产以及开支与培训无关的其他费用。"

说明：根据《关于停止执行培训年度计划备案及执行情况报告规定的通知》（财行〔2019〕231 号），自 2019 年 8 月 1 日起，停止执行《中央和国家机关培训费管理办法》财行〔2016〕540 号第七条及第二十一条之规定，第十四条仍然有效。

2.《省直党政机关和事业单位培训费管理办法》（粤财行〔2017〕260 号）第十四条："……严禁使用培训费购置电脑、复印机、打印机、传真机等固定资产以及开支与培训无关的其他费用。"

说明：根据《关于停止执行培训年度计划备案及执行情况报告规定的通知》（粤财行〔2019〕138 号），自 2019 年 9 月 1 日起，停止执行《省直党政机关和事业单位培训费管理办法》（粤财行〔2017〕260 号）第六条"年度培训计划应于每年 3 月 31 日前同时报省委组织部、省人力资源社会保障厅、省财政厅备案"，第二十一条"各单位应当于每年 3 月 31 日前将上年度培训计划执行情况（包括培训名称、对象、内容、时间、地点、参训人数、工作人员数、经费开支及列支渠道、培训成效、问题建议等）报送省委组织部、省财政厅、省人力资源社会保障厅"的有关规定，第十四条仍然有效。

【启示或建议】

需加强和规范培训费管理，明确开支范围，防止借培训之机开支与培训无关的支出。

【案例 83】培训师资费列支其他杂项费

审计发现，某省直机关单位培训师资费支出不规范，开支了其他杂项费，涉及金额 4000 元。2018 年 8 月在某酒店共举办一期业务培训班，实际支付给税后课酬 1 万元，其中 6000 元支付给培训讲师，另 4000 元支付给酒店，多付部分为酒店收取的杂项费，被列为师资课酬费。

【定性依据】

1.《中央和国家机关培训费管理办法》（财行〔2016〕540 号）第八条："本办法所称培训费，是指各单位开展培训直接发生的各项费用支出，包括师资费、住宿费、伙食费、培训场地费、培训资料费、交通费以及其他费用。（一）师资费是指聘请师资授课发生的费用，包括授课老师讲课费、住宿费、伙食费、城市间交通费等。"第十条："师资费在综合定额标准外单独核算。"

说明：根据《关于停止执行培训年度计划备案及执行情况报告规定的通知》（财行〔2019〕231 号），自 2019 年 8 月 1 日起，停止执行《中央和国家机关培训费管理办法》财行〔2016〕540 号第七条及第二十一条之规定，第八条和第十条仍然有效。

2.《省直党政机关和事业单位培训费管理办法》（粤财行〔2017〕260 号）第七条："培训费是指省直单位举办培训直接发生的各项费用支出，包括师资费、住宿费、伙食费、培训场地费、培训资料费、交通费以及其他费用。（一）师资费是指聘请师资授课发生的费用，包括授课老师讲课费、住宿费、伙食费、城市间交通费等。"第九条："师资费在综合定额标准外单独核算。"

说明：根据《关于停止执行培训年度计划备案及执行情况报告规定的通知》（粤财行〔2019〕138 号），自 2019 年 9 月 1 日起，停止执行《省直党政机关和事业单位培训费管理办法》（粤财行〔2017〕260 号）第六条"年度培训计划应于每年 3 月 31 日前同时报省委组织部、省人力资源社会保障厅、省财政厅备案"，第二十一条"各单位应当于每年 3 月 31 日前将上年度培训计划执行情况（包括培训名称、对象、内容、时间、地点、参训人数、工作人员数、经费开支及列支渠道、培训成效、问题建议等）报送省委组织部、省财政厅、省人力资源社会保障厅"的有关规定，第七条和第九条仍然有效。

【启示或建议】

需加强和规范培训费管理，明确培训费中的师资费开支范围，厘清师资费与其他培训费支出的界限。

【案例84】超标准列支培训费

2018年10月，某局举办二类培训班，报销培训费用15万元，根据培训计划审批文件、培训通知、实际参训人员签到表，培训时间为6天，参训人员为40人，人均每天支出625元，超过二类培训的综合定额标准550元。

【定性依据】

1.《省直党政机关和事业单位培训费管理办法》（粤财行〔2017〕260号）第八条："除师资费外，培训费实行分类综合定额标准，分项核定、总额控制，各项费用之间可以调剂使用。综合定额标准如下：

单位：元/人·天

培训类别	住宿费	伙食费	场地、资料、交通费	其他费用	合计
一类培训	400	150	70	30	650
二类培训	340	130	50	30	550

一类培训是指参训人员主要为地厅级人员的培训项目。二类培训是指参训人员主要为处级及以下人员的培训项目。以其他人员为主的培训项目参照上述标准分类执行。综合定额标准是相关费用开支的上限。省直单位应在综合定额标准以内结算报销。30天以内的培训按照综合定额标准控制；超过30天的培训，超过天数按照综合定额标准的70%控制。上述天数含报到撤离时间，报到和撤离时间分别不得超过1天。"

2.《广州市市直党政机关和事业单位培训费管理办法》（穗财编〔2018〕4号）第八条："除师资费外，培训费开支实行综合定额标准，分项核定、总额控制。综合定额标准如下：

单位：元/人·天

培训类别	住宿费	伙食费	场地、资料、交通费	其他费用	合计
一类培训	400	150	70	30	650
二类培训	340	130	50	30	550

一类培训是指参训人员主要为局级及以上人员的培训项目。二类培训是指参训人员主要为处级及以下人员的培训项目。以其他人员为主的培训项目参照上述标准分类执行。综合定额标准是培训费开支的上限，各项费用之间可以调剂使用各单位应在综合定额标准以内据实报销。市财政局根据国家、省和市有关政策，结合物价变动情况，定期对培训费综合定额进行调整。30

天以内的培训按照综合定额标准控制；超过30天的培训，超过天数按照综合定额标准的70%控制。上述天数含报到撤离时间，报到和撤离时间分别不得超过1天。”

【启示或建议】

单位领导层及财务部门应当严格按照规定审核培训费开支，超标准开支的费用不予报销。

【案例85】培训机构资质不合规

某省直事业单位2018年9月70号凭证付培训费2万元，经检查，未委托有资质的培训机构培训。

【定性依据】

1.《中央和国家机关培训费管理办法》（财行〔2016〕540号）第十二条：“各单位开展培训，应当在开支范围和标准内优先选择党校、行政学院、干部学院以及组织人事部门认可的其他培训机构承办。”

说明：根据《关于停止执行培训年度计划备案及执行情况报告规定的通知》（财行〔2019〕231号），自2019年8月1日起，停止执行《中央和国家机关培训费管理办法》财行〔2016〕540号第七条及第二十一条之规定，第十二条仍然有效。

2.《省直党政机关和事业单位培训费管理办法》（粤财行〔2017〕260号）第十条：“省直单位开展培训，提倡在开支范围和标准内采取自主培训方式进行单位或系统内部业务培训，也可择优选择党校、行政学院、干部学院以及组织人事部门认可的其他培训机构承办。”

说明：根据《关于停止执行培训年度计划备案及执行情况报告规定的通知》（粤财行〔2019〕138号），自2019年9月1日起，停止执行《省直党政机关和事业单位培训费管理办法》（粤财行〔2017〕260号）第六条“年度培训计划应于每年3月31日前同时报省委组织部、省人力资源社会保障厅、省财政厅备案”，第二十一条“各单位应当于每年3月31日前将上年度培训计划执行情况（包括培训名称、对象、内容、时间、地点、参训人数、工作人员数、经费开支及列支渠道、培训成效、问题建议等）报送省委组织部、省财政厅、省人力资源社会保障厅”的有关规定，第十条仍然有效。

【启示或建议】

开展培训应当按有关规定选择合规、具备相关资质的培训单位。

【案例 86】虚报培训费支出，逃避个人所得税

C 单位是一家省直科研事业单位，主要从事生物科研。2017 年审计组对 C 单位发生的培训费进行专项审计。审计人员将培训费中的各项目费用汇总、对比分析，发现培训费中的专家费用占比较高，达总培训费用的60%，审计人员随即进一步查看了支出专家费用的会计凭证，发现外聘专家没有相关的职称、身份证、外聘专家公函等相关资料，费用支出证明仅有专家签名表。审计人员进而对专家签名表上的专家名字进行统计并与员工花名册进行逐一核对，发现其中有五位专家多次出现，且是本单位的院长、副院长、各科研室部长。经进一步调查，支付给上述五名本单位高管人员的培训费实为应支付的工资，通过借支培训费逃避个人所得税。（据统计院长平均每月领取 0.6 万元、副院长平均每月领取 0.5 万元、各科研部部长平均每月领取 0.4 万元培训费。）

该行为既构成虚列培训费的行为，又构成逃避个人所得税的行为。

【定性依据】

1.《省直党政机关和事业单位培训费管理办法》（粤财行〔2017〕260 号）第十三条："省直单位或委托培训机构外聘师资授课的，应事前通过公函等书面形式与授课人员所在单位沟通，明确授课时间、内容、费用负担等事项。因培训内容确需聘请社会专业人士的，应当报举办单位负责人批准。"第二十二条："监督检查……（四）是否存在虚报培训费用的行为。"

说明：根据《关于停止执行培训年度计划备案及执行情况报告规定的通知》（粤财行〔2019〕138 号），自 2019 年 9 月 1 日起，停止执行《省直党政机关和事业单位培训费管理办法》（粤财行〔2017〕260 号）第六条"年度培训计划应于每年 3 月 31 日前同时报省委组织部、省人力资源社会保障厅、省财政厅备案"，第二十一条"各单位应当于每年 3 月 31 日前将上年度培训计划执行情况（包括培训名称、对象、内容、时间、地点、参训人数、工作人员数、经费开支及列支渠道、培训成效、问题建议等）报送省委组织部、省财政厅、省人力资源社会保障厅"的有关规定，第十三条和第二十二条仍然有效。

2.《中华人民共和国个人所得税法》（2011 年修正）第二条："下列各项个人所得，应当缴纳个人所得税：（一）工资、薪金所得。"

说明：因为本案例为 2017 年，适用 2011 年修正版，目前《中华人民共和国个人所得税法》于 2018 年 8 月 31 日第七次修正，修订后第二条（一）

内容不变。

【启示或建议】

单位领导应带头认真学习相关法律法规，尤其加强对《预算法》《省直党政机关和事业单位培训费管理办法》和《中华人民共和国个人所得税法》等方面的学习，并严格执行，做好榜样，营造遵纪守法的风气。

【案例87】虚列培训费支出，变相发放职工补贴

B单位为该省环保事业单位，审计组对其2017年“培训费”进行专项检查，审计组发现B单位2017年10月向干部培训中心列支培训费35万元，但该笔列支费用未在当年培训计划内，且也不能提供当年的培训批准和备案管理等相关证明文件。经延伸审计干部培训中心，上述35万元被记入干部培训中心“其他应付款”科目，2017年12月有12万元被提现返还至B单位，用于B单位职工发放补贴，截至审计时，剩余23万元仍在“其他应付款”科目挂账。

B单位这种隐匿方式，属于虚列培训费支出，变相发放职工补贴。

【定性依据】

《省直党政机关和事业单位培训费管理办法》（粤财行〔2017〕260号）第四条：“省直单位举办各类业务培训，由单位培训部门制订本单位年度培训计划，详细列明培训项目名称、对象、内容、时间、地点、参训人数、所需经费及列支渠道等内容，经单位财务部门审核后，报单位领导办公会议或党组（党委）会议批准后施行。”第六条：“省直单位使用财政性资金在境内举办的各类业务培训，其年度培训计划应与培训费预算编制相统一相适应，年度培训计划应于每年3月31日前同时报省委组织部、省人力资源社会保障厅、省财政厅备案。”第二十二条：“监督检查……（四）是否存在虚报培训费用的行为。”

说明：根据《关于停止执行培训年度计划备案及执行情况报告规定的通知》（粤财行〔2019〕138号），自2019年9月1日起，停止执行《省直党政机关和事业单位培训费管理办法》（粤财行〔2017〕260号）第六条“年度培训计划应于每年3月31日前同时报省委组织部、省人力资源社会保障厅、省财政厅备案”，第二十一条“各单位应当于每年3月31日前将上年度培训计划执行情况（包括培训名称、对象、内容、时间、地点、参训人数、工作人员数、经费开支及列支渠道、培训成效、问题建议等）报送省委组织部、省财政厅、省人力资源社会保障厅”的有关规定。第四条、第二十二条内容不变。

【启示或建议】

要严格规范培训费支出和管理，从费用报销到监督检查，从账务处理到信息公开、培训计划管理，都要层层把关、确保不违纪、不违规、不打擦边球。

【案例88】因经费不足转嫁培训费

某省直单位因培训费经费预算不足，举办培训业务将培训费转嫁给林场系统单位承担，涉及金额80万元。

【定性依据】

1.《中央和国家机关培训费管理办法》（财行〔2016〕540号）第二十二条：“中央组织部、财政部、国家公务员局等有关部门对各单位培训活动和培训费管理使用情况进行监督检查。主要内容包括：……（六）是否存在转嫁、摊派培训费用的行为……”

说明：根据《关于停止执行培训年度计划备案及执行情况报告规定的通知》（财行〔2019〕231号），自2019年8月1日起，停止执行《中央和国家机关培训费管理办法》（财行〔2016〕540号）第七条及第二十一条之规定，第二十二条仍然有效。

2.《省直党政机关和事业单位培训费管理办法》（粤财行〔2017〕260号）第二十二条：“省委组织部、省财政厅、省人力资源社会保障厅、省审计厅等有关部门对各单位培训活动和培训费管理使用情况进行监督检查。……（五）是否存在转嫁、摊派培训费用的行为。”

说明：根据《关于停止执行培训年度计划备案及执行情况报告规定的通知》（粤财行〔2019〕138号），自2019年9月1日起，停止执行《省直党政机关和事业单位培训费管理办法》（粤财行〔2017〕260号）第六条“年度培训计划应于每年3月31日前同时报省委组织部、省人力资源社会保障厅、省财政厅备案”，第二十一条“各单位应当于每年3月31日前将上年度培训计划执行情况（包括培训名称、对象、内容、时间、地点、参训人数、工作人员数、经费开支及列支渠道、培训成效、问题建议等）报送省委组织部、省财政厅、省人力资源社会保障厅”的有关规定，第二十二条仍然有效。

【启示或建议】

应加强对各单位的培训费支出的监管、惩治和信息公开，从源头上杜绝违规摊派行为。

【案例 89】违规向参训人员收费

某省直机关单位 2018 年 6 月组织业务培训，以“资料费”名义向参训人员收取费用，涉及金额 16 万元，违反财经纪律。

【定性依据】

1.《中央和国家机关培训费管理办法》（财行〔2016〕540 号）第十九条：“培训费由培训举办单位承担，不得向参训人员收取任何费用。”

说明：根据《关于停止执行培训年度计划备案及执行情况报告规定的通知》（财行〔2019〕231 号），自 2019 年 8 月 1 日起，停止执行《中央和国家机关培训费管理办法》（财行〔2016〕540 号）第七条及第二十一条之规定，第十九条仍然有效。

2.《省直党政机关和事业单位培训费管理办法》（粤财行〔2017〕260 号）第十八条：“培训费原则上由培训举办单位在其部门预算公用经费或经批准使用的专项经费中列支，在‘培训费’支出经济科目中统一核算。除法律法规有明文规定或省物价部门批复同意的强制性培训项目外，举办单位不得以任何方式向有关单位和个人转嫁、摊派或收取任何费用。”

说明：根据《关于停止执行培训年度计划备案及执行情况报告规定的通知》（粤财行〔2019〕138 号），自 2019 年 9 月 1 日起，停止执行《省直党政机关和事业单位培训费管理办法》（粤财行〔2017〕260 号）第六条“年度培训计划应于每年 3 月 31 日前同时报省委组织部、省人力资源社会保障厅、省财政厅备案”，第二十一条“各单位应当于每年 3 月 31 日前将上年度培训计划执行情况（包括培训名称、对象、内容、时间、地点、参训人数、工作人员数、经费开支及列支渠道、培训成效、问题建议等）报送省委组织部、省财政厅、省人力资源社会保障厅”的有关规定，第十八条仍然有效。

【启示或建议】

应加强对各单位的收入的监管、惩治和信息公开，防止违规收取培训费的行为。

【案例 90】培训费支出不合规，原始凭证不齐全

广州市某公办幼儿园 2017 年支付培训费 3 万元，但凭证附件无培训通知、参训人员名单，原始凭证不齐全。

【定性依据】

1.《省直党政机关和事业单位培训费管理办法》（粤财行〔2017〕260号）第十六条：“培训结束后，省直单位应及时办理培训费结算手续。报销培训费，综合定额范围内的，应当提供培训计划审批文件、培训通知、实际参训人员签到表以及培训机构出具的收款票据、费用明细等凭证；师资费范围内的，应当提供讲课费签收单或合同，异地授课的城市间交通费、住宿费、伙食费按照差旅费报销办法提供相关凭据。”

说明：根据《关于停止执行培训年度计划备案及执行情况报告规定的通知》（粤财行〔2019〕138号），自2019年9月1日起，停止执行《省直党政机关和事业单位培训费管理办法》（粤财行〔2017〕260号）第六条“年度培训计划应于每年3月31日前同时报省委组织部、省人力资源社会保障厅、省财政厅备案”，第二十一条“各单位应当于每年3月31日前将上年度培训计划执行情况（包括培训名称、对象、内容、时间、地点、参训人数、工作人员数、经费开支及列支渠道、培训成效、问题建议等）报送省委组织部、省财政厅、省人力资源社会保障厅”的有关规定，第十六条仍然有效。

2.《广州市市直党政机关和事业单位培训费管理办法》（穗财编〔2018〕4号）第十五条：“培训结束后，各单位应及时办理培训费结算手续。报销培训费，综合定额范围内的，应当提供培训计划审批文件、培训通知、实际参训人员签到表以及培训机构出具的收款票据、费用明细等凭证；师资费范围内的，应当提供讲课费签收单，异地授课的城市间交通费、住宿费、伙食费按照差旅费报销办法提供相关凭据。”

【启示或建议】

应当建立健全培训费支出内部管理制度，确定单位经培训费的各项支出标准，明确支出报销流程，按照规定办理支出事项，对于不合规的培训费支出不予报销。

3.5.3 本节小结

《中央和国家机关培训费管理办法》的出台，强调了培训费是“谁举办，谁承担费用”，不得向参训人员收费。但是在实际过程中，往往举办培训单位仍以各种名义违规收费，甚至转嫁、虚报培训费用。有些单位贪图享乐，还假借培训名义公款旅游，遵守党纪政纪思想觉悟低。

行政事业单位应加强对预算法、培训费管理规定和个人所得税法等方面的学习，强化厉行节约，反对浪费的意识，营造遵纪守法的风气。(1) 通过完善培训计划编报、审批、报备制度，严格规范培训费支出和管理，按开支范围和标准相关规定组织培训工作，按要求收集培训费支出原始凭证，务求做到真实、完整、相关。(2) 按照规定审核培训费开支，对未履行审批备案程序的培训，以及超预算、超范围、超标准开支的费用不予报销，确保不违纪、不违规、不打擦边球。(3) 监督检查，从培训的计划编制、备案、培训的开展、费用报销、账务处理到信息公开，都层层把关。

审计人员在审计中应关注以下几点：(1) 培训活动的开展是否合规，包括培训计划的编制、培训计划的审批。(2) 培训费支出内容是否符合规定，有无使用旅行社、商业服务公司开具的大额培训费票据，从而辨别有无公款旅游、购买礼品纪念品等超范围、超标准列支培训费问题。(3) 报销手续是否齐全，报销时是否提供了培训通知、实际参训人员签到表、讲课费签收单等原始凭证。

3.6 差旅费

3.6.1 常见问题及表现形式

1. 扩大差旅费开支范围。主要表现形式：违规开展无实质内容、无明确公务目的差旅活动；无实质内容的学习交流和考察调研活动；以公务差旅为名变相旅游；违规报销机关工作人员因调动工作搬迁发生的费用等。

2. 提高差旅费开支标准。

3. 弄虚作假，虚报冒领。

4. 重复报销费用。主要表现形式：报销出差期间伙食补助费和市内交通费后违规凭餐饮发票重复报销就餐费用、市内交通费用；报销伙食补助费和市内交通费时未按规定扣除回家省亲办事的天数等。

5. 转嫁差旅费。

6. 差旅费报销手续不合规。主要表现形式：未按规定办理出差审批手续，出差审批单、机票、车票、住宿费发票等原始凭证不完整，审批人签名手续不完整，报销发票的时间地点与实际出差的时间地点不符，报销旅游景点门票等。

7. 未及时修订差旅费内部管理制度。

3.6.2 审计案例

【案例91】差旅费报销旅游费用

某事业单位报销2017年10月出差上海的差旅费，有苏州、无锡等地的车费、住宿费、景区的门票等票据，金额2万元。经查，此次出差为管理层培训，在培训结束后，绕道游玩，将游玩过程中的车费、住宿费、门票费等在单位报销。

【定性依据】

《省直党政机关和事业单位差旅费管理办法》（粤财行〔2014〕67号）第二条："本办法所称差旅费，是指工作人员因公到常驻地以外地区出差期间所发生费用，包括城市间交通费、住宿费、伙食补助费和市内交通费。"第三条："省直单位应当建立健全国内出差内部审批制度，因公出差必须按规定履行报批手续，从严控制出差人数和天数，严禁无实质内容、无明确公务目的的学习、交流、考察、调研等活动，严禁以公务差旅为名变相旅游。"第二十四条："工作人员出差期间，因游览或非工作需要的参观而开支的费用，均由个人自理。"

【启示或建议】

加强和规范差旅费支出管理，明确开支范围，防止借差旅费名义开销个人消费、旅游费用。

【案例92】扩大差旅费开支范围

审计发现：某市税务局扩大差旅费开支范围，该局于2018年3月支付本市A大酒店差旅费6万元，报销人员均为市税务局工作人员，并非出差外地费用。

【定性依据】

1.《中央和国家机关差旅费管理办法》（财行〔2013〕531号）第三条：

"差旅费是指工作人员临时到常驻地以外地区公务出差所发生的城市间交通费、住宿费、伙食补助费和市内交通费。"

2.《省直党政机关和事业单位差旅费管理办法》(粤财行〔2014〕67号)第二条:"本办法所称差旅费,是指工作人员因公到常驻地以外地区出差期间所发生费用,包括城市间交通费、住宿费、伙食补助费和市内交通费,但不包括因公出国(境)所发生的费用。"

【启示或建议】

严格按照差旅费制度和厉行节约反对浪费的有关规定,加强出差审批管理,严防差旅费支出混入其他不合规费用。

【案例93】未按等级乘坐交通工具,擅自提高开支标准

C单位是公益一类事业单位,主要从事规划设计研究。在2017年财务收支审计中,审计组发现C单位安排业务科室人员出差调研和培训次数较多,当年的差旅费支出约200万元。经进一步抽查5万元以上的差旅费支出,发现C单位在组织一次异地培训工作时,参加培训人员共83人,其中科级及以下人员62人乘坐飞机往返,但被审计单位未能提供科级乘坐飞机的审批件。依出差日的高铁票价计算,上述62人乘坐飞机超支差旅费36000元。

上述行为属于出差人员未按自身等级乘坐交通工具,提高了开支标准,导致超支差旅费,对于超支部分相关人员应自理。单位领导的审批没有以实际情况为基础坚持厉行节约的原则。

【定性依据】

1.《省直党政机关和事业单位差旅费管理办法》(粤财行〔2014〕67号)第七条:"出差人员在不影响公务、确保安全的前提下,按照经济、便捷原则选择合适的交通工具,按规定等级乘坐,凭据报销。未按规定等级乘坐交通工具的,超支部分自理。乘坐交通工具的规定等级如下:"

交通工具 级别	火车(含高铁、动车、全列软席列车)	轮船(不包括旅游船)	飞机	其他交通工具 (不包括出租小汽车)
省级及相当职务人员	软席(软座、软卧),高铁/动车商务座,全列软席列车一等软座	一等舱	头等舱	凭据报销

续表

交通工具 级别	火车（含高铁、动车、全列软席列车）	轮船（不包括旅游船）	飞机	其他交通工具（不包括出租小汽车）
厅级及相当职务人员	软席（软座、软卧），高铁/动车一等座，全列软席列车一等软座	二等舱	经济舱	凭据报销
其他人员	硬席（硬座、硬卧），高铁/动车二等座、全列软席列车二等软座	三等舱	经济舱	凭据报销

第八条："省级及相当职务人员出差，因工作需要，随行一人可以乘坐同等级交通工具。科级及以下人员原则上不乘坐飞机，因出差旅途较远或出差任务紧急需乘坐飞机要从严控制，需经本单位领导批准方可乘坐飞机。"

2.《市直党政机关和事业单位差旅费管理办法》（穗财编〔2015〕187号）第九条："正、副省级及相当职务人员出差，因工作需要，随行一人可以乘坐同等级交通工具。科级及以下人员原则上不乘坐飞机，因出差旅途较远或出差任务紧急需乘坐飞机要从严控制，需经本单位领导批准方可乘坐飞机。"

【启示或建议】

1. 单位要认真审核把关，坚持按制度履行报销手续，发现超标准报销的支出，应坚持原则，由报销人自行承担超标的费用。

2. 针对《省直党政机关和事业单位差旅费管理办法》（粤财行〔2014〕67号）的差旅住宿标准，《关于调整省直党政机关和事业单位差旅住宿费标准有关问题的通知》（粤财行〔2016〕54号）对差旅住宿标准作出了新的规定。

3.《关于省直党政机关和事业单位差旅费管理问题的补充通知》（粤财行〔2016〕66号）："二、进一步规范差旅费管理　（十）关于厅级以下级别人员住房的处理。差旅费管理办法按照每人每天住宿费开支标准执行，在规定标准之内出差人员可以自行选择与其级别相适应的房间类型，对2人住1间房不再作硬性规定。同时，允许在经批准的出差天数和规定的住宿费限额标准之内，按实际住宿天数将较高和较低价位的房费统筹使用。……（十六）

关于差旅费执行标准的处理。现行住宿费、伙食补助费和市内交通费的标准均为最高限额标准，各省直单位在制定本单位差旅费管理具体规定时，可考虑出差地远近、出差时间长短等因素，在限额标准内合理确定上述费用的报销标准。差旅费标准：省外按《财政部关于调整中央和国家机关差旅住宿费标准等有关问题的通知》（财行〔2015〕497号）规定的标准执行。省内到广州、深圳、珠海、佛山、东莞、中山、江门7市每人每天：省级900元、厅级550元、其他人员450元；到汕头、韶关、河源、梅州、惠州、汕尾、阳江、湛江、茂名、肇庆、清远、潮州、揭阳、云浮14市所辖区每人每天：省级850元、厅级530元、其他人员420元；到上述14市所辖县（市）每人每天：省级850元、厅级500元、其他人员400元。伙食补助费标准：每人每天100元。市内交通费标准：每人每天80元。”

4. 误餐费的标准：《关于省直党政机关和事业单位差旅费管理问题的补充通知》（粤财行〔2016〕66号）：“二、进一步规范差旅费管理　（十八）关于误餐费的处理。驻穗省直机关事业单位工作人员在常驻地内联系工作，未能在联系工作单位解决午餐或晚餐（不包括早餐），而必须在外买食者，由工作人员说明情况并经所在部门领导批准，每餐可领取误餐补助费40元（上限标准）。驻穗外省直机关事业单位按所在地规定执行。”

【案例94】虚报差旅费骗取财政资金

Z科研所是财政全额拨款的事业单位。在Z科研所2018年度科研专项资金审计中，审计组查阅科研专项经费时，发现其中报销了大额的“调研差旅交通费”，审计人员将差旅费支出的真实性合法性作为审计重点。

第一步，查阅科研专项经费项目的立项文件和项目方案，得知Z科研所的业务（课题）研究方向、内容、项目并不是以“调研”为主，且项目地点多在市内。侧面反映差旅交通费支出应较少。

第二步，列表分析所报销的汽车车票的起点、终点、时间和姓名等信息，发现部分报销审批单的项目地与车票的到达地不一致，部分报销人员与车票姓名不一致，大量的车票有去程无回程，出发时间多是乘坐早晚班车，甚至出现同一人在不同项目不同地点但出发时间却一致的情况。同时列表分析所报销的高速公路的路桥费的时间和地点，发现存在一天内同一辆车在同一条高速公路上反复经过的情况，以上报销金额合计183万元。

第三步，核对Z科研所提供的人员名单，发现报销的车票姓名无Z科研所人员，审计人员怀疑Z科研所人员存在以真发票假事项报销差旅费以骗取财政资金的行为。

第四步，向上级领导汇报情况，询问相关人员让其解释当中缘由，相关人员无法解释报销事项的合理性，在事实面前，承认了实情：为了套取科研经费，向票贩子购买了发票，并以项目“调研”为由报销。

【定性依据】

1.《行政事业单位内部控制规范（试行）》（财会〔2012〕21号）第三十条：“（二）加强支出审核控制。全面审核各类单据。重点审核单据来源是否合法，内容是否真实、完整，使用是否准确，是否符合预算，审批手续是否齐全。支出凭证应当附反映支出明细内容的原始单据，并由经办人员签字或盖章，超过规定标准的支出事项应由经办人员说明原因并附审批依据，确保与经济业务事项相符。”

2.《中华人民共和国会计法》（2017年主席令第81号修正）第九条：“各单位必须根据实际发生的经济业务事项进行会计核算……任何单位不得以虚假的经济业务事项或者资料进行会计核算。”

【启示或建议】

通过这一案例的查处，说明我们的经济业务在某些环节方面确实存在一些漏洞，内部监督工作十分必要：

1. 没有建立严格的内控制度，财务把关不严，费用单据的报销审核手续不完备，没有针对项目的内容去认真审核费用支出票据的真实性，导致上述事项的发生。

2. 发票是我们从事经济活动的见证，是单位报销支出的原始凭证，但由于对票据管理上的松弛，以致被一些人利用，那些本来就没有发生的经济事项（如上述的假出差，真发票）利用了真实的票据，得以套取资金。因此，单位应加强对财务报销票据的审核监督，严防“假业务真发票”问题的产生。

3. 这起案例中可以体会到：审计工作纷繁复杂，千头万绪，面对众多的票证，审计人员只有在审计过程中时常保持警惕，明察秋毫，对任何疑点都不放过，才能使违法分子难逃法网。

【案例95】违规报销交通和伙食补助费

对A省级行政单位2017年度的审计中，审计人员发现A单位每年组织单位人员到异地进行业务素能培训，每次组织部门统一申请来回两天的交通和伙食补助费，每期培训的人数大约100人。2017年6月申请交通和伙食补助费借支3.42万元(95人×(80+100)元×2天)。审计人员对该部分的交通补助费产生了疑问，如此大批量的单位人员外出是否无安排车辆接送。于是审计人员查阅了“公务用车申请表”，发现该期培训A单位已安排车辆接送。经进一步询问培训人员获知，单位人员到达培训地点后再由培训单位统一安排车辆接送，该车费包含在培训费里，培训单位不再另外收取。

培训全程皆有安排车辆接送，该期培训单位人员违规报销交通补助费1.52万元(95人×80元×2天)。

【定性依据】

1.《省直党政机关和事业单位差旅费管理办法》(粤财行〔2014〕67号)第十六条：“凡由接待单位统一安排用餐或提供交通工具的，出差人员应当向接待单位交纳相关费用。参加会议和培训期间由举办方按规定统一安排的除外。”

2.《关于省直党政机关和事业单位差旅费管理问题的补充通知》(粤财行〔2016〕66号)：“二、进一步规范差旅费管理（二）关于出差人员由接待单位或其他单位提供交通工具的处理。市内交通应由出差人员自行解决。接待单位提供交通工具的，出差人员应当在差旅费管理办法规定的标准内向接待单位交纳市内交通费。接待单位应向出差人员出具接收凭证（不做报销依据)，收取的市内交通费用于抵接待单位的车辆运行支出。出差人员所在单位与提供交通工具的单位属于同一预算单位（指一级预算单位及所属单位）的，视作单位派车出差，不予报销市内交通费。”

【启示或建议】

在审计中，重复报销差旅费的现象时有发生。如到外地出差，接待单位已统一安排了食宿和交通工具，出差人员也没有向接待单位交纳费用，按规定出差人员不必再回原单位申请报销伙食费和交通费补助。出差人员回来后仍申请报领伙食费和交通费补助，重复获得利益。该单位应严格履行审批程序，加强对出差活动的监督，财务人员要认真审核把关，坚持按制度履行报销手续，发现问题，应及时纠正，坚持原则。广大党员干部要严格自律，实事求是地进行差旅费报销，少钻空子，少占小便宜，否则就有可能触犯纪律红线，受到责任追究。

【案例96】转嫁差旅费给下属单位

某工商局及下属服务中心2016年度审计中，审计组抽查服务中心的差旅费凭证，12 月底有几笔支出，金额 10 万元，无差旅费审批表，报销单也未注明出差人员名单，发票是开给服务中心的，报销的机票名字看到有几位出差人员并非本单位人员，与工商局本部人员名单核对，确认为工商局的人员。经询问，工商局本部的差旅费支出已超预算，服务中心差旅费支出较少，就把局本部的差旅费列在服务中心。

【定性依据】

1.《中央和国家机关差旅费管理办法》（财行〔2013〕531 号）第二十二条："出差人员应当严格按规定开支差旅费，费用由所在单位承担，不得向下级单位、企业或其他单位转嫁。"

2.《省直党政机关和事业单位差旅费管理办法》（粤财行〔2014〕67 号）第二十条："出差，费用由所在单位承担，在'差旅费'支出经济科目中统一核算，不得以任何方式转嫁。"

3.《市直党政机关和事业单位差旅费管理办法》（穗财编〔2015〕187 号）第二十一条："出差人员应当严格按规定开支差旅费，费用由所在单位承担，在"差旅费"支出经济科目中统一核算，不得以任何方式转嫁。"

【启示或建议】

广大党员干部要严格自律，实事求是地进行差旅费报销，少钻空子，少占小便宜，不把不合理的差旅费转嫁给下属或其他单位，否则就有可能触犯纪律红线，受到责任追究。

【案例 97】出差审批手续不完善

2017~2018 年，某公立学院差旅费报销不规范，涉及金额 150 万元，其中：差旅费报销手续不齐全，出差人员出差前未按规定填写《出差审批表》，未报单位负责人审批，涉及金额 70 万元；出差人员已填写审批表但是审批日期晚于出差时间，涉及金额 80 万元。

【定性依据】

《省直党政机关和事业单位差旅费管理办法》（粤财行〔2014〕67 号）第三条："省直单位应当建立健全国内出差内部审批制度，因公出差必须按规定履行报批手续。"

【启示或建议】

强化内控制度建设，加强出差的审批流程学习，理顺审核审批程序。

【案例98】差旅费报销管理不严

2016年预算执行审计中发现某省直机关报销差旅费审批、报销管理不严。一是无分管领导或财务负责人签字，涉及金额160万元；二是报销不合规住宿、车票、油票、通行费等费用，报销票据的时间地点与实际出差的时间地点不符，涉及金额30万元。

【定性依据】

1.《中央和国家机关差旅费管理办法》（财行〔2013〕531号）第二十六条："各单位应当加强对本单位工作人员出差活动和经费报销的内控管理，对本单位出差审批制度、差旅费预算及规模控制负责，相关领导、财务人员等对差旅费报销进行审核把关，确保票据来源合法，内容真实完整、合规。"

2.《省直党政机关和事业单位差旅费管理办法》（粤财行〔2014〕67号）第二十三条："省直单位应加强本单位工作人员差旅活动和经费报销的内控管理，对本单位差旅审批制度、差旅费预算及规模控制负责，相关领导、财务人员等对差旅费报销进行审核把关，确保票据来源合法，内容真实完整、合规。对未经批准擅自出差、不按规定开支和报销差旅费的人员进行严肃处理。"

【启示或建议】

强化差旅活动和经费报销的管理，对本单位差旅活动负责；出差人员应确保票据来源合法，内容真实完整、合规，相关领导、财务人员等应对差旅费报销进行审核把关。对不按规定开支和报销差旅费的人员，应严肃追究当事人、审批人等相关人员责任。

【案例99】未及时修订差旅费节约部分奖励条款

A公立院校2013年院长办公会议决议通过的《学院差旅费管理办法》，设有交通费节约部分奖励条款，根据2014年广东省新公布的差旅费管理办法，交通费需凭据报销，未设交通费奖励条款，该院校未按现行规定修订本单位的差旅费管理办法，造成2013～2014年一直按已废止的文件条款给予出差人员发放交通节约部分30%奖励。经统计，2013～2014年A学院违规发放出差人员交通节约部分奖励40万元，平均每年多支付20万元。

【定性依据】

1.《省直党政机关和事业单位差旅费管理办法》（粤财行〔2014〕67号）第七条："出差人员在不影响公务、确保安全的前提下，按照经济、便捷原则选择合适的交通工具，按规定等级乘坐，凭据报销。”

2.《行政事业单位内部控制规范（试行）》（财会〔2012〕21号）第二十九条：“单位应当建立健全支出内部管理制度，确定单位经济活动的各项支出标准，明确支出报销流程，按照规定办理支出事项。”

【启示或建议】

及时学习新政策，修订不符合规定的差旅费管理制度。

3.6.3 本节小结

有些单位、有些人为了让出差“划得来”还是见缝插针，主要表现为一是在差旅费报销标准规定的定额补助上做文章，违规审批出差事由、出差天数。二是虚开住宿费或交通费发票套取差旅费，回单位报销。三是报销条目不真实，例如接待单位对出差人员进行了接待，但出差人员未按规定给接待单位支付费用，回单位后按同等标准报销生活补助费。四是以差旅费名义自定标准发放。各党政机关事业单位必须纠正借报销差旅费之名做违规违纪之事，必须强化严格监管责任、理顺审核审批程序、严格差旅费预算管理、落实责任追究机制。

3.7 工资与津贴补贴

3.7.1 常见问题及表现形式

1. 转嫁、摊派人员费用。主要表现形式：上级单位通过借调形式长期占用下属单位的合同人员，同时人员费用由下属单位承担等。

2. 违规发放奖金、津贴、补贴、福利。主要表现形式：超范围、超标准发放奖金、津补贴；违反规定自行新设项目或者继续发放已经明令取消的津补贴；违规发放岗位津贴；违规以各种名义向职工普遍发放各类奖金；以现金、有价证券、商业预付卡、实物等形式发放津补贴；违规使用工会会费、福利费及其他专项经费发放津补贴；违规发放加班费、值班费和应休未休年假补贴；利用单位食堂变相发放职工福利；违反规定向关联单位支付款项，再由关联单位以各种名目给职工发放津补贴等。

3. 虚报冒领工资福利费。主要表现形式：利用退休人员或已死亡人员之名，多发在编职工的工资；以现金结算发放劳务工工资的名义，截留现金私用等。

4. 公职人员违规兼职领薪。

5. 未按规定代扣代缴个人所得税。

3.7.2 审计案例

【案例100】向下属单位摊派人员费用

B单位是A机关的下属公益二类事业单位。在A机关2016年预算执行和其他财务收支审计中，审计组了解A机关人员工资情况时，相关人员支支吾吾不愿做详细回答，引起审计组对张某的关注。审计组抽查了A机关每月工资汇总表和费用报销，竟未发现张某的名字，审计组视角转向二级单位。经检查，发现B单位账面每月均有大额劳务工资支付。但审计组未能从财务资料中获取到工资明细表。因此，审计组只能要求B单位提供三定方案、编制文件、个税缴纳清单及社保资料。经核查，B单位共招聘张某等合同人员25人，均被A机关以借调方式安排至机关财务室、办公室、值班室、司机班、收发室等充当办事员使用。其中张某等10人借用时间超过10年。2016年B单位共发生借用合同人员费用240万元。2014～2016年共累计发生借用合同人员相关费用820万元，包含因公车改革而解聘12名原服务于机关的合同司机的补偿费120万元。

A机关作为B单位的上级单位，通过借调形式长期占用下属单位的合同人员，用于承担机关日常基础工作，将本应由其承担的费用转移给下级独立法人单位。这种行为属于违规以各种名义向企事业单位转嫁、摊派和报销费用。

【定性依据】

《关于党政机关厉行节约若干问题的通知》（中办发〔2009〕11号）：“八、严禁党政机关以各种名义向企事业单位转嫁、摊派和报销费用。”

【启示和建议】

近年来，随着建设服务型政府的推进，各级机关工作要求不断提高，工作量不断加大。但受于编制和财政预算的限制以及劳务纠纷的考虑，机关日常基础非技术工作人员日益短缺。因此，向下级单位长期借调人员成为十分常态现象。审计中，对于借调是否违规，我们要从借调人员的身份、借调时间等多方面因素考虑判断，审慎评价该类经济活动行为。此外，各机关也需合法合规地解决存在的问题。

【案例 101】巧立名目，滥发津贴、补贴

A 公立学院 2013 年 1 月至 2016 年 6 月间，巧立名目，滥发补贴酬金 230 万元。（1）用职工困难补助基金发放教职工福利补助费合计 90 万元（200 元/人）；（2）发放退休职工福利补助费 15 万元（200 元/人）；（3）2015 年 10 月发放校庆慰问金 70 万元（500 元/人）；（4）财务处未经人事处审批发放本部门加班费和管理费合计 14 万元；（5）体育教育系、中国语言文学系等发放寒假开门红、暑假开门红合计 10 万元；地理科学系、旅游管理系和教育学系在学院统一发放国家节日慰问金后又重复发放慰问金合计 18 万元；（6）成人教育部存在学院统一发放国家节日慰问金后又重复发放慰问金合计 13 万元。

【定性依据】

《违规发放津贴补贴行为适用〈中国共产党纪律处分条例〉若干问题的解释》（中纪发〔2012〕4 号）："三、有下列行为之一的，对有关责任人员，依照《中国共产党纪律处分条例》第一百二十六条的规定追究责任：（一）违反规定自行新设项目或者继续发放已经明令取消的津贴补贴的。"

【启示或建议】

违规发放津贴、补贴、奖金，实质上是以单位名义将国有资产集体私分给个人。建议：首先，要持续强化纪律教育，进一步提高思想认识；其次，要加强监督检查，开展经常性的监督检查是杜绝违规发放津补贴行为的有力措施。

【案例 102】以误餐费名义变相发放工资福利

审计组对某市机关事业单位审计中，发现该单位误餐费支出仅凭开具的餐费发票报销入账，费用报销单上仅注明了人数，未同时附上人员名单或加班表等明细资料，且每月均有支出，2016 年度共支出 20 万元。经审计确认是该单位为了给员工发放工资福利，以误餐费名义变相发放补贴。

【定性依据】

《广州市财政局关于调整市级国家机关事业单位误餐费、夜餐费等开支标准的通知》（穗财编〔2014〕207号）："二、误餐费　市直党政机关、事业单位工作人员在市内外出公务或加班不能在本单位或家里就餐，而必须在外就餐的，经单位内部审批，可凭发票报销误餐费，标准限额为每人每餐40元（限午、晚餐）。个别单位工作人员需要24小时值班不能在本单位或家里就餐，可凭发票报销早餐误餐费，标准不得超过夜餐费标准。二、夜餐费。市直党政机关、事业单位工作人员，因工作需要，夜班加班工作至二十二时以后，经单位内部审批，可凭发票报销夜餐费，标准限额为每人每餐25元。四、各单位应按本通知规定，制定本单位误餐费、夜餐费内部审批制度，严禁借误餐费、夜餐费名义变相发放工资福利。"

【启示或建议】

按规定发放误餐费，严防借误餐费的名义发放津贴、补贴。

【案例103】违规发放应休未休年假补贴

审计发现，某机关单位2016~2018年均有发放应休未休年假补贴，三年共发放120万元补贴，检查其发放原始凭证，发现该补贴本单位全员人皆有之，且同一级别的职工补贴均一样，发放补贴清单有人员名单、补贴金额、领取人签名，却未注明每人实际应休未休年假的天数，经核实，该项补贴并非职工真实的应休未休年假补贴，而是普遍性发给全体职工的补贴，该单位钻空子，将应休未休年假补贴福利化，不管休没休，全休还是半休，都造表发放。

【定性依据】

《违规发放津贴补贴行为适用〈中国共产党纪律处分条例〉若干问题的解释》（中纪发〔2012〕4号）："三、有下列行为之一的，对有关责任人员，依照《中国共产党纪律处分条例》第一百二十六条的规定追究责任：（五）违反规定发放加班费、值班费和未休年休假补贴的。"

【启示或建议】

公款姓公，一分都不能滥用，这是不可逾越的纪律红线，行政事业单位要进一步提高思想认识，克服惯性思维，自觉维护党纪的严肃性，遵纪守法。

【案例 104】利用工资支出挪用资金

A 单位为事业单位，负责 100 位特定人员的服务保障工作，具体为组织安排各项活动、发放薪金及各项福利等事务，所需经费全部由财政拨款。在对 A 单位 2017 年的财务收支情况进行审计时，审计组发现以下重大问题：

发放特定人员津贴补贴的银行代发放清单中，实发总人数超过应发放人数 5 人，经仔细核对，A 单位在实发名单中将 5 名在编职工按职位高低对应穿插在特定人员名单中。

按相关规定，国家机关工作人员死亡将发放当月薪金及一次性抚恤金，次月起停止发放薪金及福利。经审核该类会计凭证，发现有两位特定人员在死亡后的次月薪金表中仍列有其名，而银行代发清单中无该两名死亡的特定人员，反而多出 5 位在编职工。经核对，死亡的两名特定人员薪金是实际分发给了 5 名在编职工。

A 单位聘请 4 位劳务工，负责单位办公室的清洁、食堂、门卫工作。审计人员将劳务工工资发放情况表进行统计分析后，发现劳务工每人工资基本为 4000 元/月，但其中有 6 个月的工资人均超 8000 元/月。审计人员继而深入审查该 6 个月的工资发放凭证，发现存在发放方式既有现金结算又有银行代发的现象。其中该 6 个月每月均有一笔以现金结算支付的报销费用支出凭证列示了 4 个劳务工的实发工资总额，由劳务工在签收栏签字。另外有一张加列 4 个劳务工工资明细的特定人员薪金发放明细表，银行代发清单亦有 4 人发放明细。审计人员经暗访其中一位劳务工得知，其签名是领取当月银行代发工资，从未收到以现金发放的工资，且月工资基本为 4000 元/月。审计人员询问了财务人员，原来以现金发放的工资实际没有给到劳务工，而是财务人员留为私用。

A 单位利用给特定人员发放津贴补贴之际，同时给在编人员发放，构成了 A 单位假借死亡特定人员之名，多发在编职工的工资；以现金结算发放劳务工工资的名义，截留现金私用；均属于骗取财政资金的行为。

【定性依据】

《违规发放津贴补贴的行为适用〈中国共产党纪律处分条例〉若干问题的解释》（中纪发〔2012〕4 号）："八、以虚报、冒领等手段骗取财政资金发放津贴补贴的，对有关责任人员，依照《中国共产党纪律处分条例》第一百一十四条的规定追究责任。以虚报、冒领等手段骗取财政资金，并以发放津贴补贴的形式合伙私分的，依照《中国共产党纪律处分条例》第一百一十四条的规定加重追究责任。”

【启示或建议】

审计人员注意核对财务人员编制的薪金发放明细表与银行代发清单是否一致，往往这一环节容易忽略。结合岗位分析工资发放是否合理，对于岗位级别低的人员若其工资接近在编人员或岗位级别较高的薪金水平时，则需特别关注，需审核当月是否重复编制工资表套取现金。

此外，各单位应加强党风建设，遵守党纪，廉洁自身，对于有上述的违规行为追责违规人员，防止此类现象的发生。

【案例105】公职人员违规兼职、领取补贴

1. 某民办学校私下邀请某教育局公职人员进行业务指导、试题命卷、考试监考等事项，并通过银行存款、现金、实物等形式对相关公职人员指导人员发放劳务报酬及补贴，2015～2016年合计15万元，2017年为该教育局领导发放指导费、加班费2万元，以上行为属于违规兼职领取报酬的行为。

2. 审计发现，张某为某行政机关的财务处处长，经上级批准，兼任某国有控股公司副总经理，2018年兼职期间，在该公司领取了补贴2万元。该兼职行为虽经审批，领取兼职报酬却是违规行为。

【定性依据】

1. 本案例2017年12月31日前，适用《中华人民共和国公务员法》（2005年主席令第35号）第四十二条：“公务员因工作需要在机关外兼职，应当经有关机关批准，并不得领取兼职报酬。”

2. 《中华人民共和国公务员法》已于2017年9月1日，经第十二届全国人民代表大会常务委员会第二十九次会议修正，本案例自2018年1月1日起，适用《中华人民共和国公务员法》（2017年主席令第76号）第四十二条：“公务员因工作需要在机关外兼职，应当经有关机关批准，并不得领取兼职报酬。”

3. 《中华人民共和国公务员法》已于2018年12月29日，经第十三届全国人民代表大会常务委员会第七次会议修订，自2019年6月1日起适用《中华人民共和国公务员法》（2018年主席令第20号）第四十四条：“公务员因工作需要在机关外兼职，应当经有关机关批准，并不得领取兼职报酬。”

【启示或建议】

公职人员要严格遵纪守法、廉洁自律，不应利用兼职谋取不正当利益。

【案例106】支付计生奖未代扣代缴个人所得税

广州市某公办幼儿园2015年在职人员计生奖12万元，未并入“工资薪金所得”计缴征个人所得税。

【定性依据】

1.《中华人民共和国个人所得税法》（中华人民共和国主席令第48号）第二条：“下列各项个人所得，应纳个人所得税：一、工资、薪金所得……”第八条：“个人所得税，以所得人为纳税义务人，以支付所得的单位或者个人为扣缴义务人……扣缴义务人应当按照国家规定办理全员全额扣缴申报。”

2.《关于个人取得劳务报酬等收入征收个人所得税问题的通知》（广州市地方税务局公告2014年第11号）第八条：“个人取得的计划生育奖励计征个人所得税问题。个人取得企业（单位）等发放的计划生育奖励金，除……外，其他形式奖励金应并入‘工资薪金所得’计缴征个人所得税。”

说明：该案例适用上述文件，《关于个人取得劳务报酬等收入征收个人所得税问题的通知》已于2018年7月5日修改（国家税务总局广州市税务局公告2018年第2号），修改后适用第八条：“个人取得的计划生育奖励计征个人所得税问题。个人取得企业（单位）等发放的计划生育奖励金，除按照《广东省人口与计划生育条例》第三十八、三十九条规定标准发放的独生子女保健费和一次性奖励（或补助），以及获得国家计划生育委员会核发计划生育荣誉证书的人员退休时取得的一次性奖励金，在国家税务总局未有明确规定之前暂不征收个人所得税外，其他形式奖励金应并入‘工资薪金所得’计征个人所得税。”

【启示或建议】

单位财务人员应加强相关税法知识学习，严格执行相关规定足额代扣代缴个人所得税，降低税务风险。

【案例107】支付补贴、课酬未代扣代缴个人所得税

1. 某市公办特殊教育学校2016年期间使用盲人足球队集训经费（代收代付）发放集训补贴50万元，发放人数为15人，未按规定代缴个人所得税。

2. A大学2017年度向非本单位在职教师支付能工巧匠/技能大师课酬40万元，未代扣代缴个人所得税。

【定性依据】

《中华人民共和国个人所得税法实施条例》（2011年国务院令第600号）

第三十五条："扣缴义务人在向个人支付应税款项时，应当依照税法规定代扣税款，按时缴库，并专项记载备查。前款所说的支付，包括现金支付、汇拨支付、转账支付和以有价证券、实物以及其他形式的支付。"

说明：上述案例分别为2016年、2017年，适用2011年国务院令第600号修订版。目前《中华人民共和国个人所得税法实施条例》已于2018年12月18日重新修订，修订后自2019年1月1日起适用《中华人民共和国个人所得税法实施条例》（2018年国务院令第707号）第二十四条："扣缴义务人向个人支付应税款项时，应当依照个人所得税法规定预扣或者代扣税款，按时缴库，并专项记载备查。前款所称支付，包括现金支付、汇拨支付、转账支付和以有价证券、实物以及其他形式的支付。"

【启示或建议】

学校严格执行个人所得税法相关规定，单位为有关人员发放现金、实务或有价证券，足额代扣缴个人所得税。进一步规范税收管理，规避税务风险。

3.7.3 本节小结

转嫁、摊派人员费用、违规发放津贴补贴、虚报冒领工资福利费、公职人员违规兼职领薪等行为对社会诸多危害：一背离国家正常的收入分配政策，侵蚀社会的公平正义，妨碍社会进步。二是损害政府公信力，滋生蔓延腐败。侵占公共资源，把权力变成了损公肥私的工具，为少数既得利益者攫取不正当的非法收入。三是降低公共资金绩效，把本应用在工作、民生的经费挪作他用，降低了公共财政资金使用的绩效性，影响了公用事业的发展和人民共享改革发展成果。清理规范津补贴或福利，是改革工资制度和规范收入分配制度的重要措施，也是促进党风廉政建设、从源头上治理和防范腐败的必然要求。

公务员工资包括基本工资、津贴、补贴和奖金。任何机关不得违反国家规定自行更改公务员工资、福利、保险政策，擅自提高或者降低公务员的工资、福利、保险待遇。津贴补贴包括国家统一规定的津贴补贴和工作性津贴、生活性补贴、离退休人员补贴、改革性补贴以及奖金、实物、有价证券等。

在审计中，需核实工资、津补贴、福利费等支出的真实性、合规性、准确性。审计人员应围绕审计目标，实施审计程序，审计目标支出是否存在虚报冒领、转嫁摊派人员费用情况，应获取国家有关工资、津补贴的规定以及主管部门批复等文件、单位人员花名册与实际发放人员清单来核对；如审计目标为津补贴来源的合规性，则需检查支出的来源是否为“其他收入、工会会费及其他专项经费”，还有以往来款挂账或各种经费名义向关联单位转移资金，再由关联单位以各种名目给机关职工发放津补贴，增人增编增加的人员支出是否按规定首先通过基本支出结转资金安排；如审计目标为核实是否存在超范围、超标准、自行新设项目或继续发放已经明令取消发放津补贴，则应获取实际发放的依据与名单，对照国家有关工资、津补贴的规定审核，核实是否违反规定发放加班费、值班费、以误餐费名义普发补贴、未休年休假补贴、超基本工资标准发放年终一次性奖金，自行设定奖金项目，同一事由重复发放奖金，授予公务员集体的奖金违规发放个人、以各种名义向职工普遍发放各类奖金等问题；如审计目标是查明以有价证券、支付凭证、商业预付卡、实物等形式发放津贴补贴，可查询被审单位食堂支出台账，审核和甄别食堂原材料验收和领用情况，核实是否存在利用单位食堂变相发放职工福利的问题，还有采购办公用品、茶叶等其他采购实物的报销，采购量、频率超出合理用度，普惠性人均受惠，需检查其物品验收和领用手续，核实其是否违规发放职工福利。

3.8 专项资金

3.8.1 常见问题及表现形式

1. 滞留、闲置专项资金。
2. 虚假申报骗取专项资金。
3. 挤占、挪用专项资金。
4. 未经批准改变专项资金用途。
5. 超范围、超标准列支专项经费。主要表现形式：支出缺乏相关性及合理性；列支与专项经费无关的支出；已结题的科研项目仍列支费用等。
6. 专项经费支出手续不合规。

3.8.2 审计案例

【案例108】扶贫专项资金闲置时间过长，未及时发挥效益

审计人员对帮扶某贫困村的2017～2018年度财政专项扶贫资金进行了审计，发现该村投资建设4栋民宿用于发展乡村旅游发展项目，因管理混乱，民宿施工主体频繁更换，项目洽谈不畅，导致未使用的扶贫资金30万元闲置长达2年，未及时发挥扶贫资金的使用效益。

【定性依据】

1.《中央财政专项扶贫资金管理办法》（财农〔2017〕8号）第十四条："各地应当加快预算执行，提高资金使用效益。"

2.《广东省省级财政专项资金试行管理办法》（粤府〔2016〕86号）第十二条："专项资金清理退出。实行专项资金到期退出制度，确需延续安排的，要提前一年进行绩效评价和专项审计，并按照新增设立专项资金办理。省财政部门会同省直有关部门对存续期间的专项资金进行定期清理或评估。有下列情形之一的，应向省政府提出调整、压减或撤销的建议：……（三）预算执行率低，连年结余的，根据《广东省省直部门综合支出考核与财政资金安排挂钩暂行办法》规定压减额度。（四）支出结构不合理，使用分散且使用效益低下的，应优化资金使用用途，纳入年度资金使用总体计划申请调整……"

说明：上述案例涉及2017～2018年度审计，2017年度适用《广东省省级财政专项资金试行管理办法》（粤府〔2016〕86号），该文已于2018年12月24日废止。现自2018年12月24日起实施《广东省省级财政专项资金管理办法（试行）》（粤府〔2018〕120号），有效期3年。上述案例2018年度适用《广东省省级财政专项资金管理办法（试行）》（粤府〔2018〕120号）第十一条："省业务主管部门、财政部门在编报预算时，应对存在以下情形的专项资金进行调整、压减或撤销。包括：……支出结构不合理，使用分散的；……预算执行进度缓慢或连年结转结余的。"

【启示或建议】

应加强专项资金的项目管理，做好扶贫专项的调研、实施工作，上级部门应督促该村提升专项资金的使用效率。

【案例 109】虚假申报项目资金，骗取财政资金

2014 年 3 月，审计组对 L 中心项目专项资金进行审计。

1. 基本情况。

L 中心是某开发区属下的行政全额拨款事业单位，其主要经济活动是为所属区属企业事业单位提供信息、引进人才、项目立项建设等，2013 年度，该中心项目拨款 6 个，其中：有 Q 实训基地建设项目专项资金 1300 万元用途为改造原有实训场地；实训楼专项设备 900 万元，用途为原有实训设备的基础上再购置一批新设备。

该开发区产业园 Q 实训基地建设从 2013 年上半年起分步实施，至 2016 年底全面完成，项目总投资约 26600 万元。其中 2013 年上半年起分步完成 250 亩的土地转让，改造原有实训场地并在原有实训设备的基础上再购置一批新设备，投入资金约 9600 万元；2014 年上半年起分步进行 7.2 万平方米建筑转让和分期新建公共实训基地，基地占地约 50 亩，包括新建一栋三星级以上标准的 10 层培训服务中心大楼及相关设施设备建设，预算总投入约为 17000 万元。

L 中心根据上级部门批准的《省 Q 实训基地建设实施方案》，与开发区产业园、某汽车品牌公司等园区企业协商，共同制定《创建开发区产业园 Q 实训基地实施方案》，公共实训基地建设分 3 个阶段实施。

第一阶段：2013 年上半年起计划一年内投入资金 9600 万元，分步完成 250 亩总价约 8500 万元的土地转让，1000 万元用于改造设备涂装 RTC、焊接 RTC、总装 RTC、智能多媒体等四间技能人才实验室并在原有实训设备的基础上再购置一批新设备，建设整车检测与理实一体化实训室以及 Q 管理科学实训室等 9 个现代化的专业实训室，专业实训室总面积达 8500 平方米；至 2013 年底初步建立管理和运行机制，计划年培训能力 8000 人次。

第二阶段：2014 年上半年起计划分步进行 9.2 万平方米建筑转让和分期新建公共实训基地，基地占地约 56 亩，预算总投入为 17000 万元，包括新建一栋三星级以上标准的 10 层培训服务中心大楼及相关设施设备建设；培训服务中心集技能培训、鉴定、住宿、餐饮、会议等为一体的多功能服务机构。至 2014 年底基地管理和运行机制基本形成，年培训能力达 2.8 万人次。

第三阶段：至 2016 年下半年，基地建设全面完成投入使用，管理和运行机制基本完善，设备设施和专业设置达到技术先进、水平领先、特色鲜明的要求，年培训能力达 6.2 万人次。

在项目建设资金筹措方面，L中心主要通过申请项目专项资金途径筹措建设资金，部分项目通过与企业合作共同投入、共享效益等形式筹措经费以保证按计划完成基地建设所需要的一系列配套资金的投入。

2013年3月30日财政部门下达L中心“T开发区产业园QW实训基地建设”专项资金2200万元。

2. 疑点分析。

审计组审计发现：上述项目在向财政部门申报资金时，没有产业园QW实训基地项目立项申报进展的相关佐证资料，也未对未申报立项情况作出书面说明；没有提供当年获得的产业园QW实训基地建设专项资金绩效评价报告。

3. 查明真相。

审计组根据财政2013年财政拨入资金，对资金流向进行跟踪发现，财政拨入资金没有用在上述项目上，而是将大部分资金用于L中心超编人员和临时工的工资补贴和社保上，也有部分用在单位的公用经费上，也就是说，2013年申请的专项资金没有用在项目上。

为了查明专项资金申报和使用真相，审计组人员要求L中心提供项目申报入库资料，经对项目库资料进行核对，发现L中心T开发区产业园QW实训基地建设项目确实有申报材料并经批准符合条件入库，并也实施了建设和设备购买，资金从何而来？究竟2013年3月30日广东省财政厅下达L中心“T开发区产业园QW实训基地建设”专项资金2200万元是怎么来的？带着疑问，审计组将全年6个项目资金入库情况、资金申报情况、资金使用情况等进行核对发现，当年申报项目中，QW实训基地建设所申报的资料与JX实训基地扩建项目申报资料内容相同！

事实上，上述2013年度QW实训基地实施建设项目与申报资料不相符，没有按上述三阶段对产业园QW实训基地实施建设，所申报的资料与JX实训基地建设内容相同，即是L中心产业园QW实训基地实施建设项目包括了JX实训基地实训基地建设项目，以同一项目（内容相同，名称不同）重复申报专项资金，弄虚作假、套骗财政专项资金2200万元。

【定性依据】

《广东省省级财政专项资金管理办法》（粤府〔2013〕125号）第二十条：“申请使用专项资金的企业、单位和个人（以下简称‘申请单位’）应按专项资金管理办法申报使用专项资金。……（二）一个项目原则上只能申请一项专项资金。申请单位不得以同一项目重复申报或多头申报专项资金，同一项目确因特殊情况需申报多项专项资金，必须在申报材料中注明原因。（三）申请单位应对申报材料的真实性负责，不得弄虚作假、套骗财政专项资金。”

说明：上述案例为2013年度，适用《广东省省级财政专项资金管理办法》（粤府〔2013〕125号），该文已于2015年3月16日废止。现自2018年12月24日起实施《广东省省级财政专项资金管理办法（试行）》（粤府〔2018〕120号）第三十二条：“对存在以下情形的，追究相关部门、市县、用款单位及责任人责任。（三）申请单位在专项资金申报、管理、使用过程中存在虚报、挤占、挪用等违法违规行为的，依法依规作出严肃处理，追回专项资金，将失信信息纳入社会信用体系实施联合奖惩，并向社会公开。情节严重的，原则上5年内停止其申报专项资金资格。”

【启示或建议】

有些单位不惜铤而走险，采取较为隐蔽的手法搞所谓的变通，利用假资料，编制假项目、骗取专项资金。上述问题的出现，说明在专项资金的项目管理某些环节方面确实存在漏洞，财政主管部门应对项目入库认真把关，从源头上管控，确保财政资金使用的安全、高效。

【案例110】虚开项目获取专项资金

某省级财政专项资金审计项目，某地市项目评审部门未及时发现多个项目重复申请情况：

1. 某企业项目申报设备购置金额1900万元中，关联交易占比52%，其中约有920万元是向申报单位母公司购置设备，申报单位与其母公司签订了多份合同，合同显示各设备的采购年份为2011年、2013年、2016年等，与项目备案证的项目建设时间（2017.1～2017.12）相差甚远。

2. 某企业项目申报，将已用于申报2017年专项资金项目的发票（金额约1300万元）作废重开，并将重开后的发票用于申报2018年省级财政资金。

3. 某公司2018年申报项目提供的项目仪器设备清单中，数控车床（价值50万元）出厂日期为2010年7月，开票日期为2017年6月14日，合同签订日期为2017年6月7日；数控铣床（价值70万元）出厂日期为2015年4月，开票日期为2017年6月14日，合同签订日期为2017年6月10日，项目申报单位存在以旧设备冒充新设备，重新签订合同，开具不实发票等不法手段获取财政扶持资金的行为。

4. 某公司三个项目申报设备核定金额分别为1209.57万元、912.85万元、513.94万元。其中，HQ合同为3个项目共用，合同内的设备重复在三个项目中申报。

5. 某公司以同一关键技术，不同项目名称同一年度申报不同专题（方向）专项资金，并均获得专项资金扶持。

【定性依据】

1. 本案例项目申报在2013年12月31日之前的，适用《广东省省级财政专项资金管理暂行规定》（粤府〔2006〕37号）第五条："新设立省级财政专项资金按以下程序报批2. 省级部门（单位）报送的申报材料应真实、准确、完整……"该文已于2014年1月1日废止。

2. 本案例项目申报在2014年1月1日至2015年3月15日期间的，适用《广东省省级财政专项资金管理办法》（粤府〔2013〕125号）第二十条："申请使用专项资金的企业、单位和个人（以下简称'申请单位'）应按专项资金管理办法申报使用专项资金。……（二）一个项目原则上只能申请一项专项资金。申请单位不得以同一项目重复申报或多头申报专项资金，同一项目确因特殊情况需申报多项专项资金，必须在申报材料中注明原因。（三）申请单位应对申报材料的真实性负责，不得弄虚作假、套骗财政专项资金。"该文已于2015年3月16日废止。

3. 本案例项目申报在2015年3月16日至2016年8月30日期间的，适用《广东省省级财政专项资金管理试行办法》（粤府〔2015〕34号）第二十一条："申请使用专项资金的企业、单位和个人（以下简称'申请单位'）应按专项资金管理办法申报使用专项资金……（二）一个项目原则上只能申请一项专项资金。申请单位不得以同一项目重复申报或多头申报专项资金。同一项目确因特殊情况需申报多项专项资金的，必须在申报材料中注明原因。（三）申请单位应对申报材料的真实性负责，不得弄虚作假和套取、骗取财政专项资金。"该文已于2016年8月31日废止。

4. 本案例项目申报在2016年8月31日至2018年12月23日期间的，适用《广东省省级财政专项资金管理试行办法》（粤府〔2015〕86号）第二十三条："申报条件。申请使用专项资金的企业、单位和个人（以下简称'申请单位'）应按有关条件和要求申报专项资金……（三）一个项目只能申请一项专项资金。申请单位不得以同一项目重复申报或多头申报专项资金。同一项目确因特殊情况需申报多项专项资金的，必须在申报材料中注明原因并说明已获得或正在申报的其他专项资金情况。（四）申报单位应对申报材料的真实性负责，不得弄虚作假和套取、骗取财政专项资金。”该文已于2018年12月24日废止。

5. 本案例项目申报在2018年12月24日至2021年12月23日期间的，适用《广东省省级财政专项资金管理办法（试行）》（粤府〔2018〕120号）第三十二条：“对存在以下情形的，追究相关部门、市县、用款单位及责任人责任。（三）申请单位在专项资金申报、管理、使用过程中存在虚报、挤占、挪用等违法违规行为的，依法依规作出严肃处理，追回专项资金，将失信信息纳入社会信用体系实施联合奖惩，并向社会公开。情节严重的，原则上5年内停止其申报专项资金资格。”

6.《广东省省级财政资金项目库管理办法（试行）》（粤财预〔2018〕263号）第十六条：“省级部门项目库管理与预算编制、执行和监督等环节相衔接，实行动态调整。每年及时对存在以下情形的项目进行清理退出……（三）重复申报的。”

【启示或建议】

有些单位不惜铤而走险，采取较为隐蔽的手法搞所谓的变通，利用假资料，编制假项目，骗取专项资金，这就需要审计人员练就火眼金睛，在细节中寻找突破点，防范审计风险。

【案例111】借扶贫名义使用公款旅游，挪用扶贫资金

B单位为X区行政单位，负责A贫困村的帮扶工作并在A村派驻了1名驻村干部。审计组对该单位2016～2018年扶贫资金使用情况实施了专项检查，扶贫资金由区财政局下拨到村，村账镇管。审计人员先查阅了B本单位涉及扶贫工作的支出，发现B单位2016年3月先后组织两批人员到A贫困村进行慰问和调研，每批调研时间各3天，其中每批调研均有1天行程安排空白。驻村干部解释，是因为选取1天作为机动时间实际根据下村时再做安排，再问当天安排的具体内容时，驻村干部以时间太久为由说不记得详细的行程了，审计人员对此保持了怀疑。实地下村审计时，审计人员在镇财政所查看了A村扶贫资金支出凭证，发现扶贫资金大部分是工程款支出，其中支付给甲工程单位的频率较高，有2笔款项共计2.6万元是以现金结算，其他则是通过转账支付。审计人员核对了提款的时间，是在B单位下村扶贫慰问和调研的时间前后。经进一步核对上述2笔现金支出的流水单据，发现该现金支出主要是餐费发票和门票存根，驻村干部交代是B单位人员下村慰问和调研时与村干部等人员到附近的风景区参观所发生的费用。

B单位利用下村慰问和调研之机，以现金支付工程款的名义，私自使用扶贫资金公款旅游，形成扶贫领域腐败和不良风气。

【定性依据】

1.《广东省精准扶贫开发资金筹集使用监管办法》（粤财农〔2016〕166号）："（二）扶贫开发资金不得用于：11. 其他扶贫到村、到户范围以外的任何支出。"

2.《省直党政机关和事业单位差旅费管理办法》（粤财行〔2014〕67号）第二十四条："工作人员出差期间，因游览或非工作需要的参观而开支的费用，均由个人自理。出差人员不得向接待单位提出正常公务活动以外的要求，不得在出差期间接受违反规定用公款支付的宴请、游览和非工作需要的参观，不得接受礼品、礼金和土特产品等。"

3.《市直党政机关和事业单位差旅费管理办法》（穗财编〔2015〕187号）第二十五条："工作人员出差期间，因游览或非工作需要的参观而开支的费用，均由个人自理。出差人员不得向接待单位提出正常公务活动以外的要求，不得在出差期间接受违反规定用公款支付的宴请、游览和非工作需要的参观，不得接受礼品、礼金和土特产品等。"

【启示或建议】

审计人员发现疑点后应深究、细核，保持职业怀疑。此外，扶贫单位要把好心中的纪律关，杜绝扶贫工作中的腐败和作风问题，严守扶贫纪律，压实扶贫工作责任。

【案例112】挤占、挪用专项资金

某省级财政专项资金绩效评价项目，存在专项资金使用不规范情况：

1. 某事业单位A项目资金支出用于购买B工程的在建工程材料（混凝土、钢筋等）且基建工程承包方为个人，项目申报时并不包括B工程。

2. 某工业园区管委会获得专项资金400万元，资金专款用于改善省厅指定的省级园区发展环境，提升园区管理水平，但其中20万元用于该管委会管辖的另一园区土地开发、基建工程等支出。

3. 某工业园区管委会财政专项资金计划用于购买专用购置打浆机、500kv

沼气发电机、沼气提纯等天然气设备，专项资金用于园区节能环保改造，但实际用于基建、其他设备支出合计70万元。

4. 某事业单位项目专项资金支出属于B生产线，与申报项目（A生产线）支出无关，挪用财政专项资金540万元。

【定性依据】

1.《行政单位财务规则》（财政部令第71号）第二十一条："行政单位从财政部门或者上级预算单位取得的项目资金，应当按照批准的项目和用途使用，专款专用、单独核算。"

2.《事业单位财务规则》（财政部令第68号）第二十三条："事业单位从财政部门和主管部门取得的有指定项目和用途的专项资金，应当专款专用、单独核算。"

3.《广东省省级财政专项资金管理办法（试行）》（粤府〔2018〕120号）第十六条："专项资金严格按经批准的预算执行……确需调剂的，省业务主管部门应在预算法和财政部门规定的范围内办理。"第十八条："专项资金下达后，项目实施单位应加快项目组织实施，按照规定的开支范围加快支出进度。当年未使用完毕的资金按照财政结转结余办法办理。"

【启示或建议】

有些单位无视专项经费使用管理规定，不惜铤而走险，自作聪明，采取隐蔽的手法搞所谓的变通，挤占、挪用专项资金，结果是天网恢恢，疏而不漏。

【案例113】违规改变专项经费用途

1. 某公立学院以承办费、部门管理费、调研总结费等名义在所承担的强师工程专项资金中提取项目管理费用，2014～2016年期间在"某地区高中教师职务培训"项目共提取项目管理费用80万元。

2. 该学院成人教育部组织的"强师工程"培训项目共有20项，其中已发生支出12项，2015年6月至2017年期间，该学院在"强师工程"专项资金中违规发放开门红慰问金、其他节日慰问金、管理酬金、管理补贴、值班补贴等合计100万元。

【定性依据】

1.《广东省强师工程专项资金管理办法》（粤财教〔2014〕86号）第十六条："专项资金应专款专用，专项用于教师队伍建设工作……不得用于发放学校教职工工资福利……任何单位不得对专项经费提取项目管理费。”

2. 本案例于2014年1月1日至2015年3月15日期间，适用《广东省省级财政专项资金管理办法》（粤府〔2013〕125号）第三十一条：“省业务主管部门、财政部门和资金使用单位必须加强对专项资金使用的管理，严格执行财务规章制度和会计核算办法，各项支出必须严格控制在批准的范围及开支标准内……”该文已于2015年3月16日废止。

3. 本案例于2015年3月16日至2016年8月30日期间，适用《广东省省级财政专项资金管理试行办法》（粤府〔2015〕34号）第三十五条：“省直有关部门、财政部门和资金使用单位必须加强对专项资金使用的管理，严格执行财务规章制度和会计核算办法，各项支出必须严格控制在批准的范围及开支标准内……”该文已于2016年8月31日废止。

4. 本案例项目申报在2016年8月31日至2018年12月23日期间的，适用《广东省省级财政专项资金管理试行办法》（粤府〔2016〕86号）第三十二条：“省直有关部门、省财政部门和用款单位必须加强对专项资金使用的管理，严格执行财务规章制度和会计核算办法，各项支出必须严格控制在批准的范围及开支标准内……”该文已于2018年12月24日废止。

【启示或建议】

高等学校应退还已列支的不合理支出，严格遵守专项资金管理规定，在规定范围内使用专项资金。

【案例114】未按预算批复的用途使用专项资金

截至2017年末，某机关“A艺术馆项目前期费用”项目尚有结余30万元。该机关将经费用于另外两个项目：B发电厂垃圾清理费16万元，“C招商引资工作经费”14万元，擅自改变了预算支出的用途。

【定性依据】

《中华人民共和国预算法》（2014年主席令第12号）第六十三条：“各部门、各单位应当加强对预算收入和支出的管理，不得截留或者动用应当上缴的预算收入，不得擅自改变预算支出的用途。”

说明：由于该案例为2017年，适用于2014年预算法修订版，目前《中华人民共和国预算法》于2018年12月29日再次修订，修订后的第六十三条内容不变。

【启示或建议】

需加强对预算支出的管理，严格按照预算批复的支出用途使用资金。

【案例 115】已结题科研项目仍列支费用

A 学院已结题的科研项目仍列支费用，据不完全统计，2013 年 1 月至 2016 年 6 月有纵向课题“A 课题”“B 课题”“C 课题”“D 课题”四个项目结题的半年后仍有列支费用，共涉及金额 50 万元。

【定性依据】

1.《教育部财政部关于进一步加强高校科研经费管理的若干意见》（教财〔2005〕11 号）第八条：“加强科研项目结余经费管理。目前，高校科研项目结余经费管理方面存在的主要问题是结题不结账……科研项目结束或通过验收后，学校科研管理部门应及时通知财务部门已结题课题的有关信息。原则上，项目负责人应在六个月内根据学校制定的科研经费结账管理办法办理结账手续。对无正当理由逾期不办结账手续的科研项目，学校有权按照校内管理办法予以结账。”

2.《教育部关于进一步贯彻执行国家科研经费管理政策加强高校科研经费管理的通知》（教财〔2011〕12 号）第一条：“（八）加强项目间接费用和结存结余经费管理……要本着勤俭节约的原则合理安排支出，最大限度地减少资金的结存结余，不得违反规定使用和转移结存结余资金。”

3. 本案例科研项目在 2013 年 12 月 31 日之前的，适用《广东省省级财政专项资金管理暂行规定》（粤府〔2006〕37 号）第十条：“省级主管部门和预算单位必须加强对专项资金使用的管理，严格执行专项资金预算……”该文已于 2014 年 1 月 1 日废止。

4. 本案例科研项目在 2014 年 1 月 1 日至 2015 年 3 月 15 日期间的，适用《广东省省级财政专项资金管理办法》（粤府〔2013〕125 号）第三十一条：“省业务主管部门、财政部门和资金使用单位必须加强对专项资金使用的管理……”该文已于 2015 年 3 月 16 日废止。

5. 本案例科研项目在 2015 年 3 月 16 日至 2016 年 8 月 30 日期间的，适用《广东省省级财政专项资金管理试行办法》（粤府〔2015〕34 号）第三十五条：“省直有关部门、财政部门和资金使用单位必须加强对专项资金使用的管理……”第三十八条：“省财政部门应建立结转结余资金定期清理机制，加强跟踪监控，厘清存量、分类处理。省直有关部门应定期组织本单位结转结余资金清理工作，建立支出台账，及时提出处理方案。加大对结转结余资金统筹使用力度……连续两年未用完的结转资金，应当作为结余资金统筹管理。”该文已于2016年8月31日废止。

6. 本案例科研项目在2016年8月31日至2018年12月23日期间的，适用《广东省省级财政专项资金管理试行办法》（粤府〔2016〕86号）第三十二条：“省直有关部门、省财政部门和用款单位必须加强对专项资金使用的管理……各项支出必须严格控制在批准的范围及开支标准内。”第三十六条：“省财政部门应建立结转结余资金定期清理机制，加强跟踪监控，厘清存量、分类处理。省直有关部门应定期组织开展本单位结转结余资金清理工作，建立支出台账，及时提出处理方案。加强对结转结余资金统筹使用力度……连续两年未用完的结转资金，应当作为结余资金统筹管理。”该文已于2018年12月24日废止。

【启示或建议】

各高校要进一步加强科研工作责任管理，规范科研项目结账，严格执行科研经费使用各项管理规定，强化财务监督，逐步建立科研经费绩效考核制度，对科研项目所取得的社会效益与经济效益进行考核和评价，提高项目管理水平和资金使用效益。

各高校要建立健全科研经费使用和管理的监督约束机制，对科研项目负责人使用科研经费实施有效监督，对检查中发现的问题，应及时纠正，做到手续完备，账目清楚，核算准确，监督有力，确保科研项目资金安全并合理使用。

【案例116】科研项目专项资金列支与项目无关的经费

A学院2012年至2016年，科研项目专项资金中列支科研任务无关的支出（如：茶叶、礼品、商品百货、茶具等）共计30万元，其中：纵向科研项目金额25万元，横向科研项目金额5万元。

【定性依据】

1. 《教育部关于进一步贯彻执行国家科研经费管理政策加强高校科研经费管理的通知》（教财〔2011〕12号）：“一、严格执行国家科研经费管理政策，规范科研经费使用（六）加强科研活动支出管理。科研人员在开展科研活动过程中发生的支出，应与科研任务具有相关性，不得将无关的支出在科研经费中列支；必须取得真实、合法票据进行财务报销，不得使用假发票；

必须按照实际开展的科研活动据实支出，不得虚构经济业务或通过非法手段取得票据套取科研经费。”

2.《国务院关于改进加强中央财政科研项目和资金管理的若干意见》（国发〔2014〕11号）第五条：“（十六）规范直接费用支出管理。科学界定与项目研究直接相关的支出范围，各类科技计划（专项、基金等）的支出科目和标准原则上应保持一致。”

说明：本案例为2012年至2016年，上述法规均有效，在新办法施行前立项，项目执行期已结束、进入结题验收环节的项目，按照原政策执行，不做调整。新办法施行后立项执行的按照新政策。

3.《广东省财政厅关于省级财政社会科学研究项目资金的管理办法》（粤财规〔2018〕1号）第五条：“项目资金支出是指在项目组织实施过程中与研究活动相关的、由项目资金支付的各项费用支出……”第九条：“项目负责人应当按照目标相关性、政策相符性和经济合理性原则，根据项目研究需要和资金开支范围，科学合理、实事求是地编制项目预算，并对直接费用支出的主要用途和测算理由等作出说明。”

4.《广东省财政厅广东省审计厅关于省级财政科研项目资金的管理监督办法》（粤财规〔2019〕5号）第十一条：“项目资金支出是指在项目组织实施过程中与研究活动相关的、由项目资金支付的各项费用支出……”第十七条：“项目负责人根据目标相关性、政策相符性和经济合理性原则，编制项目收入预算和支出预算。”

【启示或建议】

高校需建立和完善科研预算审核和科研经费会计核算制度，加强科研项目的核算，确保核算内容和财务信息的真实、准确和完整。二要建立科学的项目考核评价机制，加强绩效评估，注重科研经费使用效益。三是各高校建立项目绩效情况公示、项目信息公开以及违规使用科研经费行为公开制度，接受群众监督；四是定期对科研经费的使用和管理进行检查，及时发现问题并尽早在校内得到解决，确保科研经费合理使用。

【案例117】专项经费支出依据不充分

A公立医院专项经费的支出依据不充分，2015年12月列支与其他医院D合作项目费用350万元，后仅附加盖A医院财务专用章的2015年医院对口合作项目决算表，无行政事业单位资金往来结算票据和A医院的复核记录以及双方的合作项目协议。

【定性依据】

《行政事业单位内部控制规范（试行）》（财会〔2012〕21号）第三十条："（二）加强支出审核控制。全面审核各类单据。重点审核单据来源是否合法，内容是否真实、完整，使用是否准确，是否符合预算，审批手续是否齐全。"

【启示或建议】

医院要完善内部控制，加强对报销资料审核，完善报销手续。确保审批手续齐全。

【案例118】专项支出手续不合规

2017年A公立学院委托会计师事务所对其院长任职期间所涉及的相关校企合作办学事件进行了审计。审计人员查看财务账目发现其他应付款中有一笔12月23日67号凭证丁教师借支备用金25万元，借备用金名义为"微课系统软件与实践教学标准化研制费用"，后附一份12月23日与B有限公司签订的校企合作项目协议书，但该协议书约定的项目实施内容不清晰，仅约定双方自签订之日起10日内确定实施细则后A学院再支付全部费用。而2017年12月26日68号凭证该笔备用金借支款已冲抵并增记费用25万元，后附经办人为丁教师的费用报销单和B有限公司于12月26日开具的发票，却无项目的实施细则。A学院在未明确项目实施细则的情况下，已支付了全部款项，难以督促对方履行相应的义务，财政资金安全难以得到保障，该支出缺乏合理性。

【定性依据】

《行政事业单位内部控制规范（试行）》（财会〔2012〕21号）第三十条："（二）加强支出审核控制。全面审核各类单据。重点审核单据来源是否合法，内容是否真实、完整，使用是否准确，是否符合预算，审批手续是否齐全。支出凭证应当附反映支出明细内容的原始单据。"

【启示或建议】

1. 学院应进一步核实支出业务的必要性和真实性，对于合理的支出，应补充、完善相关资料；对于不合理的支出需予以退回。

2. 对于校企合作的相关事宜，应成立专门机构协调校企合作如行业协会，在校企之间搭建桥梁，通过协会之间的沟通，共同监督签订合同实施内容的完整性和明确性，共同促进校企之间的合作的顺利进行。

【案例 119】科研经费支出缺乏相关性、合理性

某医院2017年5月支付给某医药科技有限公司技术服务费计15万元，其中6万元计入国家自然基金A分子机理研究项目，9万元计入省卫生指令性计划B分子机制研究项目，后附两张发票，无其他与课题相关的佐证材料，难以界定支出与课题的相关性及合理性。

【定性依据】

1.《行政事业单位内部控制规范（试行）》（财会〔2012〕21号）第三十条："（二）加强支出审核控制。全面审核各类单据。重点审核单据来源是否合法，内容是否真实、完整，使用是否准确，是否符合预算，审批手续是否齐全。支出凭证应当附反映支出明细内容的原始单据。"

2.《国务院关于改进加强中央财政科研项目和资金管理的若干意见》（国发〔2014〕11号）第五条："（十六）规范直接费用支出管理。科学界定与项目研究直接相关的支出范围，各类科技计划（专项、基金等）的支出科目和标准原则上应保持一致。"

说明：本案例涉及课题为2017年以前立项，在新办法施行前立项，项目执行期已结束、进入结题验收环节的项目，按照原政策执行，不做调整。新办法施行后立项执行的按照新政策。

3.《广东省财政厅关于省级财政社会科学研究项目资金的管理办法》（粤财规〔2018〕1号）第五条："项目资金支出是指在项目组织实施过程中与研究活动相关的、由项目资金支付的各项费用支出……"第九条："项目负责人应当按照目标相关性、政策相符性和经济合理性原则，根据项目研究需要和资金开支范围，科学合理、实事求是地编制项目预算，并对直接费用支出的主要用途和测算理由等作出说明。"

4.《广东省财政厅广东省审计厅关于省级财政科研项目资金的管理监督办法》（粤财规〔2019〕5号）第十一条："项目资金支出是指在项目组织实施过程中与研究活动相关的、由项目资金支付的各项费用支出……"第十七条："项目负责人根据目标相关性、政策相符性和经济合理性原则，编制项目收入预算和支出预算。"

【启示或建议】

目前，国家进一步简政放权、放管结合、优化服务、强化落实，改革和创新科研经费使用和管理方式，在经费比重、开支范围、科目设置等方面提出了一系列“松绑+激励”的措施，有利于激发科研人员创新创造活力。但并不等于科研经费可以乱花、随便花，项目承担单位应制定内部管理办法，规范财务支出行为，完善内部风险防控机制，强化资金使用绩效评价；实行内部公开制度，主动公开项目预算、预算调剂、资金使用、研究成果等情况。

3.8.3 本节小结

专项资金是国家或有关部门或上级部门下拨行政事业单位、企业等具有专门指定用途或特殊用途的资金。这种资金通常要求进行单独核算，专款专用，不能挪作他用，当前各种制度和规定中，专项资金有着不同的名称，如专项支出、项目支出、专项应付款等，但从总体看，其含义又是基本一致的。

专项资金有三个特点：一是来源于财政或上级单位；二是用于特定事项；三是需要单独核算。财政专项资金往往涉及的金额大、单位和人员多、政策性较强，在实际使用过程中，仍然存在未能专款专用，使用效果不佳等问题。

造成上述问题的主要原因：一是未对项目的具体情况进行严格、全面的了解，项目可行性分析缺乏、前期调研论证不充分，导致前期工作基础薄弱，致使后期的资金使用存在隐患。二是缺乏资金使用全过程的科学有效的管理控制，对财政专项资金的申报、审批、接收、分配以及后期流向、收益等过程的管理不到位、不严格、不具体。往往出现问题再亡羊补牢，从而造成资金使用效果不理想。三是缺乏完善、有效的监督管理，文件明确规定专项资金必需专款专用，而在实际过程中财政专项资金在下发过程中被“层层剥皮”，专项资金挪作他用或未单独核算等问题层出不穷。有些单位为了不上缴专项结余资金，在项目快结束时用于他处，从而造成资金使用的浪费。主管部门应加强财政专项资金的事前、事中以及事后监督。

开展专项资金审计，应关注以下“六个环节”：一是关注项目申报资料的真实性和审批是否合规。二是关注项目管理部门和资金使用单位是否建立了规范有效的管理和内部控制制度。三是关注项目资金的分配环节。分配过程中是否存在随意性大、透明度差、转移资金流向、“暗箱操作”等现象。四是专项资金到位情况，是否按规定程序及时足额的拨付资金，有无滞留、截留、挤占挪用情况。五是关注项目资金的使用和管理环节。检查支出的审批程序是否合规；用途是否符合要求，有无随意扩大规模，提高标准，损失浪费、是否存在未进行单独建账核算等现象；六是项目的验收和绩效评价，是否按时、按质、按量验收，同时也要注意有无随意侵占专项资金、项目经费与其他经费混合使用、挤占、挪用的行为。此外应对专项资金使用的效率和效果进行绩效评价。

3.9 工会经费

3.9.1 常见问题及表现形式

1. 未按规定配备会计人员、建账。
2. 工会内部管理体系不完善。
3. 未编制工会经费收支预算。
4. 工会经费计提与支付不规范。
5. 发放工会慰问品无实名签收表。
6. 扩大工会经费开支范围。
7. 工会经费报销未取得合法票据。

3.9.2 审计案例

【案例 120】未按规定建账及配备会计人员

审计发现，2018 年某机关工会委托所在单位非财务人员负责登记工会出纳日记账，未按规定填制会计凭证、设立会计账簿及编制工会财务报表。

【定性依据】

《工会财务会计管理规范》（总工办发〔2013〕20 号）第三条："按照《会计法》《会计基础工作规范》以及全国总工会的有关规定设置财务会计机构、配备业务素质相适应的会计人员。"第十五条："按照《会计法》《会计基础工作规范》《工会会计制度》等规定建账。"

【启示或建议】

各行政事业单位应按规定配备会计人员及建账。

【案例 121】工会内部管理体系不完善

2018 年审计发现，某局工会未建立完善的内部控制体系，未完善岗位责任制度和内部稽核制度，未对补助和慰问金的相关规定形成书面文件。

【定性依据】

《工会会计制度》（财会〔2009〕7 号）第五条："各级工会应当建立健全内部控制体系，完善岗位责任制度和内部稽核制度。"

【启示或建议】

行政事业单位应健全本单位工会管理内部管理制度，工会活动才能有序开展，工会经费管理有规可循。

【案例 122】未编制工会经费收支预算

2018 年审计发现，某机关工会未编制工会经费收支预算交上级主管工会批准。

【定性依据】

《基层工会经费收支管理办法》（总工办发〔2017〕32 号）第三条："基层工会经费收支管理应遵循以下原则：（三）预算管理原则。基层工会应按照《工会预算管理办法》的要求，将单位各项收支全部纳入预算管理。基层工会经费年度收支预算（含调整预算）需经同级工会委员会和工会经费审查委员会审查同意，并报上级主管工会批准。"

【启示或建议】

工会应按照相关规定的要求，将本单位工会各项收支全部纳入预算管理（含调整预算），报上级主管工会批准。根据批准的年度预算组织各项收入，合理安排各项支出。

【案例 123】工会经费计提与支付不规范

1. 某公立医院工会经费计提与核算不规范，该医院未按每月全部职工工资总额的百分之二向工会拨缴经费，而且支付工会经费未取得专用收据。2013～2015 年支付工会经费合计 46 万元，均未附工会专用收款收据。

2. 某机关单位 2018 年按会员本人每月工资收入的 5‰计算收取会员费，但未将该会员费划拨给本单位工会。

【定性依据】

1.《中华人民共和国工会法》（2009 年修订）第四十二条："（二）建立

工会组织的企业、事业单位、机关按每月全部职工工资总额的百分之二向工会拨缴经费。”

2.《关于工会经费收入专用收据使用管理暂行办法》（工财字〔2010〕119号）第七条：“工会取得以下工会经费收入，使用专用收据：（一）工会会员缴纳的会费；（二）建立工会组织的企业、事业单位、机关和其他社会组织按每月全部职工工资总额的百分之二向工会拨缴的经费或者建会筹备金……”

3.《基层工会经费收支管理办法》（总工办发〔2017〕32号）第四条：“基层工会经费收入范围包括：（一）会费收入。会费收入是指工会会员依照全国总工会规定按本人工资收入的5‰向所在基层工会缴纳的会费……”

【启示或建议】

行政事业单位应严格按照规定向工会拨缴经费，收取工会会员会费，保证工会的正常运行，完善工会财务核算。

【案例124】发放工会慰问品无实名签收表

某机关工会经费管理不规范，工会发放慰问品、电影票未见实名签收表，涉及金额40万元，该机关工会2019年1月列支发放春节慰问品共计300份，发放金额10万元，未见实名签收表。2019年3月、5月支付电影票款合计16万元，共发放4000份电影票，未见实名签收表。2019年4月发放清明节慰问品共计400份14万元，人均350元，未见实名签收表。

【定性依据】

《广东省基层工会经费收支管理实施细则（试行）》（粤工总〔2018〕5号）第三十四条：“基层工会应完善发放手续。对个人发放奖励、补助、慰问金、帮扶救助款、慰问品、奖品、纪念品、蛋糕券、入场券等时，要求审批手续齐全，实名制发放，并实名签收。”

【启示或建议】

应加强工会经费管理，工会活动要有序开展，工会经费支出报销手续要完备。

【案例125】扩大工会经费开支范围

1. 2018年，某机关单位工会组织春游和秋游活动，安排职工在外地过夜，住宿费2万元在工会经费报销，安排过夜并报销住宿费违反相关规定，基层工会可用会费开展春游和秋游活动，但活动应当日往返。

2. 某机关单位工会2019年举办技能培训，支付培训费给本单位职工2000元作为讲课费用，直接作工会费用列支，基层工会举办技能培训等活动，向内部人员发放劳务费，违反相关规定。

【定性依据】

《广东省基层工会经费收支管理实施细则（试行）》（粤工总〔2018〕5号）第十七条："基层工会可用会费开展春游秋游活动和为会员购买当地公园年票。春游秋游活动应当日往返，不得到有关部门明令禁止的风景名胜区开展，可安排工作餐，开支交通费。"第三十条："鼓励基层工会协助单位充分利用职业院校、社区学院、社会培训机构等教育培训资源，为职工教育提供方便快捷的学习和培训服务。职工教育经费列支范围包括：上岗和转岗培训，各类岗位适应性培训，岗位培训、职业技术等级培训、高技能人才培训，专业技术人员继续教育，特种作业人员培训，企业组织的职工外送培训的经费支出，职工参加的职业技能鉴定、职业资格认证、职业技能竞赛等经费支出，购置教学设备与设施，职工岗位自学成才奖励费用，职工教育培训管理费用与有关职工教育的其他开支。"

【启示或建议】

基层工会应组织学习工会的收支管理规定，按规定组织工会活动及开销工会经费。

【案例126】工会经费报销未取得合法票据

审计发现，某工会与A瑜伽店于2017年5月签署瑜伽培训合同，而发票开具单位为B税务咨询服务有限公司，该行为违规。

【定性依据】

《中华人民共和国发票管理办法》（2010年国务院令第587号修改）第二十二条："（二）让他人为自己开具与实际经营业务情况不符的发票……"

说明：由于该案例为2017年，适用于2010年发票管理办法修改版，目前《中华人民共和国发票管理办法》（国令第709号）于2019年3月2日再次修改，修改后的第二十二条（二）内容不变。

【启示或建议】

基层工会采购服务时取得发票应与合同相对方一致，避免成为某些人避税的手段。

3.9.3 本节小结

目前基层各单位工会经济活动日益频繁，各单位工会经费收支规模不断增长，国家相继颁布了《中华人民共和国工会法》《中国工会章程》《工会会计制度》《工会预算管理办法》《基层工会经费收支管理办法》，还有《广东省基层工会经费收支管理实施细则（试行）》等有关工会经费法律法规，各级审计机关也加强对工会经费的审计监督，发挥工会经费的使用效益，促进工会经济活动规范运作。

审计人员在对基层工会审计过程中就应当“抓住重点，对症下药”，可以从以下几个方面入手：

1. 强化对工会法规、制度的学习。审计人员对各行政事业单位实施工会经费审计时，要严格区分正常的职工福利与通过工会滥用财政经费，吃透工会经费的相关文件，把握审计尺度，对工会活动、工会福利支出的经费审批流程、内容、用途进行甄别。

2. 明确工会审计重点关注内容。工会经费审计主要是指对工会经费的缴纳、使用管理等方面的审计，审计人员重点关注工会经费收支预算、决算情况、经费收缴情况、工会经费使用情况、内部控制制度建立和执行情况，评价基层工会是否能根据有关法律、法规和上级工会的要求收缴工会经费、量入为出、收支平衡、略有节余。

3. 了解工会经费常见问题及表现形式。当前基层工会经费主要存在未编制工会经费收支预算、未交上级主管工会批准备案；经费支出不规范，扩大开支范围；财务核算、票据管理不规范；工会经费的管理与使用没有严格的监督等问题。

3.10 食堂支出管理

3.10.1 常见问题及表现形式

1. 食堂支出缺乏预算、内部管理制度监管。

2. 虚列食堂支出，套取资金。
3. 食堂台账记录不完整，资产存在缺失风险。
4. 食堂支出挤占其他预算资金。
5. 食堂对外承包收入不入账。

3.10.2 审计案例

【案例127】食堂支出缺乏预算、内部管理制度监管

2018年审计发现，某局未建立健全食堂内部管理制度，食堂采购项目未编制预算，缺乏对食堂开支的考核与监管。

【定性依据】

1.《行政事业单位内部控制规范（试行）》（财会〔2012〕21号）第二十九条："单位应当建立健全支出内部管理制度，确定单位经济活动的各项支出标准，明确支出报销流程，按照规定办理支出事项。"第二十条："单位的预算编制应当做到程序规范、方法科学、编制及时、内容完整、项目细化、数据准确。"第二十一条："单位应当根据内设部门的职责和分工，对按照法定程序批复的预算在单位内部进行指标分解、审批下达，规范内部预算追加调整程序，发挥预算对经济活动的管控作用。"

2.《行政单位财务规则》（中华人民共和国财政部令第71号）第四条："行政单位财务管理的主要任务是：（一）科学、合理编制预算，严格预算执行，完整、准确、及时编制决算，真实反映单位财务状况；（二）建立健全财务管理制度，实施预算绩效管理，加强对行政单位财务活动的控制和监督。"

【启示或建议】

行政事业单位应完善食堂支出的预算管理，健全食堂内部管理制度，增强预算和制度的约束。

【案例128】虚列食堂支出，用于接待费、职工福利

某机关2018年食堂支出400万元，经匡算人均支出异常，检查其食堂台账，除正常的采购食材支出，食堂台账记录"其他"支出明细项目，支出共200万元，其中用于支出接待费100万元，接待无明细内容；用于职工个人实物津补贴100万元，由职工在某些超市消费记账，统一由食堂结算。

【定性依据】

1.《党政机关国内公务接待管理规定》（中办发〔2013〕22号）第七条："接待单位应当根据规定的接待范围，严格接待审批控制，对能够合并的公务接待统筹安排。无公函的公务活动和来访人员一律不予接待。公务活动结束后，接待单位应当如实填写接待清单，并由相关负责人审签。接待清单包括接待对象的单位、姓名、职务和公务活动项目、时间、场所、费用等内容。"

2.《中纪委、中组部、监察部、财政部、人事部、审计署关于规范公务员津贴补贴问题的通知》（中纪发〔2006〕17号）："三、工作要求 规范公务员津贴补贴后，各部门、各单位一律不准自行新设津贴补贴项目；一律不准自行提高津贴补贴标准和扩大实施范围；一律不准自行扩大有关经费开支范围和提高开支标准发放津贴补贴、奖金和福利；一律不准发放有价证券和实物。"

3.《广东省党政机关厉行节约反对浪费实施细则》（粤发〔2014〕7号）第二十一条："不得以举办会议、培训等名义列支、转移、隐匿接待费开支。"

【启示或建议】

行政事业单位应对食堂支出加强管理和监督，严控以食堂名义发放津补贴、列支无明细招待费等违规情况。

【案例129】套取食堂经费

审计发现，某局会计账面食堂支出为200万元，其食堂台账支出金额为100万元，会计账比食堂台账多列支100万元，检查发现，台账多列支100万元的采购票据，开票内容大部分为各种高档食材、干货，并非食堂日常食材，且无送货交接手续，无法确认其支出真实性，经了解，该支出有的用于各部门购买高级酒水、茶叶、礼品作为招待、送礼用，有的支出无真实交易，仅取得票据报销，虚报冒领食堂经费。

【定性依据】

1.《行政事业单位内部控制规范（试行）》（财会〔2012〕21号）第三十条："（二）加强支出审核控制。全面审核各类单据。重点审核单据来源是否合法，内容是否真实、完整，使用是否准确，是否符合预算，审批手续是否齐全。支出凭证应当附反映支出明细内容的原始单据，并由经办人员签字或盖章，超出规定标准的支出事项应由经办人员说明原因并附审批依据，确保与经济业务事项相符。"

2.《广东省党政机关厉行节约反对浪费实施细则》(粤发〔2014〕7号)第八条:"党政机关应当遵循先有预算、后有支出的原则,严格执行预算,严禁超预算或者无预算安排支出,严禁虚列支出、转移或者套取预算资金。"第二十一条:"不得以举办会议、培训等名义列支、转移、隐匿接待费开支。"

3.《广东省党政机关国内公务接待管理办法》(粤办发〔2014〕12号)第十六条:"不得以任何名义赠送礼金、有价证券、纪念品和土特产品等。"

【启示或建议】

行政事业单位应加强党风廉政教育,对食堂支出加强管理和监督,防止行政资金沉淀到食堂,违纪违规虚列食堂支出。

【案例130】食堂采购记录不完整,资产存在缺失风险

某党校采购食堂用品,记录不完整,存在管理漏洞,资产存在缺失风险,其食堂支出台账记录食堂从B超市有限公司采购商品挂账情况,审计发现,从该超市采购的商品,仅有"B超市有限公司挂账单",无采购小票或送货交接单,采购记录不完整,难以确定是否为食堂采购支出,2017年涉及金额30万元,2018年涉及金额40万元。

【定性依据】

1.《会计基础工作规范》(财会字〔1996〕19号)第四十八条:"原始凭证的基本要求是:(三)购买实物的原始凭证,必须有验收证明。"

说明:由于该案例为2017~2018年,适用上述文件。《会计基础工作规范》于2019年3月14日修订(2019年财政部令第98号),修改后适用:第四十八条:"原始凭证的基本要求是:(三)凡填有大写和小写金额的原始凭证,大写与小写金额必须相符。购买实物的原始凭证,必须有验收证明。支付款项的原始凭证,必须有收款单位和收款人的收款证明。"

2.《行政事业单位内部控制规范(试行)》(财会〔2012〕21号)第三十条:"(二)加强支出审核控制。全面审核各类单据。重点审核单据来源是否合法,内容是否真实、完整,使用是否准确,是否符合预算,审批手续是否齐全。支出凭证应当附反映支出明细内容的原始单据。"

【启示或建议】

行政事业单位应对食堂食材采购的验收入库、领用加强管理,完善食堂收支台账记录。

【案例131】食堂支出挤占单位预算资金

据某机关2017年食堂台账，当年支出200万元，但决算报表及会计账上仅支出150万元，经核实，多支出的部分列在物业管理费、委托业务费、办公费、项目支出等科目，食堂费用挤占单位其他科目预算资金。

【定性依据】

《中华人民共和国预算法实施条例》（国务院令〔1995〕第186号）第三十八条："各级政府、各部门、各单位应当加强对预算支出的管理，严格执行预算和财政制度，不得擅自扩大支出范围、提高开支标准；严格按照预算规定的支出用途使用资金；建立健全财务制度和会计核算体系，按照标准考核、监督，提高资金使用效益。"

【启示或建议】

行政事业单位应将食堂支出与单位其他经费支加以区分，严防以虚列食堂采购业务的形式将单位的一些的非正常开支在食堂运行支出中列账。

【案例132】食堂对外承包收入不入账

2018年审计某公立院校，盘点发现有些固定资产由B公司承包食堂使用，根据其承包合同，这些固定资产在承包期由B公司使用，承包期为3年，由此发现该学校每年可收到承包费8万元，但账上并无此收入，经询问及核实，该款项承包商以现金形式直接交给学校出纳，学校不入账，将该款项以现金形式发放给教职工作为福利。

【定性依据】

《中华人民共和国会计法》（2017年主席令第81号修正）第九条："各单位必须根据实际发生的经济业务事项进行会计核算。"第十六条："各单位发生的各项经济业务事项应当在依法设置的会计账簿上统一登记、核算。"

【启示或建议】

食堂承包收入不入账，成为"小金库"资金来源，承包收入不纳入单位核算，账外循环用作职工津补贴或其他不合理开支。内部食堂的收支是单位财务的一部分，必须接受财政监督，行政事业单位应强化对单位内部食堂的财政监督，通过检查，督促其逐步规范和完善内部食堂的管理。

3.10.3 本节小结

1. 某些单位食堂管理松弛，存在各种违规情况，总结如下：

（1）食堂支出缺乏预算约束，年初编制预算未细化，食堂支出不明细，未建立健全食堂内部管理制度，缺乏对食堂开支的考核与监管。

（2）食堂管理欠规范。部分单位会计账上未设食堂明细账，无法反映全年每月食堂支出；食堂支出掺杂了其他的报销支出；食堂支出凭证未附实物的交接验收单，无法反映实际采购的内容、数量和责任人，而食堂又未设收支台账或台账记录不完整；个人伙食补贴标准随意性大；食堂采购达到公开招标标准未按规定招标，未达到招标标准的未按本单位采购流程确定供应商，未按规定签订合同或只是形式上签订合同，签订的合同缺少标的数量、价款等必备条款。

（3）虚列违规事项支出严重。一些单位因采购只取得收据或白条，就找发票抵顶，真假难辨，开支随意性大，还有的趁此机会在食堂的费用中虚列费用：以食堂支出名义发放实物津补贴、加班补助、奖金、有价证券、商业预付卡等，超标准接待费、会议费、培训费，违规开支烟酒茶、请客送礼等。

2. 为进一步规范食堂财务管理，堵塞漏洞，有效加强对食堂的监督和控制，建议采取以下措施：

（1）对食堂支出进行预算细化，并建立健全单位食堂各项管理制度，包括食材采购供应商的确定、合同的签订、食材收支台账记录、与食堂供应商的对账、职工伙食补贴标准等。

（2）在工作中严格按预算和食堂财务管理制度执行食堂管理，严格按行政事业单位内控规范控制食堂支出。

（3）不断强化监督，事前、事中和事后全程跟踪，对于腐败行为重点整治，全面落实整改，从根本上根治恶疾。

3.11 其他支出问题

3.11.1 常见问题及表现形式

1. 采购无支出明细、进仓单等；

2. 虚开发票套取经费；
3. 费用支出白条入账；
4. 费用发票开具人与收款人不一致；
5. 报销凭证不合规、不完整。

3.11.2 审计案例

【案例133】采购办公用品无支出明细清单

1. 审计发现，某局采购办公用品无支出明细清单，抽查“办公费”科目凭证，2018年度存在采购办公用品无支出明细清单情况，涉及金额3万元。

2. 某中心报销制度执行不到位，2017年报销用品7000元时，凭证后附内容为“用品”的发票一张，没有对应的用品清单、进仓单等。

【定性依据】

《行政事业单位内部控制规范（试行）的通知》（财会〔2012〕21号）第三十条：“（二）加强支出审核控制。全面审核各类单据。重点审核单据来源是否合法，内容是否真实、完整，使用是否准确，是否符合预算，审批手续是否齐全。支出凭证应当附反映支出明细内容的原始单据。”

【启示或建议】

行政事业单位采购办公用品等物品记录应提供采购的明细内容，防止虚列费用。

【案例134】虚列费用支出

1. 审计发现，某局2018年决算报表显示物业管理费列支金额较大，抽查其一些凭证，发现物业管理费列支并非物业管理费，而是采购一些物业清洁用品，经统计，采购的物品包括杀虫剂30000瓶、洗洁精20000瓶、空气清新剂10000支等等，金额合计50万元，该局一个年度根本消耗不了这么大量的物业用品，所采购的清洁用品超出合理用度，且采购手续不完整，采购的原始凭证为发票及附列清单，无入库验收单，相关部门亦未建立物业用品领用台账，无法提供领用记录，经核实，该项采购为虚开发票套取财政经费。

2. 某局2018年水费列支金额较大，抽查其支出原始凭证，发现其除采购日常办公饮用桶装水外，还成批量按箱采购矿泉水、纯净水，2018年度矿泉水、纯净水支出50万元，无入库验收单，也并无相关人员领用记录，抽查其原始凭证，有的为市面上价格昂贵的名牌产品，如5月32号凭证，支出4万元，采购昆仑山雪山矿泉水、恒大冰泉、农夫山泉等400箱，手续不完整，采购的原始凭证为发票及附列清单，无入库验收单，也并无相关人员领用记录，检查其余月份也是类似情况，该采购量超出饮用水合理用度，经核实，该类采购为虚开发票套取财政经费。

【定性依据】

1.《会计基础工作规范》（财会字〔1996〕19号）第四十八条："原始凭证的基本要求是：（三）购买实物的原始凭证，必须有验收证明。"

说明：由于该案例为2017~2018年，适用上述文件，《会计基础工作规范》于2019年3月14日修订（2019年财政部令第98号），修改后适用第四十八条："原始凭证的基本要求是：（三）凡填有大写和小写金额的原始凭证，大写与小写金额必须相符。购买实物的原始凭证，必须有验收证明。支付款项的原始凭证，必须有收款单位和收款人的收款证明。"

2.《行政事业单位内部控制规范（试行）》（财会〔2012〕21号）第三十条："（二）加强支出审核控制。全面审核各类单据。重点审核单据来源是否合法，内容是否真实、完整。"第四十四条："单位应当加强对实物资产和无形资产的管理……（三）建立资产台账，加强资产的实物管理。"

3.《广东省党政机关厉行节约反对浪费实施细则》（粤发〔2014〕7号）第八条："党政机关应当遵循先有预算、后有支出的原则，严格执行预算，严禁超预算或者无预算安排支出，严禁虚列支出、转移或者套取预算资金。"

【启示或建议】

行政事业单位采购物品时应保持资金流、发票流、物流一致，使用频繁、使用量较大的物品应完善台账的管理，防止以发票套取财政资金。

【案例135】白条入账

某公立医院存在支付费用白条入账的现象，如2014年12月支付职工黄某差旅费7万元，凭证附件只有支付证明单；2014年11月支付职工黄某2012年电话补贴费12万元，凭证附件只有支付证明单，无行程单、发票等相关佐证资料。

【定性依据】

1.《中华人民共和国会计法》（1999年主席令第24号修订）第十四条：

“会计机构、会计人员必须按照国家统一的会计制度的规定对原始凭证进行审核，对不真实、不合法的原始凭证有权不予接受，并向单位负责人报告；对记载不准确、不完整的原始凭证予以退回，并要求按照国家统一的会计制度的规定更正、补充。”

说明：由于该案例为2014年，适用会计法1999年修订版，目前《中华人民共和国会计法》（2017年主席令第81号）已于2017年11月4日修改，修改后第十四条内容不变。

2.《行政事业单位内部控制规范（试行）》（财会〔2012〕21号）第三十条：“（二）加强支出审核控制。全面审核各类单据。重点审核单据来源是否合法，内容是否真实、完整，使用是否准确，是否符合预算，审批手续是否齐全。支出凭证应当附反映支出明细内容的原始单据，并由经办人员签字或盖章，超出规定标准的支出事项应由经办人员说明原因并附审批依据，确保与经济业务事项相符。”

【启示或建议】

行政事业单位应进一步加强原始凭证的审核力度，对不真实、不合法、不准确、不完整的原始单据，应不予接受并退回经办部门重新办理。

【案例136】费用发票开具人与收款人不一致

某公立医院存在费用发票开具人与收款人不一致的情况：2014年1月在经营费用中列支运输费50万元，发票开具单位为某物流服务有限公司，收款人为分别为许先生20万元、林先生30万元；2014年12月在财政项目补助支出中列支某生物学活性的影响研究项目支出2万元，其中一张费用报销单报销动物及饲料0.8万元，发票开具单位为长沙市某生物技术有限公司，收款人为林先生，经核实，以上两费用是由私人提供服务，为避个人所得税，由收款方找其他公司代开发票。

【定性依据】

《行政事业单位内部控制规范（试行）》（财会〔2012〕21号）第三十条：“（二）加强支出审核控制。全面审核各类单据。重点审核单据来源是否合法，内容是否真实、完整，使用是否准确，是否符合预算，审批手续是否齐全。支出凭证应当附反映支出明细内容的原始单据，并由经办人员签字或盖章，超出规定标准的支出事项应由经办人员说明原因并附审批依据，确保与经济业务事项相符。”

【启示或建议】

行政事业单位采购时应保持资金流、发票流、物流一致性，并加强支出审批，严格审核报销费用的真实性，对于不真实的票据，予以退回，拒绝报销，避免税务风险。

【案例137】报销原始凭证不完整

1. A高等学校2017年银行支付广东某电子商务有限公司合作共建实体店实习基地的费用24万元，后附付款申请书和合作协议，未见相关发票。

2. 广州市某公办幼儿园2015年支付校车维修费2万元，未取得维修清单；支付教师活动聚餐费1万元，未附就餐人员名单，购户外玩具5万元，未取得购物清单；购教师律动操节比赛服2万元，未附运动鞋及表演服领用签收单；购买的粮油杂货、水果、牛奶等支出3万元发票无销货单位的盖章；支付音体室设备款4万元、购消毒柜3万元、购玩具2万元，均未附验收单。

【定性依据】

1.《中华人民共和国发票管理办法》（2010年国务院令第587号修改）第二十条："单位和从事生产、经营活动的个人在购买商品、接受服务以及从事其他经营活动支付款项，应当向收款方取得发票。"

说明：由于上述案例分别为2017年、2015年，适用于2010年发票管理办法修改版，目前《中华人民共和国发票管理办法》（国务院令第709号）于2019年3月2日再次修改，修改后的第二十条内容不变。

2.《行政事业单位内部控制规范（试行）》（财会〔2012〕21号）第三十条："（二）加强支出审核控制。全面审核各类单据。重点审核单据来源是否合法，内容是否真实、完整，使用是否准确，是否符合预算，审批手续是否齐全。支出凭证应当附反映支出明细内容的原始单据，并由经办人员签字或盖章，超出规定标准的支出事项应由经办人员说明原因并附审批依据，确保与经济业务事项相符。"

【启示或建议】

应加强对支出的审核力度，对相关资料不完整的经济事项要求业务部门补充，待补充完整相关资料后方予支付款项。

【案例138】列支成本费用未取得合法票据

某公办幼儿园列支成本费用未取得合法票据，如2016年由广州某通信技术有限公司开具的发票存在如下问题：2016年2月购电脑电视支出3万元，取得增值税普通发票，经在广东省国家税务局网上查验，该发票开票信息与税务机关采集的信息存在不一致；2016 年 8 月购电脑、电视、实物展台支出 5 万元，取得增值税普通发票，经在广东省国家税务局网上查验，该批次的发票未发售给销货方使用；2016 年 10 月购设施设备款支出 6 万元，取得增值税普通发票，经在广东省国家税务局网上查验，该发票开票信息与税务机关采集的信息不一致。

【定性依据】

1.《中华人民共和国发票管理办法》（2010 年国务院令第 587 号修改）第二十条："所有单位和从事生产、经营活动的个人在购买商品、接受服务以及从事其他经营活动支付款项，应当向收款方取得发票。"第二十一条："不符合规定的发票，不得作为财务报销凭证，任何单位和个人有权拒收。"

说明：由于该案例为 2016 年，适用于 2010 年发票管理办法修改版，目前《中华人民共和国发票管理办法》（国务院令第 709 号）于 2019 年 3 月 2 日再次修改，修改后的第二十条、第二十一条内容不变。

2.《中华人民共和国会计法》（1999 年主席令第 24 号修订）第十四条："会计机构、会计人员必须按照国家统一的会计制度的规定对原始凭证进行审核，对不真实、不合法的原始凭证有权不予接受，并向单位负责人报告；对记载不准确、不完整的原始凭证予以退回，并要求按照国家统一的会计制度的规定更正、补充。"

说明：由于该案例是 2017 年之前发生，适用会计法 1999 年修订版，目前《中华人民共和国会计法》（2017 年主席令第 81 号）已于 2017 年 11 月 4 日修改，修改后第十四条内容不变。

3.《事业单位财务规则》（中华人民共和国财政部令第 68 号）第二十七条："事业单位应当依法加强各类票据管理，确保票据来源合法、内容真实、使用正确，不得使用虚假票据。"

【启示或建议】

行政事业单位应加强报销原始凭证的审核，拒绝接受不真实、不合法的票据，以实际发生的经济业务或者事项为依据进行会计核算，如实反映各项会计要素的情况和结果，保证会计信息真实可靠，对不真实的经济业务报销应予以拒绝并上报相关领导。

【案例139】报销凭证不合规

A 学院2013～2016年部分财务报销不规范，其中未取得发票仅以收据报销涉及金额300万元；发票抬头为二级学院和教职工个人名称涉及金额400万元；发票跨年报销涉及金额500万元。

【定性依据】

1.《中华人民共和国发票管理办法》（2010年国务院令第587号修改）第二十一条：“所有单位在购买商品、接受服务以及从事其他经营活动支付款项时，应当向收款方取得发票。”第二十二条：“不符合规定的发票，不得作为财务报销凭证，任何单位和个人有权拒收。”

说明：由于该案例为2013～2016年，适用于2010年发票管理办法修改版，目前《中华人民共和国发票管理办法》（国令第709号）于2019年3月2日再次修改，修改后的第二十一条、第二十二条内容不变。

2.《中华人民共和国会计法》（1999年主席令第24号修正）第九条：“各单位必须根据实际发生的经济业务事项进行会计核算，填制会计凭证，登记会计账簿，编制财务会计报告。任何单位不得以虚假的经济业务事项或者资料进行会计核算。”第十四条：“……会计机构、会计人员必须按照国家统一的会计制度的规定对原始凭证进行审核，对不真实、不合法的原始凭证有权不予接受，并向单位负责人报告；对记载不准确、不完整的原始凭证予以退回，并要求按照国家统一的会计制度的规定更正、补充。”

说明：由于该案例为2013～2016年，适用会计法1999年修正版，目前《中华人民共和国会计法》（2017年主席令第81号）已于2017年11月4日修改，修改后第九条、第十四条内容不变。

【启示或建议】

高等学校严格执行有关规定，取得符合规定的票据方可作为财务报销凭据，财会人员应严格审核费用报销票据，根据实际发生的经济业务事项进行会计核算，对不真实、不合法的原始凭证不予接受，并向单位负责人报告。

【案例140】会计基础工作不规范

某医院会计基础工作不规范。（1）对原始凭证记载内容进行涂改。2015年2月发生的一单支付某单位的赔款业务，其记账凭证所附原始凭证的收款单位、开户银行以及银行账号进行手写修改，且无盖章证明并注明何人修改以及修改原因，违反财务管理有关规定。（2）记账凭证与原始凭证的内容不符。记账凭证与原始凭证的内容不一致。某单位2015年1月2号凭证付备灾中心电费5万元，借记“其他应付款——××家具定金”，贷记“银行存款”，后仅附银行转账回单，收款人为中国红十字会广州备灾救灾中心。

【定性依据】

1.《中华人民共和国会计法》（1999年主席令第24号修正）第十四条：“原始凭证记载的各项内容均不得涂改；原始凭证有错误的，应当由出具单位重开或者更正，更正处应当加盖出具单位印章。原始凭证金额有错误的，应当由出具单位重开，不得在原始凭证上更正。”

说明：由于该案例为2015年，适用会计法1999年修正版，目前《中华人民共和国会计法》（2017年主席令第81号）已于2017年11月4日修改，修改后第十四条内容不变。

2.《会计基础工作规范》（财会字〔1996〕19号）第三十八条：“各单位的会计核算应当以实际发生的经济业务为依据，按照规定的会计处理方法进行，保证会计指标的口径一致、相互可比和会计处理方法的前后各期相一致。”第四十九条：“原始凭证不得涂改、挖补。发现原始凭证有错误的，应当由开出单位重开或者更正，更正处应当加盖开出单位的公章。”

说明：由于本案例为2015年，适用上述文件。《会计基础工作规范》于2019年3月14日修订（2019年财政部令第98号），修订后的第三十八条、第四十九条内容不变。

【启示或建议】

行政事业单位重视加强会计基础工作，加强对原始凭证规范性的审核，不涂改原始凭证。

【案例141】支出程序不规范

某单位支出审批不规范，有的凭证附件原始记录缺失，有的违反程序先支出后审批，涉及金额100万元。（1）现金收付单据未见经手人签名，如：2017年现付1号凭证支付借款35万元后附的收据未见经手人签名。经咨询相关人员，因当时急于解决职工经济补偿金问题，未能及时补齐相关手续。（2）后附的资料不完整，如：2015年6月应付举办培训班食宿场地费20万元，未见该笔费用的计算依据文件以及审批表、合同等资料。

【定性依据】

1.《行政事业单位内部控制规范（试行）》（财会〔2012〕21号）第三

十条："……（二）加强支出审核控制。全面审核各类单据。重点审核单据来源是否合法，内容是否真实、完整，使用是否准确，是否符合预算，审批手续是否齐全。支出凭证应当附反映支出明细内容的原始单据，并由经办人员签字或盖章，超出规定标准的支出事项应由经办人员说明原因并附审批依据，确保与经济业务事项相符。"

2.《会计基础工作规范》（财会字〔1996〕19号）第四十八条："原始凭证的基本要求是：（一）原始凭证的内容必须具备：凭证的名称；填制凭证的日期；填制凭证单位名称或者填制人姓名；经办人员的签名或者盖章；接受凭证单位名称；经济业务内容；数量、单价和金额……"

说明：由于本案例涉及2015年、2017年，适用上述文件。《会计基础工作规范》于2019年3月14日修订（2019年财政部令第98号），修订后的第四十八条第（一）款内容不变。

【启示或建议】

加强支出审核控制，规范资金使用，进一步强化内部审批流程，严格执行支出先审制度，规范财务支出流程，完善资料的完整性。

3.11.3 本节小结

行政事业单位支出管理内容较多，除了因公出国、公务用车购置及运输费、公务接待费、会议费、培训费、差旅费、工资与津贴补贴、专项资金、工会经费、食堂支出等常见审计问题外，还存在很多其他支出问题，如采购无支出明细、虚开发票套取经费、费用支出白条入账、费用发票开具人与收款人不一致、报销凭证不合规、不完整等。这就需要审计人员保持一双慧眼，从不同角度出发，注重细节，善于发现问题。

第 4 章 资金管理

4.1 库存现金管理

4.1.1 常见问题及表现形式

1. 白条抵库。主要表现形式：以不符合财务制度和会计凭证的欠条或白条充抵库存现金，达到挪用现金的目的等。

2. 坐支现金。主要表现形式：将现金收入直接用于现金支付业务等。

3. 贪污、挪用资金。主要表现形式：将单位收入存入个人名义账户等。

4. 账实不符。主要表现形式：实际库存现金与账面现金余额不一致；现金账目未按规定日清月结；现金长款；现金短款等。

5. 现金管理不规范。主要表现形式：超核定限额库存现金；超范围使用现金；超结算起点支付现金；大额现金交易频繁；使用现金支付应由公务卡支付的项目；单位之间相互借用现金；未按规定按日逐笔顺序登记等。

4.1.2 审计案例

【案例 142】白条抵库

审计人员监盘某事业单位现金，发现实有现金比账面少 5000 元，出纳解释为某职工 5000 元的暂借款，用于购买办公用品，已致电领导口头同意该请款，由请款人写了借条。

【定性依据】

《现金管理暂行条例实施细则》（银发〔1988〕288号）第十二条：“开会单位必须建立健全现金账目，逐笔记载现金支付，……不准用不符合财务制度的凭证顶替库存现金。”

【启示或建议】

个人借款等行为造成白条抵库的，应在限期内办理还款清偿等有关手续；行政事业单位出纳人员应当有效识别白条并拒绝办理付款，坚守职业原则。

【案例143】坐支资金，以租金收入支付工资、水电费

某局下属服务中心负责国有物业管理工作，2015年收到房屋租金时，部分租金直接用于支付聘用物管人员工资、水电费，金额35万元。

【定性依据】

1.《广东省财政厅关于省直行政事业单位国有资产使用管理的暂行办法》（粤财资〔2011〕18号）第三十八条：“省直行政单位国有资产出租、出借取得的收入，按政府非税收入管理的规定上缴省财政，实行‘收支两条线’管理。”

2.《现金管理暂行条例》（2011修订版）第十一条：“开户单位现金收支应当依照下列规定办理：（二）开户单位支付现金，可以从本单位库存现金限额中支付或者从开户银行提取，不得从本单位的现金收入中直接支付（即坐支）。”

【启示或建议】

建议加强现金管理，依照《现金管理暂行条例》（2011修订版）及单位的出纳工作管理规定执行。

【案例144】违规出借国有资产，坐收坐支

2016年审计组接受委托对A单位进行2015年度预算执行审计，发现该单位违规出借国有资产，收支未纳入单位预算统一管理，私分国有资产。

A单位因业务发展需要于2011年3月从翁源迁至花都，自此，翁源地区的房产及职工宿舍处于闲置状态。审计组盘点固定资产发现位于翁源的其中一处房产（办公楼）显眼处悬挂C办公用品公司名称，经询问得知A单位于2013年5月，将翁源原有部分房产和职工宿舍楼供C公司使用。审计组要求提供出租出借审批文件，A单位解释当时考虑当地产业落后，房产不易出租，长期无人使用的话，物业老化较快，还要雇人留守物业，并支付维修、维护费，正发愁要找留守物业人员。恰巧单位某同志的亲属经营C公司想找一办公地点，提出向A单位借用位于翁源的一栋房产及职工宿舍，物业维修、维护费、水电费等均由C公司承担，同时向A单位提供每年所需的办公用品。经单位领导会议讨论，一致认为物业闲置带来经济效益，而C公司提出的条件很优惠，属于双赢情况，因此同意借出一房产及部分职工宿舍给C公司。该决定已记录在会议纪要，但未报上级批复，之后双方签订借用物业协议。

审计组查阅会议纪要与询问情况基本一致，借用物业协议约定由C公司借用一房产及部分职工宿舍，负责支付A单位翁源所有物业维修、维护、水电费，并提供办公用品给A单位，但协议未约定需提供办公用品品种、数量、金额，审计组要求A单位提供C公司所有办公用品的交接资料，办公室答复因人员更替，交接清单已遗失，无法提供，但有各部门领用办公用品的台账，一般办公用品基本上由C公司提供，很少从外购进，审计延伸至C公司，其按年提供与A单位办公用品交接清单，按C公司销售价格估计每年约为50万元，两年多合计125万元，另外C公司代付的物业维修、维护费、水电费支付凭据2年多共45万元，扣除C公司自身费用，代付A单位的物业维护费、水电费共10万元。A单位2015年度决算报表上未反映上述办公用品支出、物业维修、维护费、水电费支出，延伸至2013、2014年度，情况一样，截至2015年底，C公司提供办公用品、代A单位支付费用共135万元，均未入账、未纳入预决算管理。

审计组把C公司的办公用品交接清单与A单位的领用台账核对，发现C公司的交接清单品种、数量比A单位的领用台账多出很多，按C公司销售价格估算金额约为20万元，多出来的办公用品去哪了？新办公室主任反映是前任经手的，不清楚情况，询问办公室前主任，交代因办公用品多得用不完，领导口头告知作为福利分给中层以上干部，并提供了当时办公用品领用签名表。

【定性依据】

1.《事业单位国有资产管理暂行办法》（2006年财政部令第36号）第八条："（四）负责本单位用于对外投资、出租、出借和担保的资产的保值增值，按照规定及时、足额缴纳国有资产收益。"第二十一条："事业单位应当对本单位用于对外投资、出租和出借的资产实行专项管理，并在单位财务会计报告中对相关信息进行充分披露。"第二十三条："事业单位对外投资收益以及利用国有资产出租、出借和担保等取得的收入应当纳入单位预算，统一核算，统一管理。”

说明：由于本案例审计年度为2015年度，适用上述文件。《事业单位国有资产管理暂行办法》已于2019年3月29日第二次修改（2019年财政部令第100号），修改后第八条内容不变；第二十一条第一款修改为：“事业单位利用国有资产对外投资、出租、出借和担保等应当进行必要的可行性论证，并提出申请，经主管部门审核同意后，报同级财政部门审批。法律、行政法规和本办法第五十六条另有规定的，依照其规定。”第二十三条修改为：“除本办法第五十六条及国家另有规定外，事业单位对外投资收益以及利用国有资产出租、出借和担保等取得的收入应当纳入单位预算，统一核算，统一管理。”

2.《事业单位财务规则》（中华人民共和国财政部令第68号）第二十条：“事业单位应当将各项支出全部纳入单位预算，建立健全支出管理制度。”

3.《广东省财政厅关于省直行政事业单位国有资产使用管理的暂行办法》（粤财资〔2011〕18号）第三十八条：“省直行政单位国有资产出租、出借取得的收入，按政府非税收入管理的规定上缴省财政，实行‘收支两条线’管理。”

4.《设立“小金库”和使用“小金库”款项违法违纪行为政纪处分暂行规定》（监察部、人力资源和社会保障部、财政部、审计署2010年第19号令）第二条：“本规定所称‘小金库’，是指违反法律法规及其他有关规定，应列入而未列入符合规定的单位账簿的各项资金（含有价证券）及其形成的资产。”第九条：“以单位名义将‘小金库’财物集体私分给单位职工的，对有关责任人员，给予记过或者记大过处分；情节较重的，给予降级或者撤职处分；情节严重的，给予开除处分。”

【启示或建议】

本案例中，A单位未经必要的可行性论证、未经主管部门审核同意后，未报同级财政部门审批的情况下，违规将其名下的房产和职工宿舍楼出借给外单位。其次，A单位出借物业获得外单位的办公用品、代付物业维修、维护、水电费等利益，未反映于账上及预决算报表，实际上以上利益属于国有资产出租出借收益，收益抵支出，为本单位的不合规支出提供便利条件，该做法实质上形成单位小金库，国有资产收益、支出均不在监管范围内，导致国有资产收益流失。A单位办公用品多得用不完，作为福利分给中层以上干部，属于私分“小金库”资产情况。

【案例 145】利用职务便利及系统漏洞，挪用资金

2017 年接受某区卫计委委托，审计组对该区妇幼保健院实施 2016 年度财务收支审计。该院为财政核补二类事业单位，查阅其财务管理办法，根据该管理办法，对医疗费的收取有“日清日结”的要求，审计组询问是否有收款操作细则，财务负责人回答 2015 年前有一个收费操作指引，2015 年因业务流程发生变化，且启用新收费系统，旧的操作指引已不适用，还没来得及重新修订操作指引。

财务负责人介绍收费处共分三块，分别为门诊、住院、急诊。门诊收费分挂号和收费两块管理，各设有收费岗、退款岗、稽核岗和总款岗，收费岗负责挂号和收费；退款岗负责退费，审核退费单据是否齐全、手续是否完整、签章是否真实后负责退费，由于收费员须轮班，人手不够，未设专职退款岗，由收费员兼办退费手续；稽核岗负责票据的领销、所有票据存根，督促收费员每日交清账目，退费的稽核由稽核岗的主管负责……。

审计组分成 A、B 两组，A 组负责门诊和急诊部分，B 组负责住院部。

A 组经询问门诊收费处主管收款操作流程后，针对新收费系统，再次询问门诊收费小组组长相关的操作程序，组长从收到交款人的处方单、化验单计费、退费操作、制作日结报表、款项交至总款岗出纳，一一介绍操作程序，最后抱怨有一次在系统制作日结报表时，碰上急诊患者，病情危急，交费队伍排很长，就破例用自己的账号登录系统收费，但发现此次收费记录不能在日结报表统计，出现实际收费金额多于日结报表生成金额的情况。对这一细节，审计组非常重视，向事务所申请派出熟悉该系统软件工程师进行测试后，确认收费系统存在系统缺陷：即收费员在系统自动生成日结报表期间，同时将该系统页面最小化，再次使用相同账号登录该系统进行门诊收费，则此期间的收费记录不能被日结报表、汇总日报表子系统获取，更无法生成数据，从而导致出现当日门诊费实际收费金额多于日结报表金额的长款现象，软件工程最后在收费系统后台才查到这一收款的原始记录。

了解到这一信息系统缺陷，审计组决定先抽取收费员 2016 年其中一个月的收款日结报表，与收费系统后台核对分析，发现当月后台有五天收费金额大于日结报表生成金额，每次多 2000～3000 元，收款方式均为现金，分别为前任收费员周某、蔡某操作，根据交费人员姓名、身份证号码、处方等明细，证实多出来的人员有看病挂号、交费、检验、取药、治疗等记录，但日结报表、汇总日报表无记录，极有可能出现结余现金被截留情况，于是审计组扩大范围，把新系统上线后一年多以来所有收费员的日结报表与收费系统后台核对分析，发现多次后台金额比日结报表大的情况，金额合计约70万元，记录显示收款方式均为现金，为周某、蔡某当班时产生，联系到周某、蔡某后，询问后台记录与日结报表差异原因，两位脸色立马变了，承认多出来的款项是自己截留占为己有，并表示愿意退还款项。

审计组先前了解到收费员既负责收费又负责退费，又尚未制订操作细则，存在风险控制盲点，在与门诊收费组陈组长沟通中了解到，退费的流程是病人凭本人身份证、病历本，收款收据、盖章的收费单、医生开的退款凭证到窗口办理退费，收费员检查身份信息及单据，完备的话在收费系统把病人需要退费的项目删除，系统提示退款金额，收费员确认后，系统打印新收据，收费员填好退费支出凭单（包括病人姓名、退费项目、退费金额、部分退费需填写新的收据号），交病人签字确认后由收费员收回，退费款、新收据交给病人。收费员每天交班打印门诊收费交账报表，拿着退费支出凭单（把病人交来的退费单据粘贴在支出凭单后面）找收费处的稽核主管在支出凭单上“部门主管”处签字，然后附在日结报表后与其他单据、现金、银行POS单和当天产生的废票一并交账。稽核主管主要审核医生开的收费单子、退款凭证上医生的签名和原收款收据是否齐全，审查原收款收据上的退款项目合计金额与支出凭单上的金额是否一致，因为旧的收费管理制度无明确要求，另外，时间紧迫，稽核主管不会登陆收费系统审查病人原交费记录。了解到稽核程序存在缺陷，审计组从电子账随机抽查了两个月退费记录，逐个查阅，退费单据有些肮脏，但粘得非常紧，原收款收据的左上角病人的姓名、医生开的退款凭证上的病人的名字都覆盖了，找到一张粘得不是那么紧的退款凭证，撕开一点后，发现收款收据的病人姓名、就诊号码与退费单上的资料不一致，业务系统上也无此人的交款信息，用水湿润退款凭证后，可以隐约看到退费原始凭证的资料（包括退费人员名字、身份证号码、诊疗号），在业务系统上试图查询原交款资料，发现部分无法对应，核对医生签名，也发现有的退费单上医生签名与医生留存签名表的字迹不同，与操作退款的收款员核实，收款员无法自圆其说，交代了退款凭证有的是仿医生签名、有的是从收费处作废票据找的，盖章的收费单也是从收费处作废单据里找的，收款收据是从平时病人交费时落下单子或者遗失在窗口收集的，审计组延伸至以前年度，将退款凭证上退款人资料与业务系统核对，无交费记录退费的情况汇总统计金额为38万元。

审计B组人员与住院部收费室赵班长沟通，介绍收费员有出院结算程序权限，结算员按照2000元每人的规定从住院收费处周转金中借支，收费室班长和稽核会计有退费重算程序权限；退费重算由收费员持病人原始结算票据向收费室班长说明退费原因，收费室班长在退费审核窗口进行退费审核，收费员执行退回结算并重新结算，将原发票和新发票一同记账并交收费室班长审核，稽核会计对退费账目稽核并核对是否收回原始发票；B组成员在询问收费室班长时，察觉有一个收费员神色较紧张，向赵班长打听，得知该收费员为夏某，另外还在询问中了解到，现任住院部出纳王某也是从收费室提升上来的，曾任收费稽核员、收费室班长，才工作4年，就已在市内分期付款购买新房子，B组同事根据其工资收入情况估算，工作四年在该城市有经济能力买房，不大匹配。

审计组项目经理召集A组、B组主要成员开会交流讨论各自遇到的问题，项目经理认为该保健院在内控制度具体管理细则不完善，且A组已核实收款员有截留医疗款、虚假退费的情况，评估医疗款的收取及退款业务存在较大的风险，收费员既负责收款又负责退款，稽核存在监管不到位的情况，项目经理与B组负责人商量后一致认为，住院部预交金额较大，退费内控风险较大，抽查起点就从神色紧张的收费员夏某开始，对其2016年经手的1000元以上的退费单据与同期住院记录分析核对，发现有3笔退费，同一住院号，病人名字与电子病历信息不一致，而且出院日期与退费日期无法对应，存在人为篡改，系统退费重算操作工号显示为现任出纳王某，审计组和院方找到王某（原收费班长）和收费员夏某核实情况，二人承认通过虚构已出院病人退费重算套取医院资金，并交代了先由王某选取实际住院费用少，且已出院结算退费的患者信息，在系统后台将其信息在住院结算系统中恢复到未结算状态，之后，由夏某按照王某提供的住院号再次做出院结算退费，将医院周转金套出两人私分，据审计组核实统计，三年间，从医院周转金中套取现金41笔共46万元，审计组同时对其他收费员的退费也进行筛选抽查，未发现问题。

以上情况审计组均充分收集审计证据汇总报卫生局纪检部门处理。

【定性依据】

《医院财务制度》（财社〔2010〕306号）第二十条：“医疗收入原则上当日发生当日入账，并及时结算。严禁隐瞒、截留、挤占和挪用。现金收入不得坐支。”第四十一条：“医院应当严格遵守国家有关规定，建立健全货币资金管理制度。”第七十四条：“医院的财务机构履行财务监督职责。医院应当建立健全内部监督制度和经济责任制。”

说明：目前《医院财务制度》仍然有效的，2019年1月1日废止《医院会计制度》并执行《政府会计制度——行政事业单位会计科目和报表》。

【启示或建议】

上述案例中，门诊收费员利用信息系统的漏洞，多次把医疗款截留占为己有；门诊收费员利用职务便利伪造退款凭证、住院部收费稽核主管与收费员上下勾结，虚构病人退费记录，套取医疗款；已涉嫌贪污、职务侵占。

由于业务流程变化、信息系统更新，医院管理层未及时制订新的收费操作细则，在实际工作中监督管理不到位，发现收费系统漏洞未及时反映纠正，对退费凭证审核不到位，财务系统与业务信息系统脱节。

医院管理层建立健全内部管理制度，至少应包括：医疗服务收费管理制度；收入管理办法；日清月结制度；挂号、收费稽核制度；住院结算管理制度；收费员、稽核会计、出纳员岗位职责及工作说明书。根据业务流程的变化，及时制定新的管理制度、工作流程，着重风险点控制，加强可操作性，为门诊、住院部的收费、退费的工作提供正确的指引；加强货币资金的核查控制，对收费员、出纳的工作加强监督，对信息系统漏洞、退费审核等关键风险点加强控制；加强内部控制关键岗位工作人员业务培训、职业能力继续教育；加强工作人员职业道德教育。

【案例146】实际库存现金与账面现金余额不一致

2019年3月10日，审计人员对某局2018年的财务决算报告进行审计。在审查库存现金真实性时发现，现金总账和现金日记账2018年12月31日余额均为1000元。随后，审计人员核对了2019年1月1日至3月10日的现金总账和现金日记账，未发现明显错误，现金日记账的余额为4000元。在审计人员的监督下，由该单位财务负责人参加，出纳员对3月10日的库存现金进行清点，实存现金2500元，同时发现3月8日报销的两笔凭证合计1500元尚未入账。

【定性依据】

1.《中华人民共和国发票管理办法》（国务院令587号2010年修正）第二十一条：“不符合规定的发票，不得作为财务报销凭证，任何的单位和个人有权拒收。”

2.《中华人民共和国会计法》（2017 年修正）第十七条：“各单位应当定期将会计账簿记录与实物、款项及有关资料相互核对，保证会计账簿记录与实物及款项的实有数额相符、会计账簿记录与会计凭证的有关内容相符、会计账簿之间相对应的记录相符、会计账簿记录与会计报表的有关内容相符。”

3.《会计基础工作规范》（财会字〔1996〕19 号）第六十三条：“各单位应当定期对会计账簿记录的有关数字与库存实物、货币资金、有价证券、往来单位或者个人等进行相互核对，保证账证相符、账账相符、账实相符。对账工作每年至少进行一次……（三）账实核对。核对会计账簿记录与财产等实有数额是否相符。包括：现金日记账账面余额与现金实际库存数相核对……”

说明：由于本案例审计年度为 2018 年度，适用上述文件。《会计基础工作规范》于 2019 年 3 月 14 日修订（2019 年财政部令第 98 号），删除第六十一条，修订后序号第六十三条变为第六十二条，但内容不变。

【启示或建议】

1. 认真执行上级有关现金管理的法律法规和规章制度，严格现金管理。

2. 对超核定限额库存现金、白条抵库、将单位收入的现金以个人名义存入储蓄、保留账外公款、账款不符等问题，应及时予以整改，完善相关财务手续；对单位之间相互借用现金、利用银行账户代其他单位和个人存入或支取现金等问题，应加强监督检查，查找产生问题的原因，制定相应的整改措施，确保不再发生类似问题。

3. 审计中发现违法、违规问题的，依有关规定对相关负责人和直接责任人予以责任追究。

【案例 147】现金日记账记账不规范，库存现金超核定限额

经审计发现，某单位 2017 年 5 月 10 日、12 日、16 日分别收到租金收入 3000 元、6000 元、4000 元，月末一次性计入现金日记账共 13000 元，未按日逐笔顺序登记。同时发现 2017 年 12 月 31 日库存现金账面余额为 60000 元，远远大于该单位 3 ~5 天的日常零星开支所需现金。

【定性依据】

1.《现金管理暂行条例实施细则》（银发〔1988〕288 号）第十二条：

"开户单位必须建立健全现金账目，逐笔记载现金收付，账目要日清月结，做到账款相符。……"

2.《中华人民共和国会计法》第十七条："各单位应当定期将会计账簿记录与实物、款项及有关资料相互核对，保证会计账簿记录与实物及款项的实有数额相符、会计账簿记录与会计凭证的有关内容相符、会计账簿之间相对应的记录相符、会计账簿记录与会计报表的有关内容相符。"

3.《现金管理暂行条例》（2011修订版）第九条："开户银行应当根据实际需要，核定开户单位3天至5天的日常零星开支所需的库存现金限额。"

【启示或建议】

建立完善现金管理制度，日常工作中严格按照有关现金管理的法律法规和规章制度执行。对于库存现金余额过大的情况，应及时缴存银行，做到库存合理。

【案例148】超范围使用现金支付款项

1. 某高校大量使用现金付款支付方式，其中教学评估项目资金，2017年使用现金支付单笔1000元以上专家费30万元、工作人员劳务费38万元；还有多笔现金支付借用工作人员差旅费等各项补贴共计130万元。

2. 某局超现金结算起点支付，涉及金额292.1万元。2015～2018年该局存在大额现金支付情况，如职工食堂主要以现金报销支付费用合计206.76万元；公务支出项目如差旅、培训、办公等公务支出主要以现金支付报销，涉及金额85.34万元。

【定性依据】

《现金管理暂行条例》（2011年修订）第五条："开户单位可以在下列范围内使用现金：（一）职工工资、津贴；（二）个人劳务报酬……（五）向个人收购农副产品和其他物资的价款；（六）出差人员必须随身携带的差旅费……前款结算起点定为1000元……"第六条："除本条例第五条第（五）（六）项外，开户单位支付给个人的款项，超过使用现金限额的部分，应当以支票或者银行本票支付……"

【启示或建议】

应加强现金使用管理，严格执行现金管理相关规定，控制大额现金的提取及支付，大额支出应当以转账方式支付，尽量避免大额提取、支付现金，确有紧急情况需要使用现金，应写明理由，与费用审批表一同审批。

4.2 银行存款管理

4.2.1 常见问题及表现形式

1. 未定期对账，账实不符。
2. 财政专户未按程序报批。
3. 违规出借财政专户资金。

4.2.2 审计案例

【案例149】银行存款未定期对账，账实不符

某单位2014年末的代管户账户余额比银行对账单多1万元，出现差异的原因为记账时错记会计科目，未与银行对账单核对。

【定性依据】

《行政事业单位内部控制规范（试行）》（财会〔2012〕21号）第四十三条："单位应当加强货币资金的核查控制。指定不办理货币资金业务的会计人员定期和不定期抽查盘点库存现金，核对银行存款余额，抽查银行对账单、银行日记账及银行存款余额调节表，核对是否账实相符、账账相符。对调节不符、可能存在重大问题的未达账项应当及时查明原因，并按照相关规定处理。"

【启示或建议】

月度终了，应及时向银行取得银行对账单。银行存款日记账应定期与银行对账单核对，至少每月核对一次。出纳人员对银行存款账面余额与银行对账单余额之间的差额，须逐笔查明原因并进行处理，按月编制"银行存款余额调节表"，调节相符。如次月仍未收到银行回单的，应及时向银行申请补单，并按补单及时入账，保证账账相符。

【案例150】财政专户未按要求上报核准

（1）某县财政局在代理商业银行共设立3个非税收入财政专户，3个非税财政专户过渡子账户，均无《财政专户备案表》。

（2）截至2016年11月18日，某单位在中国农业银行某支行开设的1个财政专户未按要求报财政部核准，也未取消。

【定性依据】

《关于进一步规范地方国库资金和财政专户资金管理的通知》（财库〔2014〕175号）：“三、严格规范财政专户管理……除经财政部审核并报国务院批准予以保留的财政专户外，其余财政专户在2年内逐步取消。”第八条：“未经核准，一律不得新开立财政专户。”

【启示或建议】

行政事业单位应当重视财政专户管理工作，加强对资金的管理和监督，严格规范财政专户开立程序，并按照要求清理财政专户。

【案例151】违规出借财政专户资金

某区财政局从财政专户借出资金余额2000万元，用于借给该区某人民医院作为周转使用，该人民医院超过10年仍未归还借款。

【定性依据】

《关于进一步规范地方国库资金和财政专户资金管理的通知》（财库〔2014〕175号）第十一条：“禁止将财政专户资金借出周转使用。”

【启示或建议】

将财政资金出借给下级财政或企业的行为，违反了相关规定，应当收回借款，严格监管，加强财政资金安全保障，规范财政运行。

4.3 公务卡及零余额账户管理

4.3.1 常见问题及表现形式

1. 公务卡使用不合规。主要表现形式：应使用公务卡结算费用的实际使用现金结算；超公务卡结算目录范围支付款项；未经批准通过公务卡提现等。

2. 违规使用零余额账户。主要表现形式：一次性大额提现且未报备或提取现金存入个人账户；向本单位其他账户或上级主管单位、所属下级单位账户划拨资金等。

4.3.2 审计案例

【案例152】未按规定使用公务卡结算费用

某单位2017年应使用公务卡结算而使用现金支付的差旅费共有30笔，金额80万元；4月使用现金支付办公费1.2万元；7月支付印刷费1.5万元。

【定性依据】

1.《关于全面实施公务卡结算管理的通知》（穗财库〔2010〕74号）第一条："从2011年1月1日起，市本级预算单位日常公用经费、专项经费安排的公务支出应使用公务卡结算，特别是差旅费、会议费、招待费和5万元以下零星商品和服务支出等，原则上可以使用公务卡结算的地方必须使用公务卡结算。"

2.《关于全面实施公务卡强制结算目录的通知》（穗纪字〔2012〕41号）："……二（一）所有实行公务卡改革的地区和预算单位，都应严格执行公务卡强制结算目录。（二）凡目录规定的公务支出项目，应按规定使用公务卡结算（或通过转账方式结算）……"

3.《广东省财政厅关于实施省级预算单位公务卡强制结算目录的通知》（粤财库〔2012〕29号）："二、严格执行公务卡强制结算目录（一）所有实行公务卡制度改革的省级预算单位，都应严格执行省级预算单位公务卡强制结算目录。（二）凡目录规定的公务支出项目，应按规定使用公务卡结算（或通过转账方式结算，下同），原则上不再使用现金结算。（三）下列情况可暂不使用公务卡结算：1. 在县级以下（不包括县级）地区不具备刷卡条件的场所发生的公务支出。2. 在县级及县级以上地区不具备刷卡条件的场所发生的单笔消费在1000元（含）以下的公务支出。3. 按照《现金管理暂行条例》等有关规定支付给个人的现金支出。4. 签证费、快递费、过桥过路费、出租车费用等目前只能使用现金结算的支出。除上述情况外，因特殊情形确实不能使用公务卡结算的，应报经单位财务部门批准。”

【启示或建议】

差旅费、办公费、印刷费属于广东省省级预算单位《预算单位公务卡强制结算目录》公务卡结算项目。要加强公务卡支付的管理，严格执行公务卡强制结算目录，认真落实公务卡结算制度。

【案例153】违规从零余额账户提现、划转资金

某局未经财政部门批准，2017年从零余额账户提现用于发放临聘人员工资，涉及金额20万元；其下属科研单位将“2017年新能源专项资金”项目经费7万元从零余额账户转至基本户，挂往来款列支。预算单位违规从本单位零余额账户向本单位实有资金账户划转资金。

【定性依据】

1.《关于零余额账户管理有关事项的通知》（财库〔2009〕47号）：“（三）财政部门零余额账户和预算单位零余额账户的用款额度具有与人民币存款相同的支付结算功能。财政部门零余额账户可以办理转账等支付结算业务，但不得提取现金。预算单位零余额账户可办理转账、汇兑、委托收款和提取现金等支付结算业务。”

2.《关于加强和规范预算单位零余额账户资金管理事项的通知》（粤财库〔2009〕44号）：“一、省财政厅印发的《广东省省级单位财政国库管理制度改革实施办法》（粤财库〔2002〕9号）已明确规定，预算单位零余额账户只用于办理预算单位财政性资金授权支付（包括退库）业务，不得用于办理非财政性资金或预算单位其他资金的收付业务，请严格遵照执行。二、除按规定可划拨至本单位相应账户的工会经费、党团经费、职工福利费、住房公积金，以及符合有关规定的其他资金外，预算单位零余额账户不得违规向本单位或与本单位有关联的上下级预算单位银行账户划拨财政资金。”

【启示或建议】

财政部门要加强预算单位零余额账户管理，加强财政监管力度，规范现金结算行为，完善国库集中支付制度，积极推行公务卡结算制度，进一步完善代理银行业务工作，提高资金运行效率和使用效益。

4.4 存量资金管理

4.4.1 常见问题及表现形式

1. 以前年度专项资金结余未上缴财政。
2. 预算周转金未按要求调入预算稳定调节基金。
3. 转移支付结余资金未按规定收回统筹使用。

4.4.2. 审计案例

【案例154】以前年度专项资金结余未上缴财政

1. 某单位基建项目资金结余18万元及未上缴财政。2015年该单位本部财政代管资金账户，仍存有2000年建成并投入使用的A监测中心大楼工程剩余款项18万元，未上缴市财政。

2. 截至2017年末，某区财政局对分配到部门且结转两年以上的上级补助转移支付结余资金2亿元，未收回统筹使用。

【定性依据】

1. 《关于推进地方盘活财政存量资金有关事项的通知》（财预〔2015〕15号）第一点："（三）……上级财政专项转移支付结转结余资金中，预算尚未分配到部门和地方并结转两年以上的资金，由下级财政交回上级财政统筹使用；未满两年的结转资金，同级财政可在不改变资金类级科目用途的基础上，调整用于同一类级科目下的其他项目。预算已分配到部门并结转两年以上的结余资金，由同级财政收回统筹使用。收回的结转结余资金，作为权责发生制核算事项，应在两年内使用完毕。专项转移支付结转结余资金交回、收回或用途调整有关情况应及时汇总报送上级财政部门和业务主管部门备案。（四）……部门预算结余资金以及结转两年以上的资金（包括基建资金和非基建资金），由同级财政收回统筹使用。收回统筹使用的资金作为权责发生制事项单独核算，并应在两年内使用完毕。"

2.《广州市财政局关于清理财政代管资金有关事宜的通知》（穗财库〔2015〕16号）第一条："……属于以前年度专项结余资金则需上缴财政统筹。"

【启示或建议】

财政局督促行政事业单位及时上交结余资金，并统筹安排，盘活财政存量资金。

【案例155】预算周转金未按要求调入预算稳定调节基金

某区财政局预算周转金自2008年以来未曾使用，2015年末余额达1亿元，未按要求调入预算稳定调节基金。

【定性依据】

《国务院关于印发推进财政资金统筹使用方案的通知》（国发〔2015〕35号）第一点："推进财政资金统筹使用，避免资金使用'碎片化'，盘活各领域'沉睡'的财政资金，把'零钱'化为'整钱'，统筹用于发展急需的重点领域和优先保障民生支出，增加资金有效供给……"第二点："（六）……加大各类收入统筹使用的力度，进一步理顺税费关系，清理、整合和规范政府性基金和专项收入……（七）贯彻落实国务院关于盘活财政存量资金的各项要求，全面盘活结转结余资金、预算稳定调节基金、预算周转金等各类存量资金。……根据实际需要将闲置不用的预算周转金调入预算稳定调节基金。"

【启示或建议】

区政府应督促区财政局加大对存量资金的盘活力度，压减结余资金、预算周转金等存量资金规模，支持创新发展，化解政府债务、拉动经济增长。

【案例156】存量资金规模不符合规定比例

1. 2017年某区一般公共预算结转资金规模为1.5亿元，当年一般公共预算支出金额为1亿元，结转资金占一般公共预算支出的150%；远远超过当年一般公共预算支出9%的规定。该区当年政府性基金预算结转资金为1亿元，当年政府性基金收入为2亿元，政府性基金预算结转占当年收入的50%，超过当年政府性基金收入的30%。

2. 2017年底A市财政局库款保障水平为5，大大超出1.5的比例水平；B市库款保障水平为0.5，低于财政局规定的1.5倍安全保障水平。

【定性依据】

1.《国务院办公厅关于进一步做好盘活财政存量资金工作的通知》（国办发〔2014〕70号）："（二）清理政府性基金预算结转资金……每一项政府基金结转资金规模一般不超过该项基金当年收入的30%。"

2.《广东省人民政府关于深化预算管理制度改革的实施意见》（粤府〔2015〕50号）第一条："（二）预算执行更加均衡有效，一般公共预算结转结余资金占一般公共预算支出比重不超过9%。"

3.《广东省财政库款管理暂行办法》（粤财库〔2017〕17号）第十一条："实行目标库款余额管理，科学预测库款流量，提高库款调控能力，确保库款余额保持在合理区间。"

【启示或建议】

科学编制预算，提高预算执行水平，确保预算执行均衡有效，提高库款调控能力，确保库款余额保持在合理区间。

4.5 资金下达及划拨

4.5.1 常见问题及表现形式

1. 转移支付资金下达不及时。主要表现形式：下达不够及时；转移支付未提前下达或提前下达未达规定比例等。

2. 资金滞留。主要表现形式：应拨未拨所属单位预算内外资金；主管部门将财政拨入应拨付所属单位的事业费、专项拨款等预算资金及财政专户返还的预算外资金等滞留挂账或少下拨、不下拨等。

4.5.2 审计案例

【案例157】下达资金不及时

某主管部门部分财政转移支付资金下达不及时。一是有10笔省级一般转移支付资金、50笔省级专项转移支付资金合计17亿元下达不够及时，二是

2018年11月后才下达5个部门项目预算10亿元，当年全部结转；三是一般公共预算、政府性基金预算和国有资本经营预算转移支付中分别有13亿元、4亿元和2亿元，7个投资专项3亿元未在规定时间内下达；四是10项转移支付未提前下达或提前下达未达规定比例。

【定性依据】

《中华人民共和国预算法》（2014年修正）第五十二条："县级以上地方各级预算安排对下级政府的一般性转移支付和专项转移支付，应当分别在本级人民代表大会批准预算后的三十日和六十日内正式下达。"

说明：由于该案例为2018年，适用于2014年预算法修订版，目前《中华人民共和国预算法》于2018年12月29日再次修订，修订后的第五十二条内容不变。

【启示或建议】

严格贯彻执行预算法中规定的法定资金下达时限，按照实施进度及时、规范拨付专项资金。

【案例158】滞留财政资金

某县财政局2018年收到省财政厅下达的中央财政专项扶贫资金共100万元，超过一年以上未拨付的专项资金为60万元。该县应拨未拨所属单位预算内外资金，将部分财政拨入应拨付所属单位的事业费、专项拨款等预算资金及财政专户返还的预算外资金等滞留挂账长达1年，少下拨下级单位200万元专项资金。

2018年该县收到当年新增政府债券资金2亿元后，未及时分配下达，其中滞留时间超过90天的有1.9亿元，新增政府债券资金存放在财政部门或预算（项目）单位未实际使用。

【定性依据】

《中华人民共和国预算法》（2014年修正）第五十二条："……省、自治区、直辖市政府接到中央一般性转移支付和专项转移支付后，应当在三十日内正式下达到本行政区域县级以上各级政府。县级以上地方各级预算安排对下级政府的一般性转移支付和专项转移支付，应当分别在本级人民代表大会批准预算后的三十日和六十日内正式下达。"第五十七条："各级政府财政部门必须依照法律、行政法规和国务院财政部门的规定，及时、足额地拨付预算支出资金，加强对预算支出的管理和监督。"

说明：由于该案例为2018年，适用于2014年预算法修订版，目前《中华人民共和国预算法》于2018年12月29日再次修订，修订后的第五十二条、第五十七条内容不变。

【启示或建议】

财政专项资金滞留主要包括两种情况，一种是财政部门滞留，一种是预算（项目）单位滞留。财政专项资金滞留原因多样化，主要包括项目申报和储备工作不够充分，影响资金分配进度；项目申报和储备工作不够扎实，影响资金分配进度；上级下达项目计划滞后，增加资金滞留时间；项目管理程序不规范和施工条件复杂，影响资金拨付进度。

要防止资金在各级滞留，就要不断完善项目申报、资金分配、项目准备和实施等方面措施，积极推进财政资金统筹整合使用，充分发挥资金使用效益。

4.6 本章小结

日常审计工作中，可以看到某些单位在零余额账户、现金、公务卡管理和使用中，操作不规范，利用监管漏洞，通过零余额账户转移资金、频繁提取现金、不按规定使用公务卡，造成财政资金脱离监管，可能形成公款私存、挪用资金等问题；某些单位资金支出审批管理不严，坐收坐支，甚至出现利用职务便利及信息系统的漏洞，加大财政资金风险，形成贪污、挪用资金等问题。上述案例反映了资金管理制度不完善，管理不到位，造成国有资产的流失。

造成上述问题的主要原因有：（1）预算单位的利益驱动，忽视了现金管理、零余额账户、公务卡、项目资金的使用规定；（2）部分单位财务人员对现金使用范围、零余额账户管理规定、公务卡的结算范围，项目资金专款专用的规定不甚了解，对财经政策掌握不深不透。

行政事业单位要不断完善资金管理，可以从以下几个方面加强资金管控：（1）加强单位人员业务培训。定期举办现金管理规范、国库集中支付制度、公务卡管理规定、国有资产管理制度、资金内控管理制度业务培训，提高业务能力，丰富业务技能，并增强财务人员风险防患意识，推动预算单位健全财务内控管理制度，严格办事程序。（2）加强执法执纪观念。加强对领导权力的约束，形成各司其职、各负其责的机制，增强预算单位执纪观念、守法意识。（3）加快完善国库集中支付制度。按照财政资金精细化管理要求，严格按制度办理财政资金拨付，减少中间环节，提高财政资金直接支付的比例，减少、控制授权支付额度。（4）加强财政监管力度。财政部门既要拧紧资金笼头总开关也要对拨付的资金进行动态监管，做到财政资金供、管无缝隙结合，加强资产清查、国有资产收益管理，充分运用财政监察手段，对预算单位线上线下进行监管。

第 5 章
资产管理

5.1 存货管理

5.1.1 常见问题及表现形式

1. 入库手续不完善。主要表现形式：验收不到位、入库单据不全等。

2. 存货管理不善。主要表现形式：未建立完善的存货管理制度、对存货缺乏有效管理等。

3. 生产成本管理存在漏洞。主要表现形式：仓管部门与财务登记的库存数量存在差异、未按规定设置生产成本科目等。

4. 盘点管理松懈。主要表现形式：未定期盘点、财务人员未参与监盘等。

5. 未经批准处置存货。主要表现形式：存货报废未经批准等。

6. 存货采购监管不足。主要表现形式：存货采购存在回扣腐败等。

5.1.2 审计案例

【案例 159】卫生耗材未见实物空验收，入库单据不全

审计组对某公立医院进行专项审计，通过访谈负责人了解到，医院总务科负责医疗耗材等物资的采购，总务科仓库根据供应商两联送货单中的一联进行入库登记，另外一联交医院财务记账。若供应商属于月结客户，则在盘点日前收到发票时一次性填写一个月内的入库单，若供应商不属于月结客户，随送货单一并附发票时随即填写入库单，因此出现入库单入库时间比领料时间晚、没有填写日期等问题。审计组对购进耗料原始凭证进行核对发现：其中从A公司购进耗材，金额90万元，发票日期为2016年5月，送货清单日期为2016年4月，入库单日期为2016年5月，该耗材料4月直接送到科室，即入库单登记日期晚于实际入货、领料日期。仓库未根据耗材实际验收情况如实登记入库单，验收环节未见实物空验收。2016年度所抽查购进医疗耗材情况均出现如上情况。

审计组检查检验科卫生材料、检验试剂的入库情况，发现虽有登记入库情况，但入库单据不全。

【定性依据】

1.《行政事业单位内部控制规范（试行)》（财会〔2012〕21号）第四十四条："单位应当加强对实物资产和无形资产的管理，明确相关部门和岗位的职责权限，强化对配置、使用和处置等关键环节的管控。"

2.《医疗机构财务会计内部控制规定（试行)》（卫规财发〔2006〕227号）第四十条："加强药品及库存物资验收入库管理。根据验收入库制度和经批准的合同等采购文件，组织验收人员对品种、规格、数量、质量和其他相关内容进行验收并及时入库；所有药品及库存物资必须经过验收入库才能领用；不经验收入库，一律不准办理资金结算。"

【启示或建议】

本案例中，该医院存货管理不到位，未建立医疗耗材内部控制制度。卫生耗材不入库直接使用，库房不经核对，未见实物空验收，存在管理隐患，堵塞资产流失漏洞。一方面，卫生材料采购部门对采购的卫生材料的数量、规格、剂型等是否符合招标采购要求无法进行核对，会造成卫生材料的隐性流失；另一方面，卫生材料直接交由使用科室使用，造成卫生材料从采购、验收、入库、领用出库等整个业务流程的倒置，先使用后办理出（入）库手续，也造成当期医疗收支的不配比，科室各期成本支出波动较大，对医院成本核算造成了较大的影响。财务及卫生材料管理部门不掌控二级库房的管理；科室入库单据不全，领用耗材台账签领手续不全。

针对上述情况，建议医院应当严格执行物资管理相关制度，切实做好物资验收入库工作，及时办理物资领用或出库手续，真实反映期末库存物资数量，确保账实一致。

【案例 160】存货内控制度缺失，卫生耗材缺乏监管

审计组对某公立医院进行 2016 年度内部审计，经查阅报表及科目余额表，发现财务科医用耗材的年末余额为零。经了解，医用耗材是当月购入，当月由科室领用，进行一次性消耗，列为卫生材料费支出。财务账上只反映医院卫生材料库的进销存情况，而不记载使用科室领、耗、销、存情况。目前医院虽建立科室二级库房，但财务及卫生材料库并不能掌控二级库房的管理，而是由科室自行管理，特别是部分可单独收费用的卫生材料，卫生材料库发出材料后，临床科室是否将其用于病员以及是否收费、收费价格是否准确等，卫生材料库未对卫生材料进行全过程的追踪管理。审计组判断财务及卫生材料管理部门未对科室二级库房监控，有可能造成卫生材料的浪费和流失。

审计组要求医院提供医用耗材内部控制制度，该医院在审计组提出要求下提供了一份《医用耗材内部控制制度》，内容与实际不符，且有一处显示为山东 A 医院，经询查，这份内部控制制度为临时从网上下载，单位名称未进行相应的修正。

审计组检查检验科领用卫生材料、检验试剂时发现，除部分试剂存放在冰柜外，其余卫生耗材杂乱无章堆放到一房间，科室提供领用、使用的台账无专人管理，记录凌乱，有的领用人栏未签名，有的未签领用日期。

存货监盘审计发现有过期耗材，经询问，由于早期购入的试剂由于放置于靠里位置，检验人员为方便，先拿后期购入的，导致部分试剂过期。对过期的医用耗材，无须上报，科室自行做报废处理。

【定性依据】

1.《医疗机构财务会计内部控制规定（试行）》（卫规财发〔2006〕227 号）第三十四条：“建立健全药品及库存物资管理制度和岗位责任制。”第三十五条：“制定科学规范的药品及库存物资管理流程。明确计划编制、审批、取得、验收入库、付款、仓储保管、领用发出与处置等环节的控制要求，设置相应凭证，完备请购手续、采购合同、验收证明、入库凭证、发票等文件和凭证的核对工作，确保全过程得到有效控制。”第四十一条：“加强药品及库存物资核对管理。财务部门……每月与归口管理部门核对账目，保证账账、账实相符。”第四十二条：“药品及库存物资的储存与保管要实行限制接触控制。指定专人负责领用，制定领用限额或定额；建立高值耗材的领、用、存辅助账。”第四十三条：“健全药品及库存物资缺损、报废、失效的控制制度和责任追究制度。完善盘点制度，库房每年盘点不得少于一次。药品及库存物资盘点时，财务、审计等相关部门要派员监盘。”

2.《行政事业单位内部控制规范（试行）》（财会〔2012〕21 号）第四十四条：“单位应当加强对实物资产和无形资产的管理，明确相关部门和岗位的职责权限，强化对配置、使用和处置等关键环节的管控。（三）建立资产台账，加强资产的实物管理。单位应当定期清查盘点资产，确保账实相符。财会、资产管理、资产使用等部门或岗位应当定期对账，发现不符的，应当及时查明原因，并按照相关规定处理。”

【启示或建议】

本案例中，该医院存货管理不到位，未建立医疗耗材内部控制制度。财务及卫生材料管理部门不掌控二级库房的管理；领用耗材台账签领手续不全，卫生耗材杂乱无章堆放，导致无法按入库顺序领用，导致部分试剂过期。对过期的医用耗材，未经批准，科室自行做报废处理。针对上述情况，建议：

1. 医疗机构要结合本单位业务特点和实际情况，建立健全本单位的库存管理制度和岗位责任制，制定科学规范的药品及库存物资管理流程。明确计划编制、审批、取得、验收入库、付款、仓储保管、领用发出与处置等环节的控制要求，设置相应控制环节，完备请购手续、采购合同、验收证明、入库凭证、发票等文件和凭证的核对工作，确保全过程得到有效控制。

2. 建立完善信息系统，对医用耗材二级库数据管理进行监控，特别是对重点使用耗材的科室，例如检验科试剂使用量较大，预算数量与实际数量到底是多少，无数据支撑。通过运用信息系统精细、精准对卫生材料进行管控，同时每月科室可以清楚卫生材料自己的结存，为预算提供了基础数据，库管人员也便于了解科室卫生材料结存情况，结合库房结存情况，制定采购预算。

3. 对医院全员加强防止国有资产管理流失、职业道德教育，对各科室执行绩效考评制度，促使其严格按医疗耗材内控制度、流程执行。

4. 主管部门、财务及内控小组，应采取定期或不定期抽查盘点，检查结存情况、保管情况、报废情况，堵塞卫生材料管理漏洞，降低卫生材料消耗，具有重要的意义和作用。

【案例 161】生产成本管理存在漏洞

某医院下属单位 2017 年未按规定对自行加工的存货如动物饲料等设置

“生产成本”科目进行核算，生产车间每月仅对领用原材料、交付成品仓的产品进行登记，未对制成品、在产品、损耗之间的钩稽关系进行复核，每月投入产出不成比例，未对差异查找原因，也无法核实每月生产车间的产成品数量是否正确。

仓管部门提供的每月销售出库产品数量统计表，与财务账每月销售出库产品数量存在差异，主要是实物管理部门与财务部门统计口径不一致造成不相符。财务账记载的为实际销售出库数量，生产车间统计报表记载的为按销售单出库数量，若送货产品在送至客户前有破损客户不签收的情况下，会在下次送货补送给客户，未按实际送货数量更正统计报表提供到财务部门，存在少结转成本费用的情况。

【定性依据】

1.《事业单位会计制度》（财会〔2012〕22号）第三部分：“1301存货……二、本科目应当按照存货的种类、规格、保管地点等进行明细核算……发生自行加工存货业务的事业单位，应当在本科目下设置‘生产成本’明细科目，归集核算自行加工存货所发生的实际成本（包括耗用的直接材料费用、发生的直接人工费用和分配的间接费用）。”

说明：该案例为2017年，适用上述文件，2019年1月1日已废止上述文件并执行《财政部关于贯彻实施政府会计准则制度的通知》（财会〔2018〕21号）。

2.《医院财务制度》（财社〔2010〕306号）第二十八条：“成本核算是指医院将其业务活动中所发生的各种耗费按照核算对象进行归集和分配，计算出总成本和单位成本的过程。成本核算应遵循合法性、可靠性、相关性、分期核算、权责发生制、按实际成本计价、收支配比、一致性、重要性等原则。”

【启示或建议】

2019年1月1日实施新的政府会计制度是通过加工物品、自制物品、直接材料、直接人工、其他直接费用、间接费用等科目来归集生产成本，只是科目名称有些变化，归集方法并没变化。事业单位应当规范成本核算业务，按生产流程归集生产成本，准确进行财务核算，确保收入成本匹配。

【案例162】未定期盘点医疗耗材、财务人员未参与监盘

1. 2017年末审计某公立医院，查阅其医疗耗材管理制度，要求每半年盘点一次，检查其下属服务中心存货管理情况，发现未对购入的医疗器械和生活物资等建立进销存台账，询问得知该医院上次盘点时间为上年11月份，已超一年未盘点，现场监盘发现，一批药品已过有效期，已报废而账面未处理。

2. 某医院总务科负责医疗耗材等物资的采购，通过访谈负责人了解到，仓库每月25日左右进行月末盘点，根据电脑系统库存量打印盘点表，由仓管员自行盘点，财务部未派人参与监盘。

【定性依据】

1.《行政事业单位内部控制规范（试行)》（财会〔2012〕21号）第四十四条："（三）建立资产台账，加强资产的实物管理……单位应当定期清查盘点资产，确保账实相符。财会、资产管理、资产使用等部门或岗位应当定期对账，发现不符的，应当及时查明原因，并按照相关规定处理。"

2.《医疗机构财务会计内部控制规定（试行)》（卫规财发〔2006〕227号）第四十三条："健全药品及库存物资缺损、报废、失效的控制制度和责任追究制度。完善盘点制度，库房每年盘点不得少于一次。药品及库存物资盘点时，财务、审计等相关部门要派员监盘。"

【启示或建议】

单位应当规范存货管理制度，按照经济业务建立账套，加强存货清查盘点、监盘工作，及时进行账务处理，确保账实相符。

【案例163】国有林场木材报废未经审批

2017年审计某国有林场，监盘其存货，发现采伐验收入库的木材，露天存放，梅雨季节潮湿，部分木材已经出现严重腐烂情况，审计人员检查存货明细账，账上已经作损失处理，但申请报废单并无上级领导签名审批，在未经审批的情况下报废了该批存货。

【定性依据】

1.《国有林场（苗圃）财务制度》（财农〔2017〕72号）第四十四条："存货是指林场在开展业务活动及其他活动中为耗用或出售而储存的资产，如材料、产品、包装物和低值易耗品、采伐后验收入库的木材等，以及未达到固定资产标准的用具、装具等。存货应当定期或者不定期盘点，年终必须进行全面盘点清查，保证账实相符。对于盘盈、盘亏、变质、毁损等情况，应当及时查明原因，根据管理权限报经批准后及时进行账务处理。"

2.《事业单位国有资产管理暂行办法》(2006 年财政部令第 36 号)第二十五条:“事业单位处置国有资产,应当严格履行审批手续,未经批准不得自行处置。”

说明:由于本案例为 2017 年,适用上述文件,《事业单位国有资产管理暂行办法》已于 2019 年 3 月 29 日第二次修改(2019 年财政部令第 100 号),第二十五条修改为:“除本办法第五十六条另有规定外,事业单位处置国有资产,应当严格履行审批手续,未经批准不得自行处置。”

【启示或建议】

单位应当建立健全内部控制制度,采取有效的存货管理方法,实施科学的存货管理方式,完善存货的报废审批管理。

【案例 164】医疗耗材采购回扣腐败

审计组对某公立医院进行 2016 年度内部审计,审计组监盘固定资产时发现存在账外资产(一台自动分析仪器),经了解,该设备为 2013 年 B 医疗器械销售公司免费赠送医院,期限 6 年,审计组查阅捐赠合同,合同条款要求医院在期限内必须向 B 医疗器械销售公司购买该设备配套试剂耗材,同年 B 医疗器械销售公司的产品通过招投标进入医院作为备用器材。因专业性较强,医院一般将设备引进和耗材选用权交给需要使用的科室,该仪器是肿瘤科主任作出决定使用的,捐赠合同附要求购买 B 公司配套试剂耗材,而后 B 公司又通过投标进入备用器材供应商,这两者前后矛盾。

审计组统计了几年来从 B 公司采购的耗材金额,约有 7000 多万元,通过利用专家工作,对价格性能进行比较,发现 B 公司产品与其他医疗器械公司同类型耗材性价比要差一些,审计组起了疑心,在该医院网上查到肿瘤科主任是本院的学科带头人,其学术造诣在业内有较大影响,经常参加学术会议、专业讲课,浏览到 B 公司是某些会议的赞助商,且在与办公室主任聊天中得知,肿瘤科主任在当地已拥有两套房产,刚大学毕业的儿子在某一线城市贷款购买了一房产,市价为 500 万元,其夫人也是该医院某科护士长,审计组根据肿瘤科主任夫妻俩多年工资测算,拥有三套一线城市房产,超过其购买力。

审计组询问肿瘤科主任 A 公司捐赠设备合同附带义务,接着通过政府采购招投标程序中标成为耗材供应商,但其提供医疗耗材性价比不佳的事情无法自圆其说。

经审计组提供线索上报纪委，多方核实，其本人及亲属银行流水异常、经查有些款项为A公司医药代表徐某转账支付的回扣款，肿瘤科主任涉嫌收取医疗耗材回扣获得灰色收入，纪委顺藤摸瓜，查出多起收取医疗耗材、设备回扣案情，牵涉科室副主任、其他科室主任，医生、院长等多人，单位骨干几乎全军覆没。

【定性依据】

《中华人民共和国反不正当竞争法》（1993年主席令第10号）第八条："经营者不得采用财物或者其他手段进行贿赂以销售或者购买商品。……经营者销售或者购买商品，可以以明示方式给对方折扣，可以给中间人佣金。经营者给对方折扣、给中间人佣金的，必须如实入账。接受折扣、佣金的经营者必须如实入账。"

说明：由于本案例为2017年之前发生，适用上述文件。《中华人民共和国反不正当竞争法》已于2019年4月23日修正（2019年主席令第29号），修正后适用第七条："经营者不得采用财物或者其他手段贿赂下列单位或者个人，以谋取交易机会或者竞争优势：（一）交易相对方的工作人员。……（三）利用职权或者影响力影响交易的单位或者个人。经营者在交易活动中，可以以明示方式向交易相对方支付折扣，或者向中间人支付佣金。经营者向交易相对方支付折扣、向中间人支付佣金的，应当如实入账。接受折扣、佣金的经营者也应当如实入账。"

【启示或建议】

本案例中，A公司以捐赠设备的名义实现曲线定向采购，形成垄断事实，肿瘤科主任、副主任、院长、其他科室主任，医生等人涉嫌收取医疗耗材、设备回扣获得灰色收入的受贿行为，形成有组织集体型腐败。

药品耗材在通过正规招投标程序进入医院后，因医疗耗材专业性较强，引进设备和选用耗材权还是交给需求科室，科室主任就有了话语权，拥有处方权的医生有很大寻租空间，作为决策者同时又是执行者，缺乏权力制衡，外部监管不足与内部管理形式化使腐败存在较大空间；医疗腐败的涉案人员在其从事的领域具有较高的专业影响力，且行政级别高、学历高，拥有庞大的社会资源，受制约程度较小，比常人面临更大诱惑，在缺乏足够制约机制的情况下，成为腐败的高危人群；且现在的医院给科室下达经营指标，科室再下达到每个医生头上，为完成指标，卖高价药、过度检查、小病大治等成为医院常用的手段，医院按企业化方式运营，建议对附着在医疗设备上的试剂、耗材腐败，制订完善的监管制度，减少医用耗材中间代理环节、公开价格信息、加强对销售价格监管，开展网上采购、统一采购，压缩医用耗材的畸形利润，使价格回归合理本位，并把监控延续到耗材的使用阶段，同时医生薪酬与业务收入脱钩，使医院从商业型的运行模式回归到公益型的运行模式。

5.1.3 本节小结

行政事业单位存货管理存在诸多问题，公立医院医用耗材监管问题尤其突出。存货管理问题主要原因是行政事业单位存货管理意识淡薄，由于行政事业单位不以营利为目的，存在重采购、轻管理的情况，存货常表现为账外资产，缺乏健全的存货管理制度，导致存货出入库、领用、保管、盘点、处置、信息化等方面管理存在漏洞；也由于行政事业单位对存货家底摸不清，常会重复编制预算、重复采购，从而造成财政资金的浪费。

存货作为资产重要组成部分，公立医院、国有林场、科研机构等行政事业单位一是要建立健全的库存管理制度、岗位责任制，明确岗位职责、权限，对存货验收入库、仓储保管、领用发出与处置等环节的控制要求，确保存货日常管理得到有效控制；二是要建立盘存制度，定期盘点存货，对盘盈、盘亏情况查明原因，明确责任人，确保账账、账卡、账物相符，防止国有资产流失；三是利用信息化管理优势来提高存货的管理水平，使存货信息能够实时更新并在管理人员中实现共享，减轻了工作负荷并提高了工作效率。

5.2 固定资产、在建工程、无形资产管理

5.2.1 常见问题及表现形式

1. 手续不完善。主要表现形式：未办理产权登记手续、资产验收入库手续不规范等。

2. 超标准配置固定资产。

3. 资产闲置、使用率低。

4. 固定资产处置不合规。主要表现形式：处置收入未上缴，报废资产未及时核销，固定资产报废、盘亏未按规定报批等。

5. 资产管理混乱。主要表现形式：达到固定资产标准未作为固定资产管理、出租房产管理混乱、固定资产未贴标签、未定期盘点等。

6. 账账、账实不符。

7. 会计核算不规范。主要表现形式：后续支出未资本化、与工程相关的费用未纳入“在建工程”科目核算、固定资产无依据入账、少计提折旧或摊销；已验收使用的在建工程未转入固定资产等。

5.2.2 审计案例

【案例165】未办理产权登记或变更手续

审计发现，有2家事业单位未办理产权登记或变更手续。

1. 某中心于2012年7月由A中心和B中心合并而来，自合并以来无相关文件确立公务用车的定编数量、车辆未及时办理车辆权属变更手续。该中心账上一共有22辆车，根据车辆行驶证注明的单位名称，其中某指挥部办公室4辆、B中心5辆、C中心3辆、D中心1辆，未及时办理产权变更登记。

2. 某公办中学部分房产未办理产权登记：建筑面积为100m^2教师单车房、500m^2仓库加层、3000m^2的宿舍楼等房屋建筑物未办理产权证。

【定性依据】

《事业单位国有资产管理暂行办法》（2006年财政部令第36号）第三十条：“事业单位国有资产产权登记，是国家对事业单位占有、使用的国有资产进行登记，依法确认国家对国有资产的所有权和事业单位对国有资产的占有、使用权的行为。”第三十一条：“事业单位应当向同级财政部门或者经同级财政部门授权的主管部门申报、办理产权登记……”第三十四条：“事业单位应当按照以下规定进行国有资产产权登记：（二）发生分立、合并、部分改制，以及隶属关系、单位名称、住所和单位负责人等产权登记内容发生变化的事业单位，办理变更产权登记。”

说明：由于本案例为2017年，适用上述文件，《事业单位国有资产管理暂行办法》已于2019年3月29日第二次修改（2019年财政部令第100号），修改后第三十条、第三十一条、第三十四条内容不变。

【启示或建议】

行政事业单位应按规定进行国有资产产权登记，产权登记内容发生变化的，应加强固定资产管理，及时办理变更产权登记，完善相关的审批手续，确保账账相符、账卡相符、账实相符。

【案例 166】固定资产采购验收流程不规范，缺失验收文件

审计发现，某局 2018 年固定资产采购验收入库把关不严，如：2018 年 9 月采购惠普台式计算机 8 台，支出 45000 元，2018 年 12 月采购空调 5 台，支出 30000 元，均无验收单等书面记录。

【定性依据】

1.《广东省财政厅关于省直行政事业单位国有资产使用管理的暂行办法》（粤财资〔2011〕18 号）第十三条："省直行政事业单位应当建立资产入库验收登记制度。对单位购置、接收捐赠、无偿划拨等方式获得的资产应及时办理验收入库手续，严把数量、质量关，验收合格后送达具体使用部门。"

2.《广州市市属行政事业单位国有资产使用管理办法》（穗财规字〔2016〕1 号）第十一条："行政事业单位应当建立资产入库登记制度。资产到达后，资产管理部门应当及时办理验收入库手续，严把数量、质量关，不合要求不能入库，严禁没有经过资产管理部门验收直接送达使用部门。资产保管人员签字后，及时将相关凭证送达财务部门进行账务处理，严禁对没有经过资产管理部门或人员确认的资产进行账务处理。"

【启示或建议】

行政事业单位按照相关规定，及时办理验收入库手续，严把数量、质量关，严禁未经资产管理部门验收直接送达使用部门。

【案例 167】超标准配置计算机

审计发现 A 机关单位配备台式和便携式计算机数量超标准。

2017 年底，A 机关单位编制内实有人数 180 人，配备台式计算机 1500 台（含省局调拨的 1000 台，2017 年 5 月调拨县区局 751 台），按规定最多配备 270 台，超出规定配备数量 1230 台；配备便携式计算机 200 台，按规定最多配备 90 台，超出规定配备数量 110 台。

2018 年底，A 机关单位编制内实有人数 190 人，配备台式计算机 500 台，按规定最多配备285台，超出规定配备数量215台；配备便携式计算机168台，按规定最多配备97台，超出规定配备数量71台。

【定性依据】

《财政部　全国人大常委会办公厅　政协全国委员会办公厅　国管局　中直管理局关于印发〈中央行政单位通用办公设备家具配置标准〉的通知》（财资〔2016〕27号）附件《中央行政单位通用办公设备配置标准表》中“‘台式计算机’涉密单位台式计算机配置数量上限为单位编制内实有人数的150%”，“便携式计算机配置数量上限为单位编制内实有人数的50%”。

【启示或建议】

建议该单位按照《中央行政单位通用办公设备家具配置标准》配置办公设备，避免资产闲置的情况出现。

【案例168】资产闲置时间过长，使用率低

1. 2018年审计发现，某公办学校资产长时间闲置，使用率低，未能充分发挥国有资产使用效益，该校2012年购入的价值35万元的表面肌电分析系统和价值32万元的平衡能力测试系统、2013年购入的价值20万元的步态分析系统和价值18万元的生物刺激反馈仪。因学校不具备医疗资质，不能使用相关医疗设备，从购置起一直闲置。

2. 2018年审计发现，某市局办公楼仓库的闲置固定资产约为228万元，主要是电脑设备、电器设备、办公设备及办公家具等，上述资产均为2012年之前购置，一直闲置到待报废状态。

【定性依据】

1.《行政事业单位内部控制规范（试行）》（财会〔2012〕21号）第四十四条：“单位应当加强对实物资产的管理，明确相关部门和岗位的职责权限，强化对配置、使用和处置等关键环节的管控。”

2.《广东省财政厅关于省直行政事业单位国有资产使用管理的暂行办法》（粤财资〔2011〕18号）第十九条：“省直行政事业单位应认真做好自用资产使用管理，经常检查并改善资产使用状况，减少资产的非正常损耗，做到高效节约、物尽其用，保障国有资产的安全完整，充分发挥国有资产使用效益，防止国有资产使用过程中的不当损失和浪费。”第二十条：“省财政部门、主管部门引导和鼓励省直事业单位实行国有资产共享共用，建立资产共享共用与资产绩效、资产配置、单位预算挂钩的联动机制。省直行政事业单位应积

极推进本单位国有资产的共享共用工作，提高国有资产使用效益。除应付突发事件的专用设施外，省财政部门有权按规定对省直行政事业单位超标配置、低效运转或长期闲置的国有资产进行调剂使用。”

3.《广州市市属行政事业单位国有资产使用管理办法》（穗财规字〔2016〕1号）第十九条：“行政事业单位应当认真做好国有资产的使用管理工作，经常检查并改善资产的使用状况，减少资产的非正常消耗，做到物尽其用，充分发挥国有资产的使用效益。”第二十条：“除应付突发事件的专用设施外，对行政事业单位超标配置、低效运转或长期闲置的国有资产，财政部门有权调剂使用。”

【启示或建议】

固定资产闲置未能让资产发挥最佳使用效益，从而导致财政资金的相对浪费。当资产闲置到一定年限时，随着物理折旧、技术进步的影响，闲置的资产终将报废，这必然会增加管理成本、仓库占用成本等。行政事业单位应当重视固定资产的管理工作，对于闲置的固定资产进行评估分析，对一些属于更新换代形成的、配置多余的资产，要及时研究处理措施，盘活闲置资产，做到物尽其用，充分发挥国有资产的使用效益，防止不当损失和浪费。

【案例169】办公设备处置收入未上缴

审计发现某政府单位2015年度经审批处置已超过使用年限无法继续使用的办公设备，取得变价收入20万元。经审计发现，直至2017年，该笔收入仍挂在账上，未按“收支两条线”管理，及时上缴省财政。

【定性依据】

《行政单位国有资产管理暂行办法》（财政部令第35号）第三十三条：“行政单位国有资产处置的变价收入和残值收入，按照政府非税收入管理的规定，实行‘收支两条线’管理。”

说明：该案例适用上述文件，《行政单位国有资产管理暂行办法》已于2017年12月4日修订（财政部令第90号），修订后第三十三条内容不变。

【启示或建议】

应按照规定，对资产处置的非税收入按“收支两条线”管理，并及时上缴财政。

【案例170】报废资产未及时核销

审计发现某公立医院2015年6月经省卫计委审核同意处置复印机、电脑等一批固定资产，价值为12万元，但该医院于2016年12月才进行账务处理，附件为经省卫计委审核的省直行政事业单位国有资产处置申报表，该批资产报废无处置收入，也未在2015年会计系统及时核销，导致账实不相符。

【定性依据】

《省直行政事业单位国有资产处置管理暂行办法》（粤财资〔2014〕16号）第十一条："行政事业单位资产处置后，应当在进行财务账务处理的同时，及时更新行政事业资产管理信息系统中相应资产卡片信息，进行资产账目处理，做到'账实相符'、'账账相符'。"

【启示或建议】

部分固定资产变动时，使用部门未及时办理相关手续，导致财务部门与资产管理部门未及时登记入账。如：对已报废的固定资产、已拍卖的固定资产、调拨给其他单位的固定资产未及时调整固定资产明细账等。

加强建立资产使用部门与资产管理部门的沟通机制，凡是涉及固定资产变动的，资产使用部门应及时通知资产管理部门办理资产变动手续，并及时报账，以便财务部门及时做账务处理。

【案例171】已拍卖的公务用车账上未做核销

2017年12月A公立学校根据上级部门的批复对两台公车进行拍卖，并开具增值税普通发票1.93万元，但截至2018年5月学校尚未对上述两台公车的减少进行账务处理。

【定性依据】

《省直行政事业单位国有资产处置管理暂行办法》（粤财资〔2014〕16号）第十一条："行政事业单位资产处置后，应当在进行财务账务处理的同时，及时更新行政事业资产管理信息系统中相应资产卡片信息，进行资产账目处理，做到'账实相符'、'账账相符'。"

【启示或建议】

资产处置后，应及时进行财务处理，同时更新资产管理系统中相关信息，做到账实相符、账账相符。

【案例 172】固定资产报废未按规定报批

审计发现，部分单位固定资产报废、盘亏处置未按规定报批。

1. 某公立医院 2016 年 12 月申请报废一台医疗救护车，原价 30 万元的设备，该车辆尚未达到规定使用年限提前报废，省卫计委已审批，但未见省财政厅审批意见。

2. 某机关单位 2010 年购置 3 台账面价值为 5000 元的台式电脑供办公室使用，电脑已损坏且已达规定使用年限，于 2016 年购置了新电脑。而 3 台报废的电脑因无处摆放，办公室未提出书面申请私下丢弃他处。

【定性依据】

《省直行政事业单位国有资产处置管理暂行办法》（粤财资〔2014〕16 号）第七条："资产处置实行分类审批：资产处置应当由行政事业单位资产管理部门会同财务部门、技术部门审核鉴定，提出意见，按审批权限报送审批。（四）报废。固定资产报废应当符合国家有关报废标准或达到规定的使用年限。达到使用年限尚能继续使用的，不得报废。使用年限可按照《省直行政事业单位常用固定资产使用年限表》（附件 1）确定，国家另有规定的，从其规定。固定资产达到或超过规定使用年限需要进行报废的，由省直行政事业单位主管部门审批；固定资产未达到规定使用年限需要提前进行报废，且单位价值（原价）20 万元以下的，由省直行政事业单位主管部门审批；固定资产未达到规定使用年限需要提前进行报废，且单位价值（原价）在 20 万元以上（含 20 万元）的，由省直行政事业单位主管部门审核后报省财政厅审批，其中资产单位价值（原价）500 万元以上（含 500 万元）的，由省财政厅审核后报省人民政府审批。"

【启示或建议】

应当规范固定资产管理流程，对占有、使用的国有资产进行报废，应按程序报相关部门批准。

【案例 173】出租房产管理混乱

2018 年 7 月对 × 街道办事处党委书记及主任在 2012 ~ 2017 年任期内经济责任进行审计，经审计发现该街道办事处出租房产管理混乱。

1. 初步了解其国有资产产权管理情况：× 街道办事处未设置国有资产管理岗位及未制定资产管理职责要求，没有专人负责管理国有资产，只是把招租和收租职责交由下属公司，相关资料保管由党委办公室负责。对单位有多少国有资产、单位哪些资产是自有的国有资产、哪些是单位公租房、哪些是公建配套房等产权情况不明确。

对此，审计组对×街道办事处的房屋产权证、房管局登记的房产信息、固定资产账、租赁合同、收租台账以及公建配套房移交文件等所有有关房产的资料进行彻查。

梳理物业情况如下：×街道办事处自有物业资产107间，其中74间出租，19间自用，2间提供给街道食药监所作办公使用，2间闲置，5间已拆除（其中2间已拆未办理产权注销手续，在市房管局登记产权仍为×街道办事处），4间房改房未及时办理产权转移手续，在市房管局登记产权仍为×街道办事处，1间未见实物，在市房管局登记产权仍为×街道办事处。另公建配套房有5间，租入物业资产15间。

2. 出租物业在国有资产占比较大，审计组重点审查国有资产出租情况：×街道办事处的物业资产出租及收租在2016年6月以前的交由下属单位——×社区服务中心负责，2016年7月开始交由下属公司——×发展公司负责，并且收到的租金部分由代收单位确认收入并代支办事处的相关费用支出，部分交回办事处。并且办事处未对下属单位代收的租金、代支的费用、上缴回办事处的租金进行统计。

针对办事处的物业出租情况，审计组确定审计疑点：有无按规定程序招租定价？下属单位在2012～2018年5月代办事处收取的所属办事处的物业出租租金有多少？多少下属单位确认了收入并代支了相关费用？多少已交回办事处？办事处是否足额缴纳税费？办事处是否足额上缴财政？对此，审计组调阅了招租平台系统信息、出租合同、下属单位代收租金的收租台账、账表资料以及相关物价文件等。

3. 审计情况：（1）查阅物业租赁合同和公有物业出租平台的相关招租信息，核对发现，2处物业出租未按规定在公有物业出租平台上招租；查阅租赁合同发现出租1处物业资产免租期长达1年，未经审批；3处物业资产出租价格异常，根据物价文件测算发现，这3处物业在2015年至2018年期间以低于市场价13～16元/月/平方米的价格出租，合计少收取3万元。（2）根据办事处物业资产出租情况，查阅全部租赁合同、收租台账、账表资料以及现场查看物业出租情况，比对测算租赁合同应收租金、收租台账实收租金、账表入账租金及应交税费发现，办事处存在应收未收租金1万元、已收租未入账5万元、收到租金未上缴财政有350万元、应补交增值税等税费约150万元。

【定性依据】

1.《行政单位国有资产管理暂行办法》（财政部令第35号）第十八条：“行政单位应当建立健全国有资产使用管理制度，规范国有资产使用行为。”第二十四条：“行政单位拟将占有、使用的国有资产对外出租、出借的，必须事先上报同级财政部门审核批准。未经批准，不得对外出租、出借。”第二十五条：“行政单位出租、出借的国有资产，其所有权性质不变，仍归国家所有；所形成的收入，按照政府非税收入管理的规定，实行‘收支两条线’管理。”

说明：该案例适用上述文件，《行政单位国有资产管理暂行办法》已于2017年12月4日修订（财政部令第90号），修订后第十八条、第二十四条、二十五条内容不变。

2.《广州市市属行政事业单位国有资产使用管理办法》（穗财规字〔2016〕1号）第五条：“主管部门、行政事业单位在国有资产使用过程中不得有下列行为：（三）串通作弊，暗箱操作，违规利用国有资产对外投资和出租、出借；（五）其他违反国家有关规定造成单位国有资产损失的行为。”第三十七条：“行政事业单位资产出租，应按照‘公开、公平、公正’的要求，实行公开招租，由产权单位委托有资质的社会中介机构进行评估，该评估价格作为公开招租的标底价；因特殊情况不适宜公开招租的资产，经市政府批准可直接协议出租。”

3.《中华人民共和国增值税暂行条例》第一条：“在中华人民共和国境内销售货物或者加工、修理修配劳务（以下简称劳务），销售服务、无形资产、不动产以及进口货物的单位和个人，为增值税的纳税人，应当依照本条例缴纳增值税。”

【启示或建议】

1.单位领导提高对国有资产管理的重视程度，制定相关资产管理制度，设置国有资产管理相关岗位或职责要求，提高国有资产管理水平，对国有资产进行规范化管理。

2.严格按照国有资产出租的规定程序执行，根据国有资产管理规定要求，出租国有资产时，必须将相关情况向财政部门进行申请、汇报、审核、批准。并且按要求在公开平台进行招租。

3. 加强对行政事业单位国有资产出租收入的监督和处罚，主要措施有：（1）建立一套内部监督体系，并实施于各行政事业单位内部，使各行政事业单位内部能够根据这一监督体系对自身的对外出租闲置国有资产的经营行为进行监督，从根源上解决出租收入不上缴财政的问题；（2）设立不定期专项检查制度，对行政事业单位的闲置国有资产出租、处置情况进行检查；（3）建立网上公众监督平台，为公众监督行政事业单位提供渠道，当发现国有资产出租、处置不合理的，可以在网上公众监督平台进行举报，这样就可以从更大范围上对国有资产的管理进行监督和控制，以有利于国有资产管理水平的提高。

4. 提高行政事业单位对国有资产出租收入的纳税意识。提高行政事业单位领导的纳税意识，是防止行政事业单位偷税漏税现象的有力措施。在各行政事业单位内部应该加强国有资产出租收入向国家缴纳税费的宣传教育，定期对行政事业单位的主要领导进行税收法律法规的培训指导，有效提高行政事业单位主要领导的纳税意识，从而有效减少行政事业单位偷税漏税行为的发生。

【案例174】未按规定盘点固定资产

1. 某机关2017年未按规定盘点固定资产，审计组2018年对该单位固定资产进行监盘，发现未有效实施标签管理，部分固定资产未粘贴标签，账面固定资产与实物资产无法一一对应，固定资产管理较混乱。二是实际存放地点与资产管理系统记录不相符。部分固定资产实际存放地点与固定资产管理系统记录存放地点不一致，账实不符。如资产名称为电脑，原值4200元，资产系统标明的存放地点为六楼，实际存放地为四楼。

2. 某公办特殊教育学校2014～2017年年末均未对固定资产进行盘点。

【定性依据】

1.《行政单位国有资产管理暂行办法》（财政部令第35号）第二十条：“行政单位对所占有、使用的国有资产应当定期清查盘点，做到家底清楚，账、卡、实相符，防止国有资产流失。”

说明：该案例适用上述文件，《行政单位国有资产管理暂行办法》已于2017年12月4日修订（财政部令第90号），修订后第二十条内容不变。

2.《事业单位财务规则》（中华人民共和国财政部令第68号）第四十一条：“事业单位应当对固定资产进行定期或者不定期的清查盘点。年度终了前应当进行一次全面清查盘点，保证账实相符。”

【启示或建议】

建议进一步加强固定资产实物管理，定期清查盘点固定资产并实时更新资产管理系统上的实际存放地点，完善固定资产的标签化管理，避免造成国有资产流失。

【案例 175】存在账外资产

审计发现，2 家行政事业单位存在账外资产。

1. 某医院因改扩建形成的新增固定资产未计入资产台账。2017 年末该医院未对固定资产进行清查盘点，仅进行抽查询问，且无盘点记录表。审计发现现有的篮球场是由原篮球场和羽毛球场改扩建而成，但资产台账中未见该项资产，导致存在账外资产未计入固定资产管理。

2. 某局无产权证房产不入账。2017 年资产清查审计发现该局存在固定资产账账、账实不符问题，因历史遗留原因，有一房产未办理产权证，未予入账，房产面积 132 平方米。

【定性依据】

1.《行政事业单位资产清查核实管理办法》（财资〔2016〕1 号）第二十二条：“固定资产盘盈按照以下方式处理：（二）清查出的因历史原因而无法入账的无主财产，依法确认为国有资产的，应当及时入账，纳入国有资产管理范围。”

2.《会计基础工作规范》（财会字〔1996〕19 号）第六十三条：“各单位应当定期对会计账簿记录的有关数字与库存实物、货币资金、有价证券、往来单位或者个人等进行相互核对，保证账证相符、账账相符、账实相符。对账工作每年至少进行一次。”

说明：由于本案例为 2017 年，适用上述文件。《会计基础工作规范》于 2019 年 3 月 14 日修订（2019 年财政部令第 98 号），修订后的删去第六十一条，第六十三条序号改为第六十二条，但内容不变。

3.《广东省财政厅关于省直行政事业单位国有资产使用管理的暂行办法》（粤财资〔2011〕18 号）第十四条：“省直行政事业单位应当建立资产保管清查制度，其资产管理部门应按照实物量和价值量并重的原则，至少每年一次定期对实物资产进行清查盘点，完善资产管理账表及有关资料，做到账、卡、实相符。”

【启示或建议】

行政事业单位应当规范固定资产的日常管理，加强固定资产的清查和盘点工作，固定资产管理部门定期与财务部门核对，做到账账相符、账卡相符、账实相符，对盘盈资产及时补入账。

【案例 176】境外资产长期不入账，租金应收未收

2017 年审计组对 A 事业单位领导人进行 2013 ~ 2016 年任中经济责任审计。审计组了解组织架构情况如下：该单位主管 2 个社会团体和 2 个由社会团体持股的公司。

审计组对照该单位的组织架构，核对其印章保管情况时发现该单位存在组织架构外代管两家公司印章的情况，管理印章的办公室主任解释并提供代管公章的书面文件。对此审计组安排两个小组，分别追查两家公司的账务情况及相关的会议纪要、经济活动记录等。其中一家境外 Y 公司的账务非常简单，近几年由于未发生业务也未出具审计报告，该境外公司于 1994 年香港注册成立，成立初期为 A 单位早期拓展境外业务需要的货币交易公司，账户上持有美元、英镑、港币余额均较小，审计人员翻查了任中审计期间公司的资料，目前没有实质业务，属于空壳公司，延伸审计任中期至成立初期的财务报表，前期曾有一香港的房地产，由 A 单位委托 Y 公司代管，在 2005 年后该房产在 Y 公司报表上消失了，而 2005 年及之前的财务账册，因该公司主管单位多次变更，短时间内找到较困难，难以一下查明房产消失原因。在阅读成立文件、变更主管单位的会议纪要等现有资料后，审计人员联系该公司以前年度审计的会计师事务所、当时的法律顾问，了解到为方便管理，该房产在 2005 年由国有资产管理部门业务调整给在香港当地有实质业务运转的 Z 公司管理，与 Z 公司核实，该公司接管以后，一直出租房产，并提供了当时业务调整文件，文件只是表述该房产由 Z 公司管理，对房产产权是否划拨给 Z 公司未做明确规定，权属证明上显示产权人为 A 单位，因此 Z 账上并未做固定资产入账，房产租赁收入扣除税费后挂往来款，因 A 单位未追其索要租金收入，该往来款一直挂在账上，根据当地市场价格确定 A 单位在境外持有未入账的物业一套，价值 1000 万元，从 2005 年至审计年度的房屋租金收入均未向 Z 公司收取。

【定性依据】

1.《事业单位财务规则》（中华人民共和国财政部令第 68 号）第三十七条："事业单位应当建立健全单位资产管理制度，加强和规范资产配置、使用和处置管理，维护资产安全完整，保障事业健康发展。"

2.《广东省财政厅关于省直行政事业单位国有资产使用管理的暂行办法》（粤财资〔2011〕18号）第十四条："省直行政事业单位应当建立资产保管清查制度，其资产管理部门应按照实物量和价值量并重的原则，至少每年一次定期对实物资产进行清查盘点，完善资产管理账表及有关资料，做到账、卡、实相符。"

3.《广州市非税收入管理办法》（2006年广州市人民政府令第1号）第三条："本办法所称非税收入，是指除税收之外的下列财政收入：……（三）国家机关、事业单位、社会团体和其他组织的国有资产包括流动资产、长期投资、固定资产、无形资产和其他资产，通过出租、转让或者其他方式取得的收益。……前款规定的收入属应纳税的，依法纳税后上缴非税收入。"

说明：该文件已于2015年9月30日广州市人民政府令第132号《广州市人民政府关于因行政区划调整修改〈广州市扩大区县级市管理权限规定〉等93件政府规章的决定》修正。

4.《广州市非税收入管理办法》（2015年广州市人民政府令第132号）第三条："本办法所称非税收入，是指除税收之外的下列财政收入：……（三）国家机关、事业单位、社会团体和其他组织的国有资产包括流动资产、长期投资、固定资产、无形资产和其他资产，通过出租、转让或者其他方式取得的收益；……前款规定的收入属应纳税的，依法纳税后上缴非税收入。"

【启示或建议】

由于业务调整形成的历史遗留问题，是国有资产管理过程中断档案产生的，也是目前亟待解决、不能回避的难题。

行政事业单位国有资产是行政事业单位履行职能，保障政权运转以及提供公共服务的物质基础，在当前全面深化改革和经济社会发展的新形势下，对行政事业单位的国有资产进行有效监督显得尤为重要，总结历史遗留问题形成的原因，并建立起由单位负责人牵头，由资产、财务、人事、后勤等人员组成的工作小组，明确分工，落实责任，共同加强国有资产管理，维护国有资产安全。

【案例177】固定资产二级科目分类不规范，导致账账不符

1. 某公立医院会计账上的固定资产与资产管理系统的总金额一致，但明细账金额不一致，会计账面累计折旧金额与固定资产管理系统也不符。账账不符的主要原因是固定资产会计分类与固定资产管理部门分类口径不一致所导致。

2. 某行政单位固定资产二级科目设置不规范。该单位固定资产二级科目设有：电脑、打印传真设备、复印设备、影音设备、摄录设备、办公台椅及文件柜、车辆、空调冰箱、其他设备9个明细科目。账面固定资产分类未依据固定资产的六大类进行分类入账，从而造成2016年在进行固定资产清查时财务账面分类与财政局固定资产登记系统分类不一致的情况。

【定性依据】

1.《行政事业单位内部控制规范（试行）》（财会〔2012〕21号）第四十四条："单位应当加强对实物资产和无形资产的管理，明确相关部门和岗位的职责权限，强化对配置、使用和处置等关键环节的管控。(三) 建立资产台账，加强资产的实物管理。单位应当定期清查盘点资产，确保账实相符。财会、资产管理、资产使用等部门或岗位应当定期对账，发现不符的，应当及时查明原因，并按照相关规定处理。"

2.《医院财务制度》（财社〔2010〕306号）第五十条："医院应当对固定资产定期进行实地盘点。对盘盈、盘亏的固定资产，应当及时查明原因，并根据规定的管理权限，报经批准后及时进行处理。固定资产管理部门要对固定资产采取电子信息化管理，定期与财务部门核对，做到账账相符、账卡相符、账实相符。"

3.《行政单位财务规则》（中华人民共和国财政部令第71号）第三十条："固定资产一般分为六类：房屋及构筑物；通用设备；专用设备；文物和陈列品；图书、档案；家具、用具、装具及动植物。"

4.《事业单位财务规则》（中华人民共和国财政部令第68号）第四十条："固定资产一般分为六类：房屋及构筑物；专用设备；通用设备；文物和陈列品；图书、档案；家具、用具、装具及动植物。"

【启示或建议】

建议该单位应按照规定设置"固定资产"科目，对于新增固定资产按照六大类入财务账，避免与固定资产管理系统不符。固定资产管理部门与财务部门沟通合作，按规定理顺固定资产明细分类，确保账账相符、账实相符、账表相符。

【案例178】达到固定资产标准未作为固定资产管理

1. 某中心部分资产达到固定资产标准未作为固定资产管理和核算。

(1) 以下资产应视为耐用时间在一年以上的大批同类物资，但未计入固定资产，如：2017 年 11 月购买会议椅 40 张，金额共计 3 万元；2017 年 8 月购买班前椅、中班椅 4 张，金额共计 0.6 万元。(2) 以下资产单价和使用年限达到固定资产标准未计入固定资产，如：2017 年 12 月购买救生筏 1 个，金额 0.6 万元；2017 年 12 月购买实验室耗材台式设备 1 个，金额 0.3 万元。以上均作为经费支出且固定资产管理系统未做记录。

2. 某医院部分固定资产管理不规范：(1) 存在将购入固定资产计入当期成本费用的情况，导致资产账实不符，如 2016 年 5 月购入电脑 7 台计 5 万元，未计入固定资产，直接列支在“医疗业务成本——其他费用”；2017 年 7 月购入办公家具一批计 20 万元，未计入固定资产，直接列支在“医疗业务成本——其他费用”，2017 年 1 月购入医学用书款 7 万元，计入管理费用，未做固定资产入账。(2) 2018 年 7 月购进 2 台救护车 100 万元，2015 年 12 月完成安装并使用 2 台电梯金额 40 万元；2016 年 12 月完工验收配电及给水系统 200 万元；以上均未记入固定资产管理信息系统且未入账。

【定性依据】

1.《行政单位财务规则》(中华人民共和国财政部令第 71 号) 第三十条：“固定资产是指使用期限超过一年，单位价值在 1000 元以上（其中：专用设备单位价值在 1500 元以上），并且在使用过程中基本保持原有物质形态的资产。单位价值虽未达到规定标准，但是耐用时间在一年以上的大批同类物资，作为固定资产管理。”

2.《事业单位财务规则》(财政部令〔2012〕第 68 号) 第四十条：“固定资产是指使用期限超过一年，单位价值在 1000 元以上，并在使用过程中基本保持原有物质形态的资产。单位价值虽未达到规定标准，但是耐用时间在一年以上的大批同类物资，作为固定资产管理。固定资产一般分为六类：房屋及构筑物；专用设备；通用设备；文物和陈列品；图书、档案；家具、用具、装具及动植物。”

【启示或建议】

应当规范固定资产管理，购建的资产达到固定资产规定标准，应按规定登记固定资产账，如实地反映资产的数量、价值。取得资产没有相关凭据、同类或类似资产的市场价格应当按照名义金额入账名义金额补登记账。

【案例179】部分后续支出未资本化

审计发现，部分资产改扩建的后续支出未计入固定资产价值中：

1. 某公立医院部分增加资产使用效能和延长寿命而发生的改建、扩建或大型修缮等后续支出未计入固定资产价值中，通过“医疗业务支出——房屋建筑物维修（护）费”“管理费用——房屋建筑物维修（护）”科目核算，未纳入“固定资产”核算范围。2015～2017年度共发生维修费3800万元，其中：通过“医疗业务成本”列支2500万元，通过“管理费用”列支1300万元。

2. 某公立医院部分固定资产更新改造等后续支出，直接在“管理管理费用——其他费用——维修（护）费”科目列支，未纳入“固定资产”核算范围，2016年末列支房屋建筑物维修（护）费2800万元、专业设备维修（护）费160万元、一般设备维修（护）费490万元，以上支出均为固定资产更新改造支出。

【定性依据】

《医院会计制度》（财会〔2010〕27号）：“1601 固定资产（三）与固定资产有关的更新改造等后续支出，应分别以下情况处理：1. 为增加固定资产的使用效能或延长其使用寿命而发生的改建、扩建或大型修缮等后续支出，应当计入固定资产账面价值，通过‘在建工程’科目核算。”

说明：上述业务发生时间早于2018年12月31日，因此适用上述制度。2018年12月31日已废止《医院会计制度》（财会〔2010〕27号），2019年1月1日执行的《关于印发〈政府会计制度——行政事业单位会计科目和报表〉的通知》（财会〔2017〕25号）明确规定：1601 固定资产　四、固定资产的主要账务处理如下：……（二）与固定资产有关的后续支出……为增加固定资产使用效能或延长其使用年限而发生的改建、扩建等后续支出，借记“在建工程”科目，贷记“财政拨款收入”“零余额账户用款额度”“银行存款”等科目。

【启示或建议】

上述单位应当严格按会计制度进行固定资产核算。

【案例180】与工程相关的费用未纳入“在建工程”科目核算

某公立医院在建工程发生的部分费用，直接在“医疗支出”或“管理费用”科目列支。

1. 某项目建设相关的装修费、前期费用未纳入“在建工程”核算范围。如：2016 年 6 月签订的《A 设备采购及安装装饰等相关服务工程合同》，合同金额 320 万元，2014 年 7 月支付第一期、第二期工程进度款分别为 60 万元、98 万元，通过“医疗支出——房屋建筑物维修（护）费”核算，未纳入项目建设工程成本。

2. 2014 年 1 月支付建设工程可行性研究费 9 万元，通过“管理费用——咨询费”核算，未纳入项目建设工程成本。

【定性依据】

1.《基本建设财务管理规定》（财建〔2002〕394 号）第十六条：“建设成本包括建筑安装工程投资支出、设备投资支出、待摊投资支出和其他投资支出。”第十九条：“待摊投资支出是指建设单位按项目概算内容发生的，按照规定应当分摊计入交付使用资产价值的各项费用支出，包括：可行性研究费。”

说明：该案例适用上述文件，《基本建设财务管理规定》（财建〔2002〕394 号）自 2016 年 9 月 1 日起同时废止，同日起施行《基本建设财务规则》（财政部令第 81 号），适用第二十一条：“建设成本是指按照批准的建设内容由项目建设资金安排的各项支出，包括建筑安装工程投资支出、设备投资支出、待摊投资支出和其他投资支出……待摊投资支出是指项目建设单位按照批准的建设内容发生的，应当分摊计入相关资产价值的各项费用和税金支出。”

说明：根据 2017 年 12 月 4 日财政部令第 90 号，修改《基本建设财务规则》，自 2018 年 1 月 1 日起施行，修改后第二十一条内容不变。

2.《事业单位会计准则》（财政部令〔2012〕第 72 号）第二十一条：“在建工程是指事业单位已经发生必要支出，但尚未完工交付使用的各种建筑（包括新建、改建、扩建、修缮等）和设备安装工程。”

说明：此文于 2018 年 12 月 31 日废止，2019 年 1 月 1 日起执行《财政部关于贯彻实施政府会计准则制度的通知》财会〔2018〕21 号。上述业务发生时间早于 2018 年 12 月 31 日，因此适用上述条款。

【启示或建议】

医院应当规范建设项目工程成本列支范围，加大财务人员关于建设项目工程成本等知识的培训，确保在建工程的列支准确性。

【案例 181】固定资产无依据入账

审计发现，某医院于 2018 年对 2017 年 12 月 31 日为基准日进行资产清查时，固定资产实物明细合计数比财务账上数据少 360 万元，未能找到对应金额的固定资产实物，2015 年建立资产管理系统时直接将 360 万元的差异全部计入简易码头一项资产的账面值。根据资产管理系统台账卡反映，该简易码头于 1986 年取得，该医院无法提供简易码头的财务入账凭证与原始依据，简易码头账面价值 360 万元入账依据明显不足。

【定性依据】

1.《中华人民共和国会计法》第九条："各单位必须根据实际发生的经济业务事项进行会计核算，填制会计凭证，登记会计账簿，编制财务会计报告。任何单位不得以虚假的经济业务事项或者资料进行会计核算。"

2.《会计基础工作规范》（财会字〔1996〕19 号）第六十三条："各单位应当定期对会计账簿记录的有关数字与库存实物、货币资金、有价证券、往来单位或者个人等进行相互核对，保证账证相符、账账相符、账实相符。对账工作每年至少进行一次。"

说明：由于本案例为 2017 年，适用上述文件。《会计基础工作规范》于 2019 年 3 月 14 日修订（2019 年财政部令第 98 号），修订后删去第六十一条，第六十三条序号改为第六十二条，但内容不变。

3.《医院财务制度》（财社〔2010〕306 号）第七十一条："医院在办理年度决算前，应对财产物资、债权、债务进行全面清查盘点，并编制盘存表，对盘盈、盘亏、报废、毁损等按本制度规定及时处理。"

【启示或建议】

行政事业单位要规范固定资产日常管理，加强清查盘点，确保账实相符，避免国有资产重大流失。

【案例 182】少计提折旧、摊销

审计发现，部分单位的折旧、摊销计提不规范：

1. 某大学截至 2017 年 12 月 31 日，未对固定资产计提折旧。

2. B 医院的固定资产折旧和无形资产摊销的计提不规范，存在部分固定资产过渡新旧系统时多计提 1 个月折旧、未计提折旧、未在开始使用时计提折旧和摊销，根据固定资产和无形资产台账进行测算，累计少计提固定资产折旧 130 万元。

【定性依据】

1.《高等学校会计制度》第四十三条："高等学校应当对固定资产采用年

限平均法或工作量法计提折旧。计提固定资产折旧不考虑残值。”

2.《医院会计制度》（财会〔2010〕27号）：“1602累计折旧三、三、医院应当对除图书外的固定资产计提折旧，在固定资产的预计使用年限内系统地分摊固定资产的成本。医院原则上应当根据固定资产的性质，采用年限平均法或工作量法计提折旧。折旧方法一经确定，不得随意变更。……医院一般应当按月提取折旧，当月增加的固定资产，当月不提折旧，从下月起计提折旧；当月减少的固定资产，当月照提折旧，从下月起不提折旧。”

说明：以上两个会计制度于2018年12月31日废止，2019年1月1日执行的《关于印发〈政府会计制度——行政事业单位会计科目和报表〉的通知》（财会〔2017〕25号）。上述案例业务发生时间早于2018年12月31日，因此适用上述条款。

【启示或建议】

应严格按规定计提折旧，计提折旧方法一经采用不得随意变更。

【案例183】已验收使用的在建工程未转入固定资产

在审计过程中，发现已完工使用的固定资产仍在“在建工程”挂账，未及时结转至固定资产：

1. 某农场2017年账上有些在建工程已完工验收，并投入使用，但长期挂账未结转固定资产，如农业基地建设60万元已挂账4年、蔬菜生产基地建设50万元已挂账2年；基地灌溉工程12万元已挂账2年。

2. 某医院另址新建项目（×区分院）已于2017年6月验收投入使用，截至2018年9月未竣工结算，也未结转至固定资产。

【定性依据】

《事业单位会计准则》（中华人民共和国财政部令第72号）第十五条：“事业单位提供的会计信息应当具有可比性。”第二十一条：“在建工程是指事业单位已经发生必要支出，但尚未完工交付使用的各种建筑（包括新建、改建、扩建、修缮等）和设备安装工程。”

说明：《事业单位会计准则》（中华人民共和国财政部令第72号）于2018年12月31日废止，上述业务发生时间早于2018年12月31日，因此适用上述条款。2019年1月1日执行《关于印发〈政府会计制度——行政事业单位会计科目和报表〉的通知》（财会〔2017〕25号），新制度明确规定：“1601固定资产　四、固定资产的主要账务处理如下：……2. 自行建造的固定资产交付使用时，按照在建工程成本，借记本科目，贷记‘在建工程’科目。已交付使用但尚未办理竣工决算手续的固定资产，按照估计价值入账，待办理竣工决算后再按照实际成本调整原来的暂估价值。”

【启示或建议】

按照将已完工投入使用的在建工程转入固定资产进行核算。

5.2.3 本节小结

行政事业单位的固定资产是国有资产的重要组成部分，是行政事业单位运转的必要条件。综观行政事业单位固定资产的管理工作，存在诸多不规范、管理薄弱的现象，这些情况不仅影响行政事业单位的发展，也影响国有资产的保值增值，甚至造成国有资产的严重流失。固定资产管理方面存在的问题主要有以下几点：

1. 内部管理及外部监督制度不健全，资产管理责任不明确。主要表现在日常管理缺失，缺少固定资产实物登记账或台账；资产领用及保管没有记录，手续不完备，固定资产管理责任不明确；外部监督机制不健全，对于管理不到位的相关责任人，相关部门未对责任人进行处罚或者处罚力度较小。

2. 财务会计信息不及时，不真实，不完整。主要表现在对购置、捐赠调入等形成的资产未及时入账，对报废和处置的固定资产不及时调账，导致账实不符；会计人员缺记、漏记固定资产，导致固定资产实物状况未真实反映在账上；有些单位存在账外资产，财会部门无完整的固定资产台账或记录，导致账上资产不完整。

3. 未严格履行规定程序。主要表现在固定资产毁损、报废、调拨、变卖、转让时，不按规定及时向主管部门或同级财政、国有资产管理部门报告，并履行审批手续，存在随意出售、转让、核销现象，且处置金额也相当大。

4. 缺乏定期的清查盘点，且资产未贴标签难以查实是否账实相符。对固定资产进行一年一度的盘点是保证账实相符的基础工作，但是在实际操作过程中行政事业单位因人员的配置、部门之间的分工以及审计压力小等原因，不能实现对固定资产的定期盘点，也就未能发现固定资产实际存在的问题。

针对固定资产管理工作存在诸多不规范、管理薄弱的现象，建议如下：

1. 完善资产管理机制，明确固定资产管理责任，可以建立行政事业单位资产管理责任机制，实行单位主要领导为全面负责人、分管领导为主要责任人、使用部门负责人为直接责任人的三级管理机制。明确相关责任人的职责范围，将资产管理责任落实到人。同时加大外部监督的力度，审计、财政、检查部门切实把固定资产的真实完整和保值增值作为经常性监督的重点。

2. 加强会计人员业务培训，提高业务能力，规范账务处理。会计人员应做到及时登记固定资产台账，做好固定资产管理的基础工作，保证做到账账、账实相符。

3. 严格执行固定资产管理制度，增强按规定程序走审批的意识，对于清理无法正常使用的固定资产，需按规定程序办理固定资产报废、处置；积极处理好闲置固定资产，引入资产评估程序，运用竞价出售、拍卖等公开、透明方式回收资金，或依法按政策捐赠边远地区等方式使国有资产保值、增值，提高国有资产使用效益。

4. 加强固定资产的盘点工作，固定资产的盘点工作必须认真落实，从制度、时间、人手抓起，建立切实可行的预算单位盘点机制，并严格执行，落实到人。政府的财政部门也应定期对预算单位的固定资产进行清查。

5.3 对外投资管理

5.3.1 常见问题及表现形式

1. 未经审批对外投资。主要表现形式：未经审批使用财政资金购买非保本理财产品；未经批准注册成立公司；未经审批利用赠款、试验费、和制作经费等对外投资等。

2. 投资可行性论证不充分。主要表现形式：投资性可行性论证报告不真实、缺乏可靠性、客观性等。

3. 未真实反映对外投资情况。主要表现形式：对外投资记入“科研成本”“其他应收款”“合同预收款”中或未在账上体现，决算报告未做披露等。

4. 对外投资管理松懈。主要表现形式：被投资单位经营管理不善出现亏损或已被吊销营业执照；投资方投资后无收益；账上未计提减值损失等。

5. 处置对外投资手续不齐。主要表现形式：未经评估、未经批准处置对外投资等。

6. 对外投资收益未上缴。主要表现形式：未按规定及时、足额缴纳国有资产收益等。

7. 未按规定与所办经济实体脱钩。

5.3.2 审计案例

【案例184】未经审批购买非保本理财产品

某公办中学于2016年共计购买A银行股份有限公司“E类型”理财产品2300万元，2017年购买“F类型”（按日）开放式资产组合型人民币理财产品800万元，各年理财利息均已上缴财政。但2016～2017年所购理财产品为非保本型，具有一定的投资风险，且学校购买理财产品未经上级财政部门审批。

【定性依据】

1. 《事业单位财务规则》（财政部令第8号）第四十四条：“对外投资是指事业单位依法利用货币资金、实物、无形资产等方式句其他单位的投资。事业单位应当严格控制对外投资……事业单位不得使用财政拨款及其结余进行对外投资，不得从事股票、期货、基金、企业债券等投资，国家另有规定的除外。”

2. 《广州市市属行政事业单位国有资产使用管理办法》（穗财规字〔2016〕1号）第二十六条：“事业单位应在保证单位正常运转和事业发展的前提下，严格控制货币性资金对外投资，不得从事股票、期货、基金、企业债券等投资……下列资产不得用作对外投资：（一）财政拨款及财政拨款结余；（二）上级补助收入及结余资金；（三）保证本单位正常运作的资产。”

【启示或建议】

应加强资金使用管理审批，对财政资金的投资保持理性谨慎，加强风险管控，避免造成国有资产损失。

【案例185】未经主管部门批准注册成立公司

2017年，某市一事业单位性质的文化艺术信息中心未经主管部门批准注册成立1家公司。

【定性依据】

1.《事业单位国有资产管理暂行办法》(2006 年财政部令第 36 号) 第七条:“事业单位的主管部门(以下简称主管部门)负责对本部门所属事业单位的国有资产实施监督管理。其主要职责是:(三)审核本部门所属事业单位利用国有资产对外投资、出租、出借和担保等事项,按规定权限审核或者审批有关资产购置、处置事项。”第八条:“事业单位负责对本单位占有、使用的国有资产实施具体管理。其主要职责是:(三)办理本单位国有资产配置、处置和对外投资、出租、出借和担保等事项的报批手续。”

说明:由于本案例为 2017 年,适用上述文件,《事业单位国有资产管理暂行办法》已于 2019 年 3 月 29 日第二次修改(2019 年财政部令第 100 号),修改后第七条、第八条内容不变。

2.《广东省财政厅关于省直行政事业单位国有资产使用管理的暂行办法》(粤财资〔2011〕18 号)第二十五条:“省直事业单位利用国有资产对外投资,应当进行必要的可行性论证,并提出申请,报主管部门审核或审批。”

【启示或建议】

单位对外投资应进行必要的可行性论证,并提出申请后报主管部门批准。

【案例 186】《投资可行性论证报告》失实

某事业单位的《投资可行性论证报告》预计公司投产后的年销售额为 50000 万元,公司实际投产后 2 年的年平均销售额为 400 万元,不足《投资可行性论证报告》预计年销售额的百分之一。该公司由于可行性报告销售额估计出现重大失误,初始投资巨大,收不抵支,造成巨额亏损,无力继续经营,于投产 3 年后倒闭。

【定性依据】

《广东省财政厅关于省直行政事业单位国有资产使用管理的暂行办法》(粤财资〔2011〕18 号)第二十五条:“省直事业单位利用国有资产对外投资,应当进行必要的可行性论证,并提出申请,报主管部门审核或审批。主管部门应对事业单位申报材料的完整性、决策过程的合规性、拟投资项目资金来源的合理性等进行审查,并报省财政部门审批或备案。”第二十六条:“省直事业单位对投资项目进行可行性论证,可借助中介机构或组织有关专家论证,主要包括以下几个方面:(一)投资项目是否符合法律、法规和国家有关政策特别是产业政策的规定和要求。(二)投资项目的产业、行业背景。

（三）投资项目的竞争力分析。（四）投资项目的收益与风险评估。”

【启示或建议】

建议借助中介机构或组织有关专家论证，降低投资风险，主要包括以下几个方面：产业政策、投资项目的行业背景、投资项目的竞争力分析、投资项目的收益与风险评估。

【案例187】对外投资未在账上体现，未在决算报告披露

某研究院为事业单位，截至2017年底，该研究院未将2010年划转过来的企业股权计入财务账簿，对外投资记录不完整，形成账外资产，经初步核实，2017年底，账外股权投资约800万元；研究院尚未对2012年以专利技术作价120万元的对外投资进行账务处理；对1家公司投资的50万元在往来科目核算，未纳入长期投资核算和管理；该研究院未将对外投资的3家公司编入对外投资情况表，造成国有资产年度决算报告不完整。

【定性依据】

1.《事业单位国有资产管理暂行办法》（2006年财政部令第36号）第二十一条：“事业单位利用国有资产对外投资、出租、出借和担保等应当进行必要的可行性论证，并提出申请，经主管部门审核同意后，报同级财政部门审批。法律、行政法规另有规定的，依照其规定。事业单位应当对本单位用于对外投资、出租和出借的资产实行专项管理，并在单位财务会计报告中对相关信息进行充分披露。”

说明：由于本案例为2017年，适用上述文件，《事业单位国有资产管理暂行办法》已于2019年3月29日第二次修改（2019年财政部令第100号），第二十一条修改为：“事业单位利用国有资产对外投资、出租、出借和担保等应当进行必要的可行性论证，并提出申请，经主管部门审核同意后，报同级财政部门审批。法律、行政法规和本办法第五十六条另有规定的，依照其规定。事业单位应当对本单位用于对外投资、出租和出借的资产实行专项管理，并在单位财务会计报告中对相关信息进行充分披露。”

2.《中华人民共和国预算法》（2014年修订版）第七十五条：“编制决算草案，必须符合法律、行政法规，做到收支真实、数额准确、内容完整、报送及时。”

说明：由于该案例为2017年，适用于2014年预算法修订版，目前《中华人民共和国预算法》于2018年12月29日再次修订，修订后的第七十五条内容不变。

【启示或建议】

应对本单位外投资情况实行专项管理，在账上充分体现并在财务会计报告中对相关信息进行充分披露。

【案例 188】被投资公司已被吊销营业执照，未计提减值损失

某设计院为事业单位，2017 年会计账上反映对外投资 200 万元，其中投资 E 监理公司 90 万元，国家企业信用信息公示系统显示 E 监理公司 2016 年已被吊销营业执照，账上未计提减值损失。至 2017 年审计前，该设计院对外投资追踪管理松懈，未能及时知晓该监理公司被吊销营业执照事项。

【定性依据】

《广东省财政厅关于省直行政事业单位国有资产使用管理的暂行办法》（粤财资〔2011〕18 号）第三十二条："省直事业单位用于对外投资的国有资产应当实行专项管理。（一）专项登记。省直事业单位对外投资资产应建立专门台账，如实登记和反映资产的数量、价值、投资形式、投入单位的名称等。（二）专项考核。建立对外资产管理考核指标体系和定期内部审计制度，对资产的经营和收益分配进行严格考核和监督检查，确保国有资产安全完整，实现国有资产保值增值。"

【启示或建议】

单位对外投资资产应建立专门台账，如实登记和反映资产的相关信息，同时建立管理考核指标体系和定期内部审计制度，对资产的经营和收益分配进行严格考核和监督检查，确保国有资产安全完整。

【案例 189】转让亏损股权未经资产评估，未履行报批程序

2014 年，某事业单位性质的研究中心投资一控股企业，因被投资企业经营不善，连年亏损，为免受其亏损影响，2017 年 1 月研究中心领导开会决定转让股权，当年 10 月正式退出控股企业，转让价款为原账面投资额 300 万元，该股权转让未经资产评估，未履行报批程序。

【定性依据】

《事业单位国有资产管理暂行办法》（2006 年财政部令第 36 号）第七条："事业单位的主管部门（以下简称主管部门）负责对本部门所属事业单位的国有资产实施监督管理。其主要职责是：（三）审核本部门所属事业单位利用国

有资产对外投资、出租、出借和担保等事项，按规定权限审核或者审批有关资产购置、处置事项。”第八条：“事业单位负责对本单位占有、使用的国有资产实施具体管理。其主要职责是：（三）办理本单位国有资产配置、处置和对外投资、出租、出借和担保等事项的报批手续。”第三十八条：“事业单位有下列情形之一的，应当对相关国有资产进行评估：（四）资产拍卖、转让、置换。”

说明：由于本案例为2018年之前，适用上述文件，《事业单位国有资产管理暂行办法》已于2019年3月29日第二次修改（2019年财政部令第100号），修改后第七条、第八条、第三十八条内容不变。

【启示或建议】

遵照国有资产管理办法，处置对外投资必须经资产评估、审批程序。

【案例190】对外投资收益未上缴

某市工商局下属信息中心未按规定上缴2016年度投资收益30万元、经营收益50万元。

【定性依据】

《事业单位国有资产管理暂行办法》（2006年财政部令第36号）第八条：“事业单位负责对本单位占有、使用的国有资产实施具体管理。其主要职责是：（四）负责本单位用于对外投资、出租、出借和担保的资产的保值增值，按照规定及时、足额缴纳国有资产收益。”

说明：由于本案例为2016年，适用上述文件，《事业单位国有资产管理暂行办法》已于2019年3月29日第二次修改（2019年财政部令第100号），修改后第八条内容不变。

【启示或建议】

国有资产对外投资收益仍属国有，应及时、足额缴纳国有资产收益。

【案例191】未按规定与所办经济实体脱钩

某局为公益一类事业单位，2018年审计发现，共经营管理3家企业，未按规定办理与企业脱钩的相关手续。

【定性依据】

1.《广东省事业单位分类改革的意见》（粤发〔2010〕6号）：“（二）公益类事业单位。具体划分为三个类别：1. 公益一类事业单位。指涉及国家安全、公共安全、公共卫生、公共文化、经济社会秩序和公民基本权利，政府必须予以保障，不能或不宜由市场配置资源的事业单位，以及只为政府履行职能提供支持保障的事业单位。这类单位的宗旨和业务范围由政府确定并严格监管，不得从事经营活动。”

2.《广州市市属行政事业单位国有资产使用管理办法》（穗财规字〔2016〕1号）第二十二条：“除法律法规另有规定外，行政单位和公益一类事业单位不得以任何形式用占有、使用的国有资产举办经济实体和从事经营活动。行政单位在2007年之前已经用占有、使用的国有资产举办经济实体的，应当按照党政机关与所办经济实体脱钩的有关规定进行脱钩。脱钩之前，行政单位应当按照国家有关规定对举办的经济实体的经济效益、收益分配及资产使用情况等进行管理和监督检查。”

【启示或建议】

行政单位及公益一类事业单位应按有关规定与所办经济实体脱钩。

5.3.3 本节小结

行政事业单位对外投资管理不到位，易造成国有资产的流失，主要原因有：（1）对外投资不谨慎。部分事业单位对外投资不谨慎、随意性较大，不重视“投资可行性论证报告”的真实性、可靠性、客观性。对外投资项目论证不充分，决策程序不规范，缺乏监督。存在盲目投资、感情投资、关系投资的现象，许多对外投资项目因此而失败。（2）单位对外投资项目疏于管理。部分事业单位存在重投资、轻管理的现象，对投资项目的经营决策、经营管理情况、财务状况、经济效益等情况重视不够。未建立投资项目后期跟踪管理监督机制，投资单位的合法权益受到侵害。（3）缺乏管理人才和经验。在事业单位全资或控股的投资项目，由于单位选派的经营管理人员缺乏管理经验，不懂市场行情以及如何进行市场运作，导致经营决策失误、管理不善，投资项目经营陷入困境甚至出现亏损，造成国有资产流失。（4）经营者责任心不强。由于多数事业单位未对全资或控股的投资项目规定实现销售额、上缴利润等具体经营指标和严格的奖惩制度，事业单位选派的经营管理者工作无压力，经营责任心不强。

为了规范事业单位对外投资，提高资金的使用效益，防止国有资产流失，维护投资单位的合法权益，财政部门及相关主管部门应对下属事业单位对外投资的权属、投资收益等管理情况进行全面梳理和分析的基础上，积极研究对策，一是加强财务监管，在财务管理与会计核算方面，全面、准确地反映事业单位对外投资情况，确保国有资产的安全、完整，实现保值增值，维护投资人的合法权益；二是加强审批监管，健全完善对外投资的审批制度、投资跟踪管理监督机制；三是加强对外投资的经营监管，建立经营责任制和严格的奖惩制度；四是加强对外投资资产处置的管理和监督，包括评估、审批、清算、转让、回收等环节。

5.4 往来管理

5.4.1 常见问题及表现形式

1. 往来款项长期挂账。主要表现形式：往来款项长期挂账；垫付及出借资金未及时清理等。

2. 往来款项管理不善。主要表现形式：应收债权追讨不及时，债务公司已宣布破产，未及时确认损失；往来款项未按往来单位或个人明细核算等。

3. 关联方交易挂账金额不一致。

5.4.2 审计案例

【案例192】其他应收款长期挂账

某市公办特殊教育学校2017年末“其他应收款——A工程公司”期末余额为90万元，已挂账5年以上，该往来款是2011年11月支付某工程建设预付款，开工后，因违规用地，工程已被拆除，款项已无法收回，账上一直未处理。

【定性依据】

1. 《行政单位财务规则》（财政部令第71号）第三十七条：“行政单位应当加强应收及暂付款项的管理，严格控制规模，并及时进行清理，不得长期挂账。”

2. 2019年1月1日施行的《政府会计制度——行政事业单位会计科目和报表》（财会〔2017〕25号）："四、事业单位应当于每年年末，对其他应收款进行全面检查，如发生不能收回的迹象，应当计提坏账准备。（一）对于账龄超过规定年限、确认无法收回的其他应收款，按照规定报经批准后予以核销。按照核销金额，借记'坏账准备'科目，贷记本科目。核销的其他应收款应当在备查簿中保留登记。"

【启示或建议】

应当加强应收及暂付款项的管理，严格控制规模，并及时进行清理，不得长期挂账。

【案例193】垫付及出借资金未及时清理

2017年审计发现，某县财政局2015年前垫付、出借财政资金7000万元，追讨力度有限，至今仍挂账，主要包括2009年前借出，作为科技企业的技改专项借款1500万元，目前有些企业已经倒闭，有些企业尚在经营；2007年某巴士公司运营借款2300万元；某建设工程公司基建项目借款3200万元，为2010年县政府基建项目垫付款4200万元。

【定性依据】

《行政单位财务规则》（财政部令第71号）第三十七条："行政单位应当加强应收及暂付款项的管理，严格控制规模，并及时进行清理，不得长期挂账。"

【启示或建议】

应当加强应收及暂付款项的管理，严格控制规模，并及时进行清理，不得长期挂账。

【案例194】未积极追讨应收债权，未及时确认损失

某事业单位2017年应收账款挂账1500万元，经核查，其中380万元应收账款，为2014年签订设计服务合同，该事业单位提供的设计方案已得到对方认可，但应收款项一直未支付，起初与对方有协商，对方口头答应会还款，但一直未有实际还款行动，该事业单位因人员变动，未关注其还款能力，也未采取法律行动追讨债权，2016年对方被法院判决宣布破产，据所有债权人申报及法院公告情况，该事业单位380万元债权收回的可能性只有20%，已形成坏账损失，账上尚未确认损失。

【定性依据】

1.《行政事业单位内部控制规范（试行）》（财会〔2012〕21号）第五十六条："单位应当对合同履行情况实施有效监控。合同履行过程中，因对方或单位自身原因导致可能无法按时履行的，应当及时采取应对措施。"

2.《事业单位会计制度》（财会〔2012〕22号）："四、逾期三年或以上、有确凿证据表明确实无法收回的应收账款，按规定报经批准后予以核销。核销的应收账款应在备查簿中保留登记。（一）转入待处置资产时，按照待核销的应收账款金额，借记'待处置资产损溢'科目，贷记本科目。（二）报经批准予以核销时，借记'其他支出'科目，贷记'待处置资产损溢'科目。"

说明：由于该案例为2017年，适用于《事业单位会计制度》（财会〔2012〕22号），2019年1月1日废止该文件并执行《关于印发〈政府会计制度——行政事业单位会计科目和报表〉的通知》（财会〔2017〕25号）。新制度明确规定："1212 应收账款　四、事业单位应当于每年年末，对收回后不需上缴财政的应收账款进行全面检查，如发生不能收回的迹象，应当计提坏账准备。（一）对于账龄超过规定年限、确认无法收回的应收账款，按照规定报经批准后予以核销。按照核销金额，借记'坏账准备'科目，贷记本科目。核销的应收账款应在备查簿中保留登记……五、单位应当于每年年末，对收回后应当上缴财政的应收账款进行全面检查。（一）对于账龄超过规定年限、确认无法收回的应收账款，按照规定报经批准后予以核销。按照核销金额，借记'应缴财政款'科目，贷记本科目。核销的应收账款应当在备查簿中保留登记……"

【启示或建议】

对于应收账款应实施有效监控，并采取积极措施追讨，对于不能收回的应收债权，应及时按照规定报经批准后予以核销。

【案例195】往来款项未按往来单位或个人明细核算

2018年审计发现，某局"其他应付款"科目未按债权单位或个人挂账；"应收账款"科目未按债务单位或者个人明细核算，未能正确反映具体的债权债务关系。

【定性依据】

1.《会计基础工作规范》（财会字〔1996〕19号）第六十三条："各单

位应当定期对会计账簿记录的有关数字与库存实物、货币资金、有价证券、往来单位或者个人等进行相互核对，保证账证相符、账账相符、账实相符……包括：各种应收、应付款明细账账面余额与有关债务、债权单位或者个人核对等。”

说明：由于本案例为2017年，适用上述文件。《会计基础工作规范》于2019年3月14日修订（2019年财政部令第98号），修订后删去第六十一条，第六十三条序号改为第六十二条，但内容不变。

2.《事业单位会计制度》（财会〔2012〕22号）：“其他应付款　二、本科目应当按照其他应付款的类别以及债权单位（或个人）进行明细核算。”

说明：由于该案例为2017年，适用于《事业单位会计制度》（财会〔2012〕22号），2019年1月1日废止该文件并执行《关于印发〈政府会计制度——行政事业单位会计科目和报表〉的通知》（财会〔2017〕25号）。新制度明确规定：2307其他应付款“二、本科目应当按照其他应付款的类别以及债权人等进行明细核算”。

【启示或建议】

加强会计核算，正确、准确反映债权债务关系。

【案例196】关联方交易挂账金额不一致

某医院关联方交易挂账金额存在不一致的现象：（1）该医院本部关联单位代付款未入账。该医院于2012年12月至2016年9月，分三次支付A项目征地预存款共计800万元，并挂账“其他应收款——关联公司W”，上述项目的征地预存款并未下达预算，关联公司W账上也未反映应付该医院征地预存款。（2）该医院各下属单位之间也存在关联方交易挂账金额不一致的情况，2016年年报审计反映集团关联方交易差额达13500万元，虽然比上年有所下降，但金额仍然较大，难以抵消。如：C单位确认D单位的水电及管理费收入为21700万元，而D单位披露接受C单位的水电管理费成本的金额为4000万元。由于核算口径、时间等原因导致关联方差异在各单位间普遍存在。

【定性依据】

1.《会计基础工作规范》（财会字〔1996〕19号）第六十三条：“各单位应当定期对会计账簿记录的有关数字与库存实物、货币资金、有价证券、往来单位或者个人等进行相互核对，保证账证相符、账账相符、账实相符。对账工作每年至少进行一次。”第七十七条：“会计机构、会计人员应当对实物、款项进行监督，督促建立并严格执行财产清查制度。发现账簿记录与实物、款项不符时，应当按照国家有关规定进行处理。超出会计机构、会计人员职权范围的，应当立即向本单位领导报告，请求查明原因，作出处理。”

说明：由于本案例为2017年，适用上述文件。《会计基础工作规范》于2019年3月14日修订（2019年财政部令第98号），修订后删去第六十一条，第六十三条序号改为第六十二条，第七十七条序号改为第七十六条，但内容不变。

2.《医院财务制度》（财社〔2010〕306号）第四十二条：“医院对应收及预付款项要加强管理，定期分析、及时清理。”

【启示或建议】

单位应当对关联方交易规范管理，一是制定内部往来交易对账规范，定期核对关联交易；二是加强关联交易确认基础管理，统一关联交易的核算口径；三是对有差异的关联交易及时查找原因进行调整，提高合并报表的质量和效率。

5.4.3 本节小结

行政事业单位往来账款存在挂账时间长，占用金额大，清理不及时等现象，严重影响了财政资金的正常运转，主要是由于单位制度不完善，内部控制不严，且对往来挂账疏于管理，经过多年的累积，造成往来款项不断增加；其次新老人员接替中，往来款项账务不清，账账、账实不符。对此，建议行政事业单位从以下几方面建立健全内部控制制度，完善往来账款的管理制度，加强单位的资金监督，规范往来账款的管理及核算。

1. 建立健全管理制度，加强往来款项动态监控。设置专人管理，及时核实监控每一笔往来款项的情况；建立往来账款对账和清理制度；对债权债务的发生和结算及时清点、对账；及时向财务负责人及相关单位负责人汇报往来款项的信息，督促并及时提醒有关部门进行催收工作。

2. 全面清理债权债务，制定清理核销方案。财务部门应自检自查，全面清理债权债务情况：对可收回的往来款，加大催收力度；对多头挂账的往来款，经核实后相互冲销；对同一户头多次挂账的，合并账务确保账务清晰规范。防止资金长期被占用，达到逐步降低往来款项，提高资金周转率的目的。

3. 强化财务人员责任意识，做好会计核算工作。财务人员定期加强学习，积极参加业务培训，增强责任感和法制观念，加深对会计核算原则的认识，切实按照有关会计准则、财务制度的要求规范会计核算行为，客观真实反映财务收支情况，确保会计信息的真实完整。

4. 落实往来账款管理责任制。单位领导应高度重视往来款项的管理，实行领导负责制、岗位责任制、考核评比制、监督管理制来落实往来款项的管理。

综上所述，行政事业单位应完善单位内部控制制度，做好资金管理工作，提高资金周转率，保证国有资产保值增值。

5.5 资产清查

5.5.1 常见问题及表现形式

1. 资产清查流于形式，主要表现形式：未专门成立资产清查小组、未明确分工、未落实各部门的责任、各部门间沟通不畅等情况等。

2. 未按资产清查结果及时调整账务。

5.5.2 审计案例

【案例 197】资产清查流于形式

广东省自启用行政事业单位资产管理系统平台以来，每年行政事业单位需要对本单位占有、使用和管理的资产进行清查核实，促使单位摸清家底，解决账实不符、资产闲置浪费及被侵占流失的问题。B 设计院为广州市属事业单位，2016 年 3 月，在接到上级主管单位的资产清查文件通知后，开展了资产清查自查工作，指定财务部门填报资料，上报上级主管单位自查结果账面数与资产系统实有数据一致，无任何差异。

1. 2016 年 6 月，审计组接受主管单位的委托对 B 设计院国有资产进行核查，B 设计院账面反映固定资产宿舍房产 5 套，每套价值 150 万元，盘点核查其产权证，仅提供三份权属证书，未提供另两套房产的权属证明，资产管理部门解释，这 2 套房产已于 2010 年转让给 C 建筑工程公司以抵偿宿舍楼改造工程款，审计组核对了宿舍的竣工结算资料、抵偿工程款协议、产权转移资料，确定当时共建宿舍房产5套，已转让2套抵工程款，实际拥有房产为3套，B设计院账面对于非本单位的两套房产未及时核销。

2. 审计组在盘点时发现B设计院分部有一使用多年的房X，因历史遗留原因，未办理产权证，未予入账，自查时也未反映该房产情况。

3. 审计组根据查阅B设计院诉讼法律文件中，得知其与一企业有一Y房产纠纷，该企业原为设计院的关联单位，改制后变为民营企业，由于房产权属纠纷，民营企业已诉诸法院，尚待判决，该有争议的房产一直未入账，自查时未记录该情况。

4. B设计院应收账款挂账1500万元，经核查，其中380万元的债务人，被法院判决宣布破产，已形成坏账损失，自查时未反映该情况。

5. B设计院长期投资300万元，其中投资D造价咨询公司70万元，E监理公司90万元。经核查，D造价咨询公司因经营不善，前不久已注销，E监理公司因违规操作，出现质量事故，已被吊销营业执照，自查未反映对两公司投资损失。

根据上级主管部门要求，B设计院按规定的审批程序对审计资产清查工作中认定的资产盘盈、资产损失和资金挂账等进行确认，真实反映本单位国有资产占有使用状况。

【定性依据】

1. 《行政事业单位资产清查核实管理办法》（财资〔2016〕1号）第二十二条："固定资产盘盈按照以下方式处理：（二）清查出的因历史原因而无法入账的无主财产，依法确认为国有资产的，应当及时入账，纳入国有资产管理范围。"第五十条："行政事业单位进行资产清查，应当做到账表、账账、账卡、账实相符，不重不漏，查清资产来源、去向和管理情况，找出管理中存在的问题，完善制度、堵塞管理漏洞。"

2. 《广州市市属行政事业单位国有资产使用管理办法》（穗财规字〔2016〕1号）第十二条："行政事业单位应当建立资产保管清查制度。资产管理部门须定期对实物资产进行清查盘点，至少每年一次，做到账、卡、实相符……"第十六条："行政事业单位应当建立健全资产管理责任制，将资产管理责任落实到人，对资产管理人员、使用相关人员进行考核和监督，对责任心不强、管理不善的人员依法追究责任。"

【启示或建议】

如果资产清查流于形式，难以实现全面摸清家底、完善监管系统、建立资产管理与预算管理，资产管理与财务管理相结合的工作机制，完善管理制度的目的。建议加强资产清查监督，清查时应成立资产清查小组，明确分工，落实各部门的责任，防止资产清查不彻底、不真实，加强资产管理部门、法务部门与财务部门的沟通，防止自查流于形式。

【案例198】未按资产清查结果及时报批调整账务

1. 审计发现，截至2019年6月30日，某单位固定资产管理系统中资产合计2.71亿元，账面固定资产合计2.74亿元，差异0.03亿元。经核查，原因是该单位未根据2018年资产清查结果对财务账面数据和固定资产管理部门系统数据及时进行调整。单位账面的固定资产一直未按清产实际情况报批进行调整。

2. 某单位2016年通过第三方进行资产清查工作，根据事务所提供的资产清查专项审计报告显示审计后固定资产盘亏金额800万元，截至2018年底该单位未按清查报告报批确认盘亏损失。

3. 审计发现，某公办学校固定资产为某学院移交资产，2017年根据财政部要求进行资产清查，由某会计师事务所有限公司出具《资产清查专项审计报告》，该学校已取得有证据损失的固定资产70万元，因损坏无法使用的毁损待报废资产500万元。截至2017年12月，学校尚未对固定资产损失进行报批和账务处理。

【定性依据】

1.《行政单位财务规则》第三十五条："行政单位应当加强资产日常管理工作，做好资产建账、核算和登记工作，定期或者不定期进行清查盘点，保证账账相符，账实相符。年度终了，应当进行全面清查盘点。对资产盘盈、盘亏应当及时处理。"第三十八条："行政单位的资产增加时，应当及时登记入账；减少时，应当按照资产处置规定办理报批手续，进行账务处理。"

2.《行政事业单位资产清查核实管理办法》（财资〔2016〕1号）第十条："行政事业单位的主要职责是：（一）向主管部门提出资产清查立项申请。（二）负责制定本单位资产清查实施方案，具体组织开展资产清查工作，并向主管部门报送资产清查结果。（三）根据有关部门出具的资产核实批复文件，调整信息系统相关数据，进行账务处理，并报主管部门备案。"

3.《事业单位会计制度》（财会〔2012〕22号）："1501 固定资产……五、事业单位的固定资产应当定期进行清查盘点，每年至少盘点一次。对于发生的固定资产盘盈、盘亏或者报废、毁损，应当及时查明原因，按规定报经批准后进行账务处理。"

说明：2019年1月1日起施行的《政府会计制度——行政事业单位会计科目和报表》（财会〔2017〕25号）："1601 固定资产……四、固定资产的主要账务处理如下：（四）单位应当定期对固定资产进行清查盘点，每年至少盘点一次。对于发生的固定资产盘盈、盘亏或毁损、报废，应当先记入'待处理财产损溢'科目，按照规定报经批准后及时进行后续账务处理。"

【启示或建议】

建议对造成固定资产盘亏的原因进行核查说明，如是个人原因造成的盘亏应该追究相关人员责任。对登记在册没有使用价值和盘亏、报废的固定资产按相关规定程序申报各部门审批，进行处置处理，并按处置结果对固定资产账面价值进行调整。

5.5.3 本节小结

有些行政事业单位不重视资产清查，只是为了应付上级部门提出的工作任务，未专门成立资产清查小组，未明确分工，未落实各部门的责任，对资产清查不彻底、不真实，各部门沟通脱节，自查未按实际反映，自查流于形式的情况。如果资产清查流于形式，难以实现全面摸清家底、完善监管系统、建立资产管理与预算管理，资产管理与财务管理相结合的工作机制，完善管理制度的目的。

行政事业单位应当加强国有资产管理的主人翁意识，按资产清查有关规定的要求开展资产清查，做到账表、账账、账卡、账实相符，不重不漏，查清资产来源、去向和管理情况，找出管理中存在的问题，完善制度、堵塞管理漏洞；并根据本单位具体情况完善和细化相关规定，建立健全资产管理责任制，将资产管理责任落实到人，对资产管理人员、使用相关人员进行考核和监督，对责任心不强、管理不善的人员依法追究责任；合理配置人员，加强信息化资产管理，提升工作效率和质量，强化资产管理监管监督，达到维护国有资产的安全完整，防止国有资产流失的基本要求，实现国有资产的合理配置、国有资产的有效利用的目的。在资产清查后按规定处理盘盈盘亏。

第 6 章
债务管理

6.1 常见问题及表现形式

1. 通过出具承诺函，违规担保。主要表现形式：地方政府融资平台依托信托或资产管理计划等融资，由政府或所属部门出具承诺函，承诺将融资资金列入本级财政公共预算等。

2. 违规借款，新增政府隐性债务。主要表现形式：政府利用企事业单位借款，用于政府项目，还贷资金列入同期财政支出预算等。

3. 以公益性资产作为租赁物，违规抵押融资。主要表现形式：利用公益性资产售后回租融资等。

4. 借政府购买服务名义，变相举债。主要表现形式：利用政府购买服务协议质押担保，形成贷款等。

5. 借 PPP 名义，违规融资。

6. 用回购方式，违法违规举债。主要表现形式：对建设—移交（BT）项目签订回购协议方式建设等。

7. 向职工发行信托产品，违法违规举债。主要表现形式：向企事业单位职工发行信托产品，违法违规举债。

8. 以股权投资基金形式，明股实债。

9. 超范围、违规使用债券资金。主要表现形式：债券资金未专用于公益性资本支出，用于其他项目债务、发放奖金补贴等经常性支出等。

10. 挤占、挪用债券资金。主要表现形式：用于购买理财产品；用于平衡预算、相关部门的工作经费等。

6.2 审计案例

【案例 199】违规出具承诺函，将融资资金列入财政公共预算

2016 年，经 A 县政府常务会议、县委常委会议和县人大常委会会议研究同意，该县 B 国有资产经营有限责任公司与 C 信托有限责任公司签订信托融资协议，计划融资金额 3 亿元。A 县人大常委会出具决议及承诺函，承诺将该笔融资资金列入县本级财政公共预算，按时足额偿还贷款本息；县人民政府签订了关于“财产信托标的债权”的《债券债务确认协议》，承担无条件和不可撤销的标的债权支付义务；县财政局出具将相关偿付“财产权信托标的债权”列入财政预算和中期财政预算的函。截至 2017 年底，该笔融资到位 3 亿元。

【定性依据】

1.《中华人民共和国预算法》（2014 年修正）第三十五条：“……除法律另有规定外，地方政府及其所属部门不得为任何单位和个人的债务以任何方式提供担保。”

2.《关于加强地方政府性债务管理的意见》（国发〔2014〕43 号）：“二、加快建立规范的地方政府举债融资机制……（四）加强政府或有债务监管。剥离融资平台公司政府融资职能，融资平台公司不得新增政府债务。地方政府新发生或有债务，要严格限定在依法担保的范围内，并根据担保合同依法承担相关责任。地方政府要加强对或有债务的统计分析和风险防控，做好相关监管工作。……四、控制和化解地方政府性债务风险……（三）严肃财经纪律。建立对违法违规融资和违规使用政府性债务资金的惩罚机制，加大对地方政府性债务管理的监督检查力度……不得违法为任何单位和个人的债务以任何方式提供担保。”

【启示或建议】

财政局违规出具承诺函，属于地方政府违法提供债务担保，违反了预算法相关规定。政府应当取消承诺函，撤销将融资资金列入本级财政公共预算，守住依法行政的底线，有效防范区域性财政金融风险。

【案例 200】通过信托产品，违法违规举债担保*

经 D 市政府同意，2016 年 E 投资开发有限公司与 F 信托有限公司签订

《经营收益权转让及回购协议》，设立信托计划进行信托融资，计划融资5亿元。D市财政局向F信托有限公司出具承诺函，承诺若E投资开发有限公司不能按时足额偿还本息，由D市财政局统筹资金偿还。截至2017年底，该笔融资到位3亿元。

【定性依据】

1.《中华人民共和国预算法》（2014年修正）第三十五条："……除法律另有规定外，地方政府及其所属部门不得为任何单位和个人的债务以任何方式提供担保。"

说明：由于本案例为2016～2017年，适用上述文件，《中华人民共和国预算法》已于2018年12月29日修改（2018年主席令第22号），修改后第三十五条内容不变。

2.《中华人民共和国担保法》（1995年主席令第50号）第八条："国家机关不得为保证人，但经国务院批准为使用外国政府或者国际经济组织贷款进行转贷的除外。"

3.《关于加强地方政府性债务管理的意见》（国发〔2014〕43号）："二、加快建立规范的地方政府举债融资机制（四）加强政府或有债务监管。剥离融资平台公司政府融资职能，融资平台公司不得新增政府债务。地方政府新发生或有债务，要严格限定在依法担保的范围内，并根据担保合同依法承担相关责任。地方政府要加强对或有债务的统计分析和风险防控，做好相关监管工作……四、控制和化解地方政府性债务风险……（三）严肃财经纪律。建立对违法违规融资和违规使用政府性债务资金的惩罚机制，加大对地方政府性债务管理的监督检查力度……不得违法为任何单位和个人的债务以任何方式提供担保。"

【启示或建议】

市财政局向信托公司出具承诺函，承诺若投资公司不能按时足额偿还本息，由市财政局统筹资金偿还，属于地方政府违法提供债务担保，为无效担保。

政府应当与信托公司协商取消承诺函，撤销将融资资金列入本级财政公共预算，消除不良社会影响，守住依法行政的底线，不断提高政府债务管理的科学化、精细化、规范化水平，有效防范区域性财政金融风险。

*本案例内容整理改编自中华人民共和国财政部网站（http://yss.mof.gov.cn/zhuantilanmu/dfzgl/ccwz/201807/t20180717_2963202.html）及

其他相关文献资料。

【案例201】违规借款，新增政府隐性债务

2017年A省因政府违规借款，新增政府隐性债务4亿元。其中：

1. A省高新技术产业开发区管理委员会通过签订借款合同的方式分别从甲建设开发有限责任公司、B保障性住房建设有限公司借款3亿元用于基础设施建设等。

2. B市人民政府同意，该市教育局同意某中学向银行融资解决新校区建设资金，并承诺以财政资金偿还债务1亿元。

【定性依据】

1.《中华人民共和国预算法》（2014年修正）第三十五条："……经国务院批准的省、自治区、直辖市的预算中必需的建设投资的部分资金，可以在国务院确定的限额内，通过发行地方政府债券举借债务的方式筹措。……除前款规定外，地方政府及其所属部门不得以任何方式举借债务。除法律另有规定外，地方政府及其所属部门不得为任何单位和个人的债务以任何方式提供担保。"

说明：由于本案例为2017年，适用上述文件，《中华人民共和国预算法》已于2018年12月29日修改（2018年主席令第22号），修改后第三十五条内容不变。

2.《国务院关于加强地方政府性债务管理的意见》（国发〔2014〕43号）第二条："……（一）赋予地方政府依法适度举债权限。经国务院批准，省、自治区、直辖市政府可以适度举借债务，市县级政府确需举借债务的由省、自治区、直辖市政府代为举借。明确划清政府与企业界限，政府债务只能通过政府及其部门举借，不得通过企事业单位等举借。"

【启示或建议】

地方政府应当严格按国家法律规定，筹集地方的基础建设资金，严禁各类违法违规举债。对已形成的债务事实，地方政府要切实加强地方政府债务管理，积极防范化解债务风险，促进经济平稳健康发展。

【案例202】以公益性资产售后回租方式违规融资*

某市以公益性资产售后回租形式违规融资14亿元，主要情况如下：2017年某市人民政府将该市部分市政道路、防洪堤、排洪河桥等20项公益性资产无偿划入A交通投资有限公司，虚增A交投固定资产规模；同意A交通投资有限公司与B金融租赁股份有限公司签订融资租赁协议，将A交投名下市政道路、防洪堤等20项公益性资产采用售后回租形式融资14亿元；授权该市工业区管委会与A交投签署《政府购买服务协议》，采购期12年，采购金额合计31亿元，要求市财政局负责将采购资金纳入本级政府同期年度财政预算和政府购买服务采购预算管理；同意将《政府购买协议》项下的采购资金用于归还融资租赁项下的租金。

2017年3月，A交投公司与B金融租赁股份有限公司签订融资租赁协议，通过售后回租方式以上述没有收益的市政道路、防洪堤等公益性资产融资14亿元，并将《政府购买服务协议》项下的应收账款等所有权益质押给B金融租赁股份有限公司，以购买服务采购款作为租金还款来源。所得融资资金用于投入新型城镇化基金。

【定性依据】

1.《中华人民共和国预算法》（2014年修正）第三十五条："……经国务院批准的省、自治区、直辖市的预算中必需的建设投资的部分资金，可以在国务院确定的限额内，通过发行地方政府债券举借债务的方式筹措。……除前款规定外，地方政府及其所属部门不得以任何方式举借债务。除法律另有规定外，地方政府及其所属部门不得为任何单位和个人的债务以任何方式提供担保。"

说明：由于本案例为2017年，适用上述文件，《中华人民共和国预算法》已于2018年12月29日修改（2018年主席令第22号），修改后第三十五条内容不变。

2.《国务院关于加强地方政府性债务管理的意见》（国发〔2014〕43号）第二条："……（一）赋予地方政府依法适度举债权限。经国务院批准，省、自治区、直辖市政府可以适度举借债务，市县级政府确需举借债务的由省、自治区、直辖市政府代为举借。明确划清政府与企业界限，政府债务只能通过政府及其部门举借，不得通过企事业单位等举借。"

【启示或建议】

市政道路、防洪堤等公益性资产不具有收益性，以公益性资产售后回租方式融资属于违规融资。地方政府要树立正确政绩观，量力而为，规范自身举债行为，对已形成的地方债务加强管理，积极采取措施有序化解地方性政府债务。

*本案例内容整理改编自中华人民共和国财政部网站（http://yss.mof.gov.cn/zhuantilanmu/dfzgl/ccwz/201807/t20180717_2963299.html）及其他相关文献资料。

【案例203】虚构政府购买服务合同为建设工程变相举债*

某市经济技术开发区以政府购买服务名义，支持企业通过应收账款抵质押融资实际替政府举债的行为。具体情况如下：2016年某市经济技术开发区管委会专题会议研究同意，A建设工程有限公司以5亿元将其建设的10条市政道路资产转让给其全资子公司B建设投资有限公司，该市经济技术开发区财政局与B公司签订购买上述10条道路运营服务名义的政府购买服务协议，总价款6亿元。实际上B公司并无提供道路运营服务的相关资质，也未提供相关服务。B公司与银行签订了《应收账款质押协议》，以上述虚构的政府购买服务协议中应收购买服务费6亿元作为质押担保，向银行贷款5亿元，并用于A公司购买上述10条道路资产。A公司收到相关融资资金后，用于缴纳经济技术开发区园区土地闲置费、支付土地竞买保证金以及建设支出。

【定性依据】

1.《中华人民共和国预算法》（2014年修正）第三十五条："……经国务院批准的省、自治区、直辖市的预算中必需的建设投资的部分资金，可以在国务院确定的限额内，通过发行地方政府债券举借债务的方式筹措。……除前款规定外，地方政府及其所属部门不得以任何方式举借债务。除法律另有规定外，地方政府及其所属部门不得为任何单位和个人的债务以任何方式提供担保。"

说明：由于本案例为2016年，适用上述文件，《中华人民共和国预算法》已于2018年12月29日修改（2018年主席令第22号），修改后第三十五条内容不变。

2.《国务院关于加强地方政府性债务管理的意见》（国发〔2014〕43号）第二条："……（一）赋予地方政府依法适度举债权限。经国务院批准，省、自治区、直辖市政府可以适度举借债务，市县级政府确需举借债务的由省、自治区、直辖市政府代为举借。明确划清政府与企业界限，政府债务只能通过政府及其部门举借，不得通过企事业单位等举借。"

3.《关于坚决制止地方以政府购买服务名义违法违规融资的通知》（财预〔2017〕87号）第四条："严禁利用或虚构政府购买服务合同违法违规融

资。……地方政府及其部门不得利用或虚构政府购买服务合同为建设工程变相举债，不得通过政府购买服务向金融机构、融资租赁公司等非金融机构进行融资，不得以任何方式虚构或超越权限签订应付（收）账款合同帮助融资平台公司等企业融资。”

【启示或建议】

上述案例开发区以虚构的政府购买服务协议，利用企业通过应收账款抵质押融资，实际替政府举债的行为，违反了《中华人民共和国预算法》《国务院关于加强地方政府性债务管理的意见》（国发〔2014〕43号）等法律文件和制度规定，政府应当解除政府购买服务协议。

财预〔2017〕87号文件已明确规定，政府不得利用或虚构政府购买服务合同为建设工程变相举债。该开发区应当吸取教训，举一反三，严格规范政府举债行为，并积极稳妥处置隐性债务风险。

*本案例内容整理改编自中华人民共和国财政部网站（http://yss.mof.gov.cn/zhuantilanmu/dfzgl/ccwz/201807/t20180717_2963095.html）及其他相关文献资料。

【案例204】违规向企业借款

某县2015年一市政主干道路建设工程PPP项目，县政府（甲方）与A工程施工企业（乙方）签订《PPP项目投资建设合同》，合同约定：“项目投资总金额暂定3亿元人民币，乙方负责项目建设投融资，按甲方提供的施工设计图纸内容及建设标准等要求组织项目建设；计划总工期18个日历月；乙方应保证前期工程和建设期间的资金需要，按本合同规定筹足资金，按工程进度提前转入甲方指定账户，甲方按规定支付本工程的款项，由于乙方建设资金筹借不到位，发生拖欠工资、工期延后等后果，概由乙方承担所有责任和经济赔偿；在双方签订合同45天内，由乙方将该工程的履约保证金3600万元转入甲方指定账户，由甲方负责安排征地拆迁安置补偿，甲方收到拆迁款，原则上在45天内安排完成拆迁工作……项目如期开工，并于2016年底建设完工，竣工结算总投资额为3.5亿人民币，该工程进入回购期，但县政府却无力按期支付回购款，之后A工程施工企业进入漫长的维权索款阶段。

地方政府签订《PPP项目投资建设合同》，要求投资人负责筹措项目建设资金并转入甲方指定的银行账户，并要求投资人在工程开工前将3600万元履约保证金一次性汇入甲方指定的银行账户，主要是为了规避垫资施工的政策性规定。该项目为BT项目，并不符合国家规定的PPP项目要求。由建筑企业垫资承包建设，实际上是地方政府假借PPP名义，变相举借政府债务，进行基础设施建设。

【定性依据】

1.《中华人民共和国预算法》（2014年修正）第三十五条："……经国务院批准的省、自治区、直辖市的预算中必需的建设投资的部分资金，可以在国务院确定的限额内，通过发行地方政府债券举借债务的方式筹措。……除前款规定外，地方政府及其所属部门不得以任何方式举借债务。除法律另有规定外，地方政府及其所属部门不得为任何单位和个人的债务以任何方式提供担保。"

说明：由于本案例为2015年，适用上述文件，《中华人民共和国预算法》已于2018年12月29日修改（2018年主席令第22号），修改后第三十五条内容不变。

2.《关于加强地方政府性债务管理的意见》（国发〔2014〕43号）："二、加快建立规范的地方政府举债融资机制（一）赋予地方政府依法适度举债权限。经国务院批准，省、自治区、直辖市政府可以适度举借债务，市县级政府确需举借债务的由省、自治区、直辖市政府代为举借。明确划清政府与企业界限，政府债务只能通过政府及其部门举借，不得通过企事业单位等举借。四、控制和化解地方政府性债务风险……（三）严肃财经纪律。建立对违法违规融资和违规使用政府性债务资金的惩罚机制，加大对地方政府性债务管理的监督检查力度。地方政府及其所属部门不得在预算之外违法违规举借债务……坚决制止违法违规出让土地及融资行为。"

【启示或建议】

根据《中华人民共和国预算法》，市政基础设施建设项目所需资金，只能在国务院确定的限额内，通过发行地方政府债券举借债务的方式筹措。本案例由建筑企业垫资承包建设市政干道，实质上是地方政府向企业举债进行市政基础设施建设。地方政府要严格执行《中华人民共和国预算法》，按规定筹措市政基础设施建设项目所需资金，并加强地方政府性债务管理，化解政府债务风险。

【案例205】签订回购协议方式建设BT项目，导致违规举债*

B城市建设投资发展有限公司（业主）签订BT协议，委托承包人（投资人）建设市政道路和公租房。新《预算法》自2015年1月1日起施行后，A

区财政局继续每年与B城投公司签订回购协议，约定财政局回购B城投委托建设的市政道路和公租房。其中A财政局与B城投公司2015年签订《回购协议》，约定回购金额2亿元，2016年签订5份《回购协议》，合计约定回购金额3亿元。A区财政局与B城投公司签订回购协议以建设—移交（BT）方式举债合计金额5亿元。

【定性依据】

1.《中华人民共和国预算法》（2014年修正）第三十五条："……经国务院批准的省、自治区、直辖市的预算中必需的建设投资的部分资金，可以在国务院确定的限额内，通过发行地方政府债券举借债务的方式筹措。……除前款规定外，地方政府及其所属部门不得以任何方式举借债务。除法律另有规定外，地方政府及其所属部门不得为任何单位和个人的债务以任何方式提供担保。"

说明：由于本案例为2015年，适用上述文件，《中华人民共和国预算法》已于2018年12月29日修改（2018年主席令第22号），修改后第三十五条内容不变。

2.《国务院关于加强地方政府性债务管理的意见》（国发〔2014〕43号）第二条："……（一）赋予地方政府依法适度举债权限。经国务院批准，省、自治区、直辖市政府可以适度举借债务，市县级政府确需举借债务的由省、自治区、直辖市政府代为举借。明确划清政府与企业界限，政府债务只能通过政府及其部门举借，不得通过企事业单位等举借。"

【启示或建议】

政府对建设－移交（BT）项目签订回购协议方式建设，是违规举债的常见形式。政府要进一步规范举债融资行为，坚决防止和杜绝各种形式的违法违规举债融资行为。

*本案例内容整理改编自中华人民共和国财政部网站（http://yss.mof.gov.cn/zhuantilanmu/dfzgl/ccwz/201807/t20180717_2963100.html）及其他相关文献资料。

【案例206】向企事业单位职工发行信托产品违规举债*

2015年某市政府召开常务会议，同意以市总工会为发起人，面向全市企事业单位职工发行信托理财产品，共募集资金3亿余元。总工会委托A信托有限公司将上述资金贷款给B经济发展投资有限公司。B经济发展投资有限公司收到贷款后，转给C城市资产经营有限公司使用，并以财政资金作为还款来源。

【定性依据】

《中华人民共和国预算法》（2014年修订）第三十五条："……经国务院批准的省、自治区、直辖市的预算中必需的建设投资的部分资金，可以在国务院确定的限额内，通过发行地方政府债券举借债务的方式筹措。……除前款规定外，地方政府及其所属部门不得以任何方式举借债务。除法律另有规定外，地方政府及其所属部门不得为任何单位和个人的债务以任何方式提供担保。"第九十四条："各级政府、各部门、各单位违反本法规定举借债务或者为他人债务提供担保……责令改正，对负有直接责任的主管人员和其他直接责任人员给予撤职、开除的处分。"

说明：由于本案例为2015年，适用上述文件，《中华人民共和国预算法》已于2018年12月29日修改（2018年主席令第22号），修改后第三十五条、第九十四条内容不变。

【启示或建议】

部分地区在国家法律法规明令禁止后依然利用各种金融创新工具违法违规举债，严重损害国家总体安全和风险防范效果。各级政府应当重视债务风险防范，坚决制止政府部门违法融资担保行为，对违规发售的信托理财产品，要按照能退则退的原则，及时退还干部职工，及时消除了社会不良影响。

*本案例内容整理改编自中华人民共和国财政部网站（http://yss.mof.gov.cn/zhuantilanmu/dfzgl/ccwz/201704/t20170419_2582945.html）及其他相关文献资料。

【案例207】与股权投资基金合作，明股实债

2016年某市财政局同意，A建设投资有限公司投资1亿元成立B开发投资有限公司，B公司吸收C发展基金有限公司投资1.2亿元，注册资本由原来的1亿元变更为2.2亿元。C发展基金有限公司签订的《投资协议》约定的投资条件包括：平均年化投资收益率为1.2%，并且约定项目建设期满后，由A建设投资有限公司回购全部股权及股权转让对价1.2亿元，同时市政府出具文件，明确以财政资金按投资协议约定对投资收益及回购资金进行补足，并纳入财政预算管理；市政府授权部门书面承诺，若入股后目标公司出现重大涉诉等重大风险事件，由政府安排全额提前回购C发展基金有限公司的股份。2016年末，三方签订了投资协议，2017年该市财政局从新增债券贷款资金安排支付C发展基金有限公司投资收益120万元。

【定性依据】

《中华人民共和国预算法》（2014年修订）第三十五条："……经国务院批准的省、自治区、直辖市的预算中必需的建设投资的部分资金，可以在国务院确定的限额内，通过发行地方政府债券举借债务的方式筹措。……除前款规定外，地方政府及其所属部门不得以任何方式举借债务。除法律另有规定外，地方政府及其所属部门不得为任何单位和个人的债务以任何方式提供担保。"

说明：由于本案例为2016~2017年，适用上述文件，《中华人民共和国预算法》已于2018年12月29日修改（2018年主席令第22号），修改后第三十五条内容不变。

【启示或建议】

股权投资基金参与政府融资平台项目合作，但政府为股权投资基金的收益提供担保，约定无条件的股份回购，使得股权投资基金规避了股权投资风险，享受的是固定收益，本质上这债券，违反了预算法的相关规定。

政府应当进一步提高思想认识，举一反三，认真落实《中华人民共和国预算法》和国务院、财政部有关文件规定，坚决防止各种形式的违法违规举债和担保行为。

【案例208】超范围使用新增债券资金

某县2015年地方置换债券腾出财政资金6000万元，其中1000万元用于相关部门的工作经费；5000万元用于经常性支出，包括市级配套城乡居民养老保险资金4000万元、农村五保供养支出1000万元。

该县2017年发行新增债券资金，专用于棚户区改造、收费公路等公益性项目，审计发现部分资金用于支付其他项目债务、发放奖金补贴等经常性支出，涉及金额5500万元。

【定性依据】

1.《中华人民共和国预算法》（2014年修订）第五十七条："各级政府、各部门、各单位的支出必须按照预算执行，不得虚假列支。"

说明：由于本案例为2015~2017年，适用上述文件，《中华人民共和国预算法》已于2018年12月29日修改（2018年主席令第22号），修改后第五十七条内容不变。

2.《关于加强地方政府性债务管理的意见》（国发〔2014〕43号）：“三、地方政府债务实行规模控制和预算管理（二）严格限定地方政府举债程序和资金用途……地方政府举借的债务，只能用于公益性资本支出和适度归还存量债务，不得用于经常性支出。四、控制和化解地方政府性债务风险……（三）严肃财经纪律。建立对违法违规融资和违规使用政府性债务资金的惩罚机制，加大对地方政府性债务管理的监督检查力度。地方政府及其所属部门不得挪用债务资金或改变既定资金用途。”

【启示或建议】

地方政府发行专用于棚户区改造、收费公路等公益性项目的债券，应当专款专用，而其实际用于支付其他项目债务、发放奖金补贴等经常性支出，属于把公益性资本支出挪作经常性支出性质的违法行为。建议该地方政府将违规使用资金清理、退回，专项用于批准项目。

【案例209】挤占、挪用债券资金

某市财政局存在挤占、挪用债券资金行为，涉及资金3亿元。

1. 某市财政局与该市交通集团有限公司签订协议，将省下达的政府债券转贷协议资金中的2亿元用于安排某大桥工程建设，该市交通集团有限公司收到上述资金后，将其中6000万元用于购买理财产品，挪用4000万元归还以前年度挂账的项目借款，挪用1亿元用于历史工程。

2. 某经济技术开发区管委会主任办公会研究，2015年由该经济技术开发区财政局违法向A投资有限公司借款1亿元，年利率10%。2016年，该笔借款使用地方政府置换债券资金进行了偿还。审计指出后，2017年该市政府召开常务会议研究决定，按照国家有关政府置换债券管理规定，立即收回置换债券资金1亿元，由市政府用于置换符合条件的存量政府债务。

【定性依据】

1.《中华人民共和国预算法》（2014年修订）第三十五条：“……经国务院批准的省、自治区、直辖市的预算中必需的建设投资的部分资金，可以在国务院确定的限额内，通过发行地方政府债券举借债务的方式筹措。……除前款规定外，地方政府及其所属部门不得以任何方式举借债务。除法律另有规定外，地方政府及其所属部门不得为任何单位和个人的债务以任何方式提供担保。”

说明：由于本案例为2015～2017年，适用上述文件，《中华人民共和国预算法》已于2018年12月29日修改（2018年主席令第22号），修改后第三十五条内容不变。

2.《国务院关于加强地方政府性债务管理的意见》（国发〔2014〕43号）："三、地方政府债务实行规模控制和预算管理（二）严格限定地方政府举债程序和资金用途……地方政府举借的债务，只能用于公益性资本支出和适度归还存量债务，不得用于经常性支出。四、控制和化解地方政府性债务风险……（三）严肃财经纪律。建立对违法违规融资和违规使用政府性债务资金的惩罚机制，加大对地方政府性债务管理的监督检查力度。地方政府及其所属部门不得挪用债务资金或改变既定资金用途。"

【启示或建议】

地方政府发行债券，是根据法律法规规定的程序批准发行的，必须严格按照发行申请的用途专款专用，不得挤占、挪用。该政府单位应当及时收回违规使用的债券资金，按照相关要求和程序安排使用。

6.3　本章小结

2015年新预算法实施后，政府机关不断强化地方政府债务管理，但一些地方政府机关仍然明目张胆地违法违规举债或担保，如政府对社会资本兜底回购、固化收益等保底承诺、明股实债、变相举债行为等，形成了隐性债务，导致巨大债务风险。

地方政府债务风险产生原因：一是人的问题，由于当政官员错误的政绩观、权力滥用、寻租等原因产生；二是地方政府缺乏债务风险意识，债务总量大，债务规模逐年扩大，债务结构复杂、使用效率和债务管理均存在问题；三是预算约束不完整，对预算约束的理解，仅仅停留在当前确定的支出事项，而忽略了政府履行职能过程中的或有支出事项，这些或有事项可能产生大量的"表外"债务，也就是隐性债务，隐匿财政风险。

必须防范和化解地方政府隐性债务风险：其一，要摸清债务底数，做好债务统计监测和报告工作，健全政府债务台账制度，提高地方债务管理的透明度，规范举债融资管理，建立债务信息审计披露制度，将隐性债务纳入阳光化、法制化轨道，扎起法律制度的笼子，管好政府的钱袋子；其二，应将存量债务纳入预算管理，积极采取措施，逐步降低风险，通过开源节流、盘活闲置资产、压缩政府公用经费等方式偿还，新增债务硬化预算约束；其三，要严格财经纪律，强化教育，防范道德风险，纠正不正确的政绩导向，持续对地方政府隐性债务保持高压监管态势，建立债务管理的重大决策责任追究制度，完善考核体系，对违规举债、违法违规融资担保行为，发现一起查处一起；其四，要加强地方政府审计的完整性，不仅要关注财政部门的账面内容，还要关注政府部门往来可能形成债务及违规担保形成的表外负债。

第 7 章 政府采购管理

7.1 常见问题及表现形式

1. 采购预算及实施计划。

无预算、无采购计划采购。主要表现形式：无预算采购或超预算采购；未按批复的部门预算编制、报送政府采购实施计划；采购实施计划编制内容不完整；无计划采购、调整和追加政府采购预算未按规定及时调整政府采购计划等。

2. 采购方式、采购途径。

（1）达到公开招标标准未实行公开招标。

（2）化整为零方式或其他方式规避公开招标。

（3）违反集中采购、采购限额规定采购。

（4）公开招投标串标、围标、虚假招投标。

3. 采购文件的编制。

（1）设定的资格、技术、商务条件与采购项目的具体特点和实际需要不相适应或者与合同履行无关。

（2）采购需求中的技术、服务等要求指向特定供应商、特定产品。

（3）以特定行政区域或者特定行业的业绩、奖项作为加分条件或者中标、成交条件。

（4）将规模条件作为资格要求或者评审因素。主要表现形式：将投标人的注册资本、资产总额、营业收入、从业人员、利润、纳税额等规模条件作为资格要求或者评审因素。

（5）对中小企业实行差别待遇或者歧视待遇。主要表现形式：在企业股权结构、经营年限、经营规模和财务指标方面对中小企业实行差别待遇或者歧视待遇等。

（6）供应商资格条件作为评审因素。主要表现形式：把供应商“履行合同所必需的设备和专业技术能力、良好的商业信誉”资格条件作为评审因素等。

（7）综合评分法的分值设置未与评审因素的量化指标对应。

4. 评审流程。

（1）未按规定选取评审专家。

（2）未客观、公正、独立评审。

5. 采购合同的履行及后续管理。

（1）签订的采购合同作实质性修改。主要表现形式：未按采购文件确定的事项签订采购合同、签订的采购合同对招标文件确定的事项和中标人投标文件作实质性修改等。

（2）政府采购合同签订、备案时间不符合规定。

（3）对政府采购合同的履约缺乏监管。主要表现形式：采购项目未按合同约定履约，提前付款、未及时验收等。

（4）伪造、变造、隐匿、销毁或未妥善保存采购文件。

6. 政府采购信息公开。

政府采购未按规定进行信息公开。

7. 政府采购管理范畴外的采购管理。

政府采购管理范畴外的采购未制定明确的管理办法。

7.2 审计案例

【案例210】无预算实施采购

某局2017年应纳入政府采购目录范围的服务包括：广域网络维护、维修改造，2项服务涉及采购金额分别为50万元、80万元。但该局未按规定编制政府采购实施计划、未编入预算。

【定性依据】

1.《行政事业单位内部控制规范（试行）》（财会〔2012〕21号）第二

十条："单位的预算编制应当做到程序规范、方法科学、编制及时、内容完整、项目细化、数据准确。"

2.《中华人民共和国政府采购法实施条例》（国务院令第658号）第二十九条："采购人应当根据集中采购目录、采购限额标准和已批复的部门预算编制政府采购实施计划，报本级人民政府财政部门备案。"

【启示或建议】

应加强政府采购预算管理，把好政府采购计划关。采购人严格按照部门预算中的政府采购预算编制政府采购计划，无预算不采购，防止规避政府采购的行为。

【案例211】政府采购合同签订时间早于采购计划备案时间

某机关有4个政府采购合同签订时间早于采购计划备案时间，合同签订时间2018年5月，采购计划备案时间为2018年12月。

【定性依据】

1.《中华人民共和国政府采购法实施条例》（国务院令第658号）第二十九条："采购人应当根据集中采购目录、采购限额标准和已批复的部门预算编制政府采购实施计划，报本级人民政府财政部门备案。"

2.《中华人民共和国政府采购法》（2014年修正）第四十六条："采购人与中标、成交供应商应当在中标、成交通知书发出之日起三十日内，按照采购文件确定的事项签订政府采购合同。"

【启示或建议】

采购人严格按照部门预算编制政府采购计划，把好政府采购计划关，防止无计划采购、先签合同再补采购计划及备案等程序倒置违规行为。

【案例212】达到公开招标标准，未实行公开招标

1. 广州市某公办幼儿园与广州某人力资源发展有限公司于2013年签订人才租赁合同，聘请编制外教职员工45人，合同期为3年，合同总金额780万元（每年服务费用260万元）；2017年与广州某人力资源发展有限公司签订人才租赁合同，聘请编制外教职员工43人，合同期为1年，合同总金额230万元；上述采购的服务项目均达到公开招标数额标准以上，但该幼儿园未实行公开招标。

2. 广州某公办中学与广州某文化艺术公司签订场地租赁合同，2016年支付广州某文化艺术公司教学场地租金费用250万元，年度采购金额超过公开招标数额标准（200万元），但没有实行公开招标进行采购。

【定性依据】

1.《印发〈广州市政府集中采购目录及采购限额标准（2009年）〉的通知》（穗财采〔2009〕52号）第四条："……（五）公开招标数额标准：货物、服务项目达到公开招标数额标准80万元以上的，无论集中采购项目还是分散采购项目，都必须实行公开招标……"

2. 新规定《广州市财政局转发广东省人民政府办公厅关于进一步深化政府采购管理制度改革的意见的通知》（穗财采〔2015〕200号）第一条："衔接政府集中采购目录及采购限额标准适用……集中采购目录以内或者采购限额标准以上的政府采购货物和服务类项目，公开招标数额标准调整为200万。"

3. 新规定《广州市政府集中采购目录及采购限额标准（2018年）》（穗财采〔2018〕328号）："（七）货物、服务类政府采购项目，年度采购预算金额200万元以上的应当公开招标"。

【启示或建议】

行政事业单位应健全政府采购工作内部控制制度，合理规划政府采购工作。严格执行政府采购程序，年度预算金额达到公开招标的标准的，应履行相应的采购程序。

【案例213】化整为零规避公开招标

1. 审计发现，2015年某区科技工业商务和信息化局把暂扣车辆这一全年服务事项拆分为拖车、保管、停放3个内容的合同直接与某一拖车队签订，金额合计为200万元，该采购属于以化整为零方式规避公开招标的情况。

2. 2017年审计发现，某旅游局以考察栏目效果性为由，分上、下半年与A广告有限公司签订旅游专题栏目制作播出合同，两份合同服务内容基本一致，每份合同均为100万元，共计200万元。该局将合同拆分为两期规避了公开招投标。

【定性依据】

1.《印发广州市政府集中采购目录及采购限额标准（2015）的通知》（穗财采〔2015〕75号）："三、政府采购项目公开招标数额标准　货物服务类　年度采购预算金额80万元以上（含80万元）。"

2.《中华人民共和国政府采购法实施条例》（国务院令第658号）第二十八条："在一个财政年度内，采购人将一个预算项目下的同一品目或者类别的货物、服务采用公开招标以外的方式多次采购，累计资金数额超过公开招标数额标准的，属于以化整为零方式规避公开招标，但项目预算调整或者经批准采用公开招标以外方式采购除外。"

【启示或建议】

采购人应严格按照部门预算编制政府采购计划，在源头上防止化整为零或其他方式规避公开招投标。

【案例214】新增工程项目未招标，设计项目肢解设计子项

某医院综合楼项目，2008年经发改部门批准立项，同意异地新建，项目建筑面积11000平方米，审计组对该医院提交的截至2018年9月30日竣工决算报告进行审核，分析该工程的招投标资料、施工合同资料、结算表、结算评审报告书，设计费合同资料、设计费结算函以及查阅该项目相关的财务原始单据，存在如下问题：

该医院2010年通过公开招标形式选定了A建筑公司作为施工单位，施工工程中标价为2000万元，并于2010年4月与A建筑公司签订了施工合同，合同暂定价为2000万元；A建筑公司进场建设过程中，医院新增了工程项目，领导集体开会决定，直接发包给A建筑公司，未办理报批手续，未进行政府招投标，医院与A建筑公司签订补充协议，工程金额2500万元，至此，A建筑公司承做的施工工程，两份合同总金额为4500万元；工程竣工审定结算价为5000万元，超中标合同价3000万元，超幅150%，项目实际结算价大幅超出中标价。

综合楼装修项目中，该医院于2011年10月与B设计公司签订了建筑改造及院内道路排水绿化工程设计合同，合同金额为28万元，再于2011年11月与B设计公司签订了室内装饰工程设计合同，合同金额为45万元，另外，根据室内装饰工程设计的修改设计费结算函，需增加20万元设计费，室内装饰工程设计实际结算金额为65万元。

案例分析：

1. 该医院新增项目未按规定办理报批手续并进行招投标，将新增项目直接发包给施工方A建筑公司，属于扩标行为。

2. 该医院与B设计公司先后签订建筑改造及院内道路排水绿化工程设计

合同、室内装饰工程设计合同，两合同为同一设计单位，属于综合楼装修改造的2个子项设计内容，肢解2个设计子项，存在规避招投标的行为。另外，根据室内装饰工程设计增加20万元设计费，实际结算金额为65万元，超出单项设计服务招投标的金额。

【定性依据】

1.《广东省实施〈中华人民共和国招标投标法〉办法》（广东省第十届人民代表大会常务委员会公告第3号）第九条："必须进行招标项目的规模标准为：（一）工程建设：1. 施工单项合同估算投资一百万元人民币以上或者建筑面积一千五百平方米以上的；2. 与工程建设有关的设备、材料等货物采购单项合同估算价一百万元人民币以上的。"第四十五条："财政性投资项目实行无现场签证管理。合同价格、工程结算严格按中标价格执行。禁止扩标。合同执行过程中，由于不可预见原因，可能造成投资扩大，项目法人提出变更要求的，应当经行业主管部门同意，并报项目审批部门批准确认。合同执行过程中，经批准需要增加合同规定以外的内容，增加部分符合招标条件的，必须组织招标。"

2.《广东省实施〈中华人民共和国招标投标法〉办法》（广东省第十届人民代表大会常务委员会公告第3号）第九条："必须进行招标项目的规模标准为：（三）服务：1. 勘察、设计、咨询、监理、劳务等服务单项合同估算价五十万元人民币以上的；2. 勘察、设计、监理单项合同低于五十万元人民币，但项目总投资三千万元人民币以上的。"第五十条："依照《中华人民共和国招标投标法》第四十九条、第五十三条、第五十四条规定处以罚款、取消投标资格处罚的，分别按照下列规定执行：（一）必须进行招标的项目不实行招标的，将必须招标的项目化整为零或者以其他方式规避招标的，处以项目合同金额千分之五以上千分之十以下的罚款。"

说明：由于本案例为2008～2010年，适用上述文件。《广东省实施〈中华人民共和国招标投标法〉办法》于2018年11月29日修订，自2019年3月1日起适用《广东省实施〈中华人民共和国招标投标法〉办法》（广东省第十三届人民代表大会常务委员会公告第19号）第三条："依法必须进行招标的工程建设项目和其他项目的具体范围和规模标准，按照国家有关规定执行。"

【启示或建议】

1. 严格执行工程有关规定，超出中标价的新增项目达到法规要求，需要进行招投标的应及时按照有关规定执行，严禁规避招投标。

2. 加强基建项目的招投标制度管理，建立健全有关工程的基本建设招投标管理内控制度。

【案例215】工程采购违反采购限额规定

2017年教育部某直属高校委托会计师事务所对其下属部门基建处处长任期经济责任进行审计，该基建处处长张某任职期间，开展了校园扩建二期、多媒体课室改造、电梯技术学院装修等多项工程建设项目，组织实施了五十余项的采购项目招投标工作，审计组查阅工程台账，发现好几个项目均由B工程公司承包，询问基建主任，答复该工程公司之前做了一些工程，工程质量过关和费用较优惠，口碑较好，领导班子信任，后面的小工程项目也跟他们洽谈，合作较愉快。2014年3月与B公司直接签订“行政楼大厅装饰装修工程”合同，标的额68万元；还有“校园给水排水改造工程”中，项目预算造价60万元，也是直接委托B工程公司施工，合同金额70万元，根据工程竣工验收申请表记录，开工日期为2013年3月1日，而工程预算审核通过时间为2013年7月4日、协议书签订日期为2013年7月15日，协议签订日期晚于开工日期、工程预算审核日期。

案例分析：

1. 该高校“行政楼大厅装饰装修工程”合同金额为68万元，“校园给水排水改造工程”项目，合同金额60万元，直接委托B公司完成工程项目，以上两项采购属于集中采购目录通用类的采购，违反当时的政府集中采购的规定。

2. 此外，“校园给水排水改造工程”工程协议书签订日期比开工日期晚了3个多月，工程建设存在先斩后奏、业务程序倒置的情况，未签订合同先行实施工程建设，难以界定合同双方的权责，容易产生合同纠纷。

【定性依据】

《广东省2013年政府集中采购目录及限额标准》（粤财采购〔2013〕13号）：“一、通用类目录　工程类采购限额标准为预算金额50万元（含50万元）以上。”

说明：该文件自2017年1月1日起废止，自2017年1月1日起施行《广东省2017年政府集中采购目录及采购限额标准》（粤财采购〔2016〕7号）。

【启示或建议】

工程项目及相关采购是公认的容易出现违规违纪问题的环节，我们应加强工程各环节的管理：（1）在采购工程项目上，应加强工程项目招投标管理工作，杜绝政府采购项目没有通过政府集中采购的情况；对于违反规定进行采购的，要按相关法规给予问责；（2）在工程项目审批问题上，应加强项目审批环节的管理，规范审批的程序，建立依法公开透明审批机制，严禁违规审批和利用项目审批权搞权钱交易；（3）加强重大决策、重要干部任免、重大项目安排和大额资金使用“三重一大”事项的前期调研工作，决策前进行充分论证，避免给学校造成经济损失；建立问责机制，对于违反相关规定开展的项目，依法依规进行问责。

近些年，随着高校扩招政策的实施，高等学校的规模的不断扩大，所属二级部门的经济业务及内容愈发复杂，各高校应加强学校内部管理，强化各下属部门财务收支的规范性，提高教育资金使用效益，各高校陆续开展对部门负责人的任期经济责任审计，促进领导干部全面履行经济责任。同时通过对定性考核与定量考核的结合，用客观数据和经济指标评价经济业绩和任期经济责任，也增强了监督部门对领导干部考核的透明度和准确性。

建议加强对重要二级部门领导人履职的有效监督管理，对违规人员依法依规进行处理，建立健全高效完善的内部控制体系，通过委托外部第三方审计，对关键岗位任期履职情况比较客观的评价，政绩突出的方面得到肯定，违规的人员受到查处，促进领导干部认真履行职责，自觉遵守法规。

【案例216】未按规定执行协议供货采购

广州市某公办中学旧物业服务合同到期后，2016年1月直接与原物业管理公司签订新物业服务采购合同，合同约定2016年全年物业服务费为54万元。该采购直接签订合同不合规，物业服务采购起点金额为20万元，属于协议供应项目，应按协议供应规定程序操作：采购人登陆广州公共资源交易中心协议采购电子平台，提交采购需求，选择协议议价或网上竞价完成。

【定性依据】

1.《广州市财政局关于印发广州市政府集中采购目录及采购限额标准（2015）的通知》（穗财采〔2015〕71号）：“一、集中采购目录。（一）集中采购机构采购项目……C1204物业管理服务（指单位办公业务等场所设备运行、门窗保养维护、保洁、绿化养护等的管理及服务）。年度采购起点金额：预算金额20万元以上（含20万元）……四、相关问题说明及要求……（二）集中采购机构采购项目（59项）：……达到采购起点金额以上的项目，已实行协议供货（供应）的品目，按有关协议供应规定程序操作，未实行协议供应的品目，采购人必须委托集体采购机构组织实施。”

2.《广州市财政局关于我市2016年度政府采购协议供应项目采购有关事宜的通知》（穗财采〔2015〕201号）：“我市2016年度复印机……等18个项目继续实行协议供应，新增物业管理、安全保卫、审计、信息化运维等4个项目实行协议供应。经广州公共资源交易中心组织公开招标确定了一批协议供应商。……一、适用范围采购人使用财政性资金采购上述22个项目，年度采购预算在采购起点金额以上、公开招标数额标准（200万元，下同）以下，均实行协议供应。采购人在协议供应适用范围内自行选择供应商（不受区域限制）。……三、操作办法（四）物业管理、安全保卫、信息化运维采购人登陆广州公共资源交易中心协议采购电子平台，提交采购需求，选择协议议价或网上竞价完成。”

【启示或建议】

学校应健全政府采购工作内部控制制度，合理规划政府采购工作，对于部分采购合同将要到期的各类项目，应要有预见性，提前走政府采购流程，及时衔接过渡期，严格执行政府采购，强化采购人主体责任。根据采购预算金额等标准，采用正确的政府采购方式，履行相应的采购程序。

【案例217】未按规定采购公务机票

某市交通运输局公务机票未按政府采购规定采购，2017年6月、8月、10月、11月委托该市X旅游公司购买机票共300张，金额合计50万元，赴省外参加培训班，上述机票往返行程单上未见标注有政府采购机票查验号码，且为无折扣机票，在政府采购机票管理网站无法查验，且未提供该旅游公司所售机票价格低于政府采购优惠票价的相关证明材料。

【定性依据】

1.《关于加强公务机票购买管理有关事项的通知》（财库〔2014〕33号）：“一、各级国家机关、事业单位和团体组织工作人员，以及使用财政性资金购买公务机票的其他人员（以下简称购票人），国内出差、因公临时出国购买机票，应当按照厉行节约和支持本国航空公司发展的原则，优先购买通过政府采购方式确定的我国航空公司（以下简称国内航空公司）航班优惠机票。……六、各部门各单位要严格公务机票报销管理，购买国内航空公司航班机票的，应当以标注有政府采购机票查验号码的《航空运输电子客票行程单》作为报销凭证；单位财务人员如需对购票单位、购票时间及购票价格等信息进行核实的，可登录政府采购机票管理网站按查验号码查询。”

2.《财政部　中国民用航空局关于加强公务机票购买管理有关事项的补充通知》（财库〔2014〕180号）：“二、关于购买市场低价机票问题　为进一步贯彻落实厉行节约和支持本国航空公司发展的要求，国内出差、因公临时出国购买机票，购票人可以购买市场上公务机票销售渠道外低于政府采购优惠票价的国内航空公司航班机票，购票时应当保留从各航空公司官方网站或者政府采购机票管理网站下载的出行日期机票市场价格截图等证明其低于购票时点政府采购优惠票价的材料。”

【启示或建议】

行政事业单位应健全政府采购工作内部控制制度，合理规划政府采购工作，与时俱进组织学习政府采购最新文件，以保证采用正确的政府采购方式、履行相应的采购程序。

【案例218】虚假公开招投标

审计发现，A部门于2017年8月和10月分别两次以“技术项目评审服务费”和“技术项目咨询费”的名义，支出款项分别是220万元和202万元，而收款单位是“×协会”，这正是之前A部门管理的行业×协会（现已脱钩）。

审计组向负责该项业务的业务部门了解情况，部门负责人答复：这两个项目是经过政府采购程序的，根据上级指示要求，行政部门应“抓大放小”，一些业务、职能向“社会团体倾斜”，部门根据上述的要求，将这些业务公开向社会团体采购。这莫名其妙的解释，令人丈二和尚摸不着头脑，总觉得话中有话。审计组要求提供“技术项目评审”“技术项目咨询”除合同外的具体明细内容或支撑性文件，这位负责人支支吾吾，未能提供。

询问得不到合理解释，反而更添了疑问，审计组查阅项目的招投评标过程记录文件，发现中标供应商均与A部门上年编制的项目审评工作计划中确定的委托单位一致，且中标金额与合同金额也基本相同。

两个项目招投标文件的均有一共同条款：参加投标的投标人必须是“省政府下发文件中可以参加承接政府购买服务的社会组织”，而A部门管理的行业××协会正好符合条件，A部门原管理的其他行业协会均符合这个条件，而其他的投标人居于这个条件，也没有能够符合条件从而参加投标，而本次参加投标的其他投标人均是A部门下属的二级单位或是三级单位，最终A部门原下属的行业××协会中标。

审计组判断：A部门采购人组织了虚假的公开招投标活动。为了印证，我们向A部门负责政府采购的相关负责人进行询问，在事实面前，负责人承认，在项目投标设定了特定的条件，也就是说，项目基本上是A部门原来的下属单位中标，但为了使程序“合规合法化”，他们组织了“公开”招投标活动，并通过在招标环节设置限定性条件，对其他供应商实行了差别待遇，致使其他的供应商以“不符合条件”而遭到拒绝，中标的行业××协会原是A部门的下属单位，近几年因政策要求脱钩，完全独立，而行业××协会的一些职工是A部门某些干部职工的子弟或家属，A部门领导层默认同意业务部门的做法。

A部门为了“照顾”某些干部职工亲属，领导层默认同意业务部门的做法，以虚假招投标行为实施的“政府公开采购”，以不合理的条件限制或者排斥潜在投标人，对潜在投标人实行歧视待遇，最终A部门原下属的行业××协会中标。

【定性依据】

《中华人民共和国政府采购法实施条例》（国务院令第658号）第二十条：“采购人或者采购代理机构有下列情形之一的，属于以不合理的条件对供应商实行差别待遇或者歧视待遇：……（七）非法限定供应商的所有制形式、组织形式或者所在地。”第七十四条：“有下列情形之一的，属于恶意串通：……（七）供应商与采购人或者采购代理机构之间、供应商相互之间，为谋求特定供应商中标、成交或者排斥其他供应商的其他串通行为。”

【启示或建议】

1. 在审计中，在关注政府采购程序和文件的合规性、完整性的同时，还应对相关业务的各个环节予以连贯关注，以发现疑点，达到查证违反政府采购规定的问题的目的，如在本例中的在招标文件中设置“特殊”条件。

2. 一些部门和单位为了谋求小团体利益进行虚假招投标的行为，不仅扰乱了政府采购制度的正常秩序，违背了公开、公平、公正的工作原则，也极易引起合同纠纷的发生，使财政资金蒙受损失。

【案例219】医疗设备采购串标内幕

2016年某主管单位委托审计组对A公立医院的政府采购项目专项审计，

A 医院的 2016 年医疗收入近 20 亿。2012～2016 年医疗设备的采购量为 3 亿多，财政资金投入巨大。

A 医院 2012 年建成门诊及住院大楼，购置了大量的医疗设备，物资采购分成医疗设备、高值耗材、低值耗材三个大类，其下又根据耗材用途分成 20 多个小类，供应商有近 320 家。据审计组了解，该医院的采购招投标流程：先由各科室提出需求，经院办公会通过并报上级主管部门后，委托招标代理机构开展招投标。

面对数以万计的医疗设备和杂乱的材料采购数据，审计组对大额医疗设备进行了市场分析，发现个别大额设备中标价严格偏离市场价。其中，一台金额较大的医疗设备采购引起了审计人员关注，2014 年 8 月购入数字化平板血管造影系统一台，中标价 1050 万元。网上公开资料其他三家医疗机构同型号设备的中标价格，分别为 860 万元、846 万元、848 万元、审计人员对该类设备的指标、保质期等各因素进行了比对，该设备的中标价明显高出同类设备 23% 左右。

根据评标报告，B 公司评标得分远远高于其他两家公司（B 公司 92 分，其余两家公司得分分别为 71 分、68 分）；对照招投标资料与采购申请资料，发现 A 医院申请购买“数字化平板血管造影系统”的估算价格、预算价格与 B 医疗器械有限公司（简称“B 公司”）的投标价格、中标价格完全相同，均为 1050 万元。

查阅采购该设备相关会议纪要，发现 A 医院在设备公开招标之前，就在院办公会上明确了购买西门子的“数字化平板血管造影系统”，最终在公开招标中，也只有 B 公司能提供西门子的“数字化平板血管造影系统”的设备，另两家投标公司提供的是其他品牌设备。

根据审计证据支持，审计组认定该项采购属于明显的串标行为，找到突破点后，审计组扩大审计范围，查明医疗设备、药品采购招投标违反公平、公正、公开原则，涉及利益输送违规行为多起，涉案金额达 2000 多万元。

【定性依据】

《中华人民共和国政府采购法实施条例》（国务院令第 658 号）第二十条：“采购人或者采购代理机构有下列情形之一的，属于以不合理的条件对供应商实行差别待遇或者歧视待遇：……（六）限定或者指定特定的专利、商标、品牌或者供应商。”第七十四条：“有下列情形之一的，属于恶意串通：……（七）供应商与采购人或者采购代理机构之间、供应商相互之间，为谋求特定供应商中标、成交或者排斥其他供应商的其他串通行为。”

【启示或建议】

健全医疗保障体系，全面深化医疗卫生体制改革，是当前迫在眉睫的一大任务，医药价格改革是深化医疗卫生体制改革的重要内容，在药品、医疗设备和耗材的采购中，招标投标本应是公平、公正、公开的，我们在医疗机构审计中发现，在巨大利益驱动下，个别负责采购人员以招投标之名，采取暗箱操作造成财政资金的严重流失，我们建议：医疗机构应加强事前审计监督、规范药品、医疗设施、设备的招投标，有效供应商的选择、采购价格的确定、合同的签订。为了使采购流程更加完善，要制定了一系列约束采购的机制。首先，建立和实施制度化的采购管理流程，包括规定采购条件、明确分工、采购审批权限、验收职能政策。

【案例 220】教研设备招标串通作弊

2018 年对某区教育局 2017 年内控审计，其中一教研专用设备招投标项目，预算金额 280 万元，2017 年 4 月招标，查阅评标委员会成员名单，审计组对评标专家资料进行详细分析后发现了不正常的现象，本次评标委员会成员共五人，其中招标人代表一人，评标专家四人，其中李某为本单位人员，张某、林某两位专家的工作单位为 Z 区教育局，还有专家朱某的工作单位为某科讯教研设备公司，审计组询问如何抽取评标专家，答复是从本单位建立的一个专家库中抽取一些专家，当时由几位领导讨论决定，筛选两位经济专家、两位技术专家，均为各自领域内具备专业特长的资深人士，专家朱某任职的科讯公司，虽然也是生产教研设备，与本次招标的产品属不同市场细分，与本次投标不冲突，审计组要求提供选取专家相关文件，何主任答复，因为是非正式会议讨论，未形成书面文件。

检查五家投标人资料登记表，审计组发现其中三家公司 A、B、C 公司，虽然处于不同地方，但 A、B、C 三家公司的投标人员电话号码均为同一区域，所填列的身份证号码，也有相同规律性，再查阅投标单位提供的员工社保证明，发现上述代表不同公司参加投标的人员，实际来自同一家族企业不同公司，参加投标公司存在异常情况，审计组对中标单位 A 公司进行延伸审计，检查银行流水，有两笔 2 万元进账，对账单摘要为收回保证金，打款方分别为 B、C 公司，检查对应会计凭证，会计记录冲销其他应收款，查看该其他应收款的明细账，有两笔业务发生，查阅原始凭证，付款审批单申请付款原因：为参加Y区教育局2017年4月教研设备项目招标，需申请支付B、C公司保证金各2万元，当日款项分别打入B、C公司。中标单位A公司投标时将投标保证金转至B、C公司，再由B、C公司转至招标单位缴交投标保证金；该年度A公司明细账中有多笔小额现金支出，摘要为投标业务费，汇总金额共56万元，款项转给投标给该集团关联的E公司，E公司账上挂往来款，后又分小额多次销账，账上以现金形式支出，摘要为顾问费，查至原始凭证，其中一笔为0.5万元的支出，审批为本次教研设备招投标项目申请的业务费，从E公司出纳私人账户转出，内附柜员转账单上收款人为专家朱某，原来朱某收受投标人的好处，再经核实，从该出纳个人账户上多次支付记录，收款人为Y区教育局几位领导亲属，除支付本次教研设备招投标项目的业务费，还有为Y区教育局其他采购项目支出的业务费，审计组由细节发现疑点，知微知彰，牵出多个招投标项目内外勾结的受贿案例。

本案例中，投标人向招标人、评标委员会成员行贿谋取中标，招标单位从本单位专家库选取评标专家，招标单位领导、评标委员会人员接受投标人好处，属于投标单位、招标单位、评标专家串通投标，从而达到中标目的的情况。

【定性依据】

《中华人民共和国政府采购法实施条例》（国务院令第658号）第十一条："采购人在政府采购活动中应当维护国家利益和社会公共利益，公正廉洁，诚实守信，执行政府采购政策，建立政府采购内部管理制度，厉行节约，科学合理确定采购需求。采购人不得向供应商索要或者接受其给予的赠品、回扣或者与采购无关的其他商品、服务。"第七十四条："有下列情形之一的，属于恶意串通……（四）属于同一集团、协会、商会等组织成员的供应商按照该组织要求协同参加政府采购活动；……（七）供应商与采购人或者采购代理机构之间、供应商相互之间，为谋求特定供应商中标、成交或者排斥其他供应商的其他串通行为。"

【启示或建议】

在审计中，串标是投标人之间或与招标人私下进行的，但要想将串通达成的合意变为现实，就必须要将这种合意外化为各种投标行为，并最终在招投标活动各环节中得以体现，如招标文件、资格审查、选取评专家、评审过程等，我们应通过审查招投标流程文件内容细节发现问题所在。

【案例221】中标前已确定采购供应商或部分履行合同

1. 某市政府采购疫苗项目，其合同约定：交货时间以采购人采购订单的书面通知为准，审计人员检查其合同履约情况，发现其中有一采购订单日期为2018年8月8日，而中标公告日期2018年8月9日，合同签订日为2018年8月11日，订单日期早于中标公告日期，询问相关人员，答复为该公司的产品质量可靠，此类货物采购一直从该公司采购，该订单包括两个合同的订单，一部分采购量为上一个合同，另一部分采购量为新签合同的订单，开标前已向供应商下了采购订单，已部分履行合同，公开招标流于形式，属于串通行为。

2. A公立医院与某运输有限公司签订一份空运货运代理协议书，签订日期2015年3月25日，广东省政府采购中心中标通知书的日期为2015年4月24日，中标前已确定采购供应商且已签订采购服务合同。

【定性依据】

《中华人民共和国政府采购法实施条例》（国务院令第658号）第七十四条："有下列情形之一的，属于恶意串通……（七）供应商与采购人或者采购代理机构之间、供应商相互之间，为谋求特定供应商中标、成交或者排斥其他供应商的其他串通行为。"

【启示或建议】

公开招投标是从多家竞争者择优选择，优化资源配置的交易行为，但有些人员法制意识薄弱，罔顾法律，为排挤其他竞争对手而在招投标中串通从而破坏公平、公正的市场竞争秩序，行政事业单位人员应加强法制观念，树立公平竞争意识，在招投标程序中，严守相关法规，实现公平、公开、自由竞争，不以权谋私，获取非法利益，促进政府采购公平竞争优化营商环境。

【案例222】设定的条件与合同履行无关

某机关"信息运营商"招标项目（包括建设综合信息服务平台、行业专家库建设、信息员培训宣传三大服务内容），招标文件有两项评分细则：金融服务能力，具有该行业金融领域的增值服务和可持续服务能力（需要提供国家级支付业务许可证复印件）；对该项目的资金支持能力，投标人具有办理各项小额贷款业务许可（需要提供该省金融部门正式批复文件复印件作为证明材料）。该条件的设置与合同履行无关。

【定性依据】

《中华人民共和国政府采购法实施条例》（国务院令第 658 号）第二十条：“采购人或者采购代理机构有下列情形之一的，属于以不合理的条件对供应商实行差别待遇或者歧视待遇：……（二）设定的资格、技术、商务条件与采购项目的具体特点和实际需要不相适应或者与合同履行无关。”

【启示或建议】

采购人一是需要加强法制观念，不以权谋私，在政府采购文件设置条款，透露出采购人的不当偏好；二是需要加强学习政府采购文件，提升业务能力，避免理解上的偏差在采购文件中设置歧视性条款。

【案例 223】采购要求指向特定产品

某行政机关某专业设备项目《竞争性磋商文件》关于“所投设备的先进性、可靠性”的评分标准要求：“所投产品的制造商在中国大陆市场占有率连续 2 年排名第 1 名，得 5 分，其他排名得 3 分，不能提供的得 0 分。”

根据成交供应商提交的响应文件数据引用授权书，A 公司在该专用设备市场占有率中连续 2 年排名第一，该评分项的设置指向唯一的产品制造商，响应供应商只有取得该制造商的授权，才可在该评分项中得分，属于以不合理条件限制或者排斥潜在供应商。

【定性依据】

1.《中华人民共和国政府采购法实施条例》（国务院令第 658 号）第二十条：“采购人或者采购代理机构有下列情形之一的，属于以不合理的条件对供应商实行差别待遇或者歧视待遇：……（三）采购需求中的技术、服务等要求指向特定供应商、特定产品。”

2.《政府采购货物和服务招标投标管理办法》（2017 年财政部令第 87 号）第十七条：“采购人、采购代理机构……也不得通过将除进口货物以外的生产厂家授权、承诺、证明、背书等作为资格要求，对投标人实行差别待遇或者歧视待遇。”

【启示或建议】

采购人一是需要加强法制观念，不以权谋私，在政府采购文件设置条款，透露出采购人的不当偏好；二是需要加强学习政府采购文件，提升业务能力，避免理解上的偏差在采购文件中设置歧视性条款。

【案例 224】以特定行政区域业绩作为加分条件

某省级机关一个公开招标项目，招标公告的一个评分条件：长期从事该省某特定信息服务工作，具有丰富运营经验（需提供与该省某省级行政部门所签订的特定信息服务合作合同复印件作为证明材料），可加 5 分，该条款属于特定行政区域的业绩作为加分条件。

【定性依据】

《中华人民共和国政府采购法实施条例》（国务院令第 658 号）第二十条："采购人或者采购代理机构有下列情形之一的，属于以不合理的条件对供应商实行差别待遇或者歧视待遇：……（四）以特定行政区域或者特定行业的业绩、奖项作为加分条件或者中标、成交条件。"

【启示或建议】

采购人一是需要加强法制观念，不以权谋私，在政府采购文件设置条款，透露出采购人的不当偏好；二是需要加强学习政府采购文件，提升业务能力，避免理解上的偏差在采购文件中设置歧视性条款。

【案例 225】将资产规模作为招投标的评审因素

某政府采购项目，招标评分细则设定，投标人拥有的资产设备规模达到 3000 万元以上的，得 5 分，2000 万元以上的得 3 分，1000 万元以上的得 1 分，低于 1000 万元的不得分，该条件将投标人的资产规模作为评审因素。

【定性依据】

《政府采购货物和服务招标投标管理办法》（2017 年财政部令第 87 号）第十七条："采购人、采购代理机构不得将投标人的注册资本、资产总额、营业收入、从业人员、利润、纳税额等规模条件作为资格要求或者评审因素。"

【启示或建议】

采购人一是需要加强法制观念，不以权谋私，在政府采购文件设置条款，透露出采购人的不当偏好；二是需要加强学习政府采购文件，提升业务能力，避免理解上的偏差在采购文件中设置歧视性条款。

【案例 226】将投标人的利润作为评审因素

某政府采购招标文件商务评审有关财务状况要求：上一年度净资产收益率大于 18%，得 7 分；大于或等于 12% 且小于等于 18%，得 6 分；小于 12%，得 0 分。

净资产收益率=净利润/净资产，将该财务指标作为评分项等同于将投标人的利润作为评审因素。

【定性依据】

《政府采购货物和服务招标投标管理办法》（2017年财政部令第87号）第十七条："采购人、采购代理机构不得将投标人的注册资本、资产总额、营业收入、从业人员、利润、纳税额等规模条件作为资格要求或者评审因素。"

【启示或建议】

采购人一是需要加强法制观念，不以权谋私，在政府采购文件设置条款，透露出采购人的不当偏好；二是需要加强学习政府采购文件，提升业务能力，避免理解上的偏差在采购文件中设置歧视性条款。

【案例227】将收入作为评审因素

某公办职业技术学院2018年实验设备采购项目，项目总预算256万元，招标文件商务评分细则：投标人具有国家规划布局内重点软件企业证书得3分。

将"具有国家规划布局内重点软件企业证书"作为评分项等同于将投标人的营业收入作为评审因素，据《国家规划布局内重点软件企业和集成电路设计企业认定管理试行办法》的相关规定，只有营业收入达到规定标准的企业才能申请认定。

【定性依据】

1.《政府采购货物和服务招标投标管理办法》（2017年财政部令第87号）第十七条："采购人、采购代理机构不得将投标人的注册资本、资产总额、营业收入、从业人员、利润、纳税额等规模条件作为资格要求或者评审因素。"

2.《国家规划布局内重点软件企业和集成电路设计企业认定管理试行办法》（发改高技〔2012〕2413号）第六条："符合下列条件之一的软件企业可进行申报：（一）年度软件产品开发销售（营业）收入总额超过（含）1.5亿元人民币且当年不亏损；（二）年度软件产品开发销售（营业）收入总额低于1.5亿元人民币，在认定主管部门发布的支持领域内综合评分位居申报企业前五位；（三）年度软件出口收入总额超过（含）500万美元，且年度软件出口收入总额占本企业年度收入总额比例超过（含）50%。"

【启示或建议】

采购人一是需要加强法制观念，不以权谋私，在政府采购文件设置条款，透露出采购人的不当偏好；二是需要加强学习政府采购文件，提升业务能力，避免理解上的偏差在采购文件中设置歧视性条款。

【案例 228】排斥成立时间短的供应商

某行政机关通信设备招标项目，其招标文件商务评审某项评分标准为："响应供应商参加招标前连续 3 年获得守合同重信用企业证书得 5 分，连续 2 年得 3 分"。上述评分标准要求供应商"连续 3 年""连续 2 年"取得的守合同重信用企业证书才可得分，如果供应商成立时间短于上述年限，则被拒之门外，实质上对供应商的经营年限作出了限制。

【定性依据】

《中华人民共和国政府采购法实施条例》（国务院令第 658 号）第二十条："采购人或者采购代理机构有下列情形之一的，属于以不合理的条件对供应商实行差别待遇或者歧视待遇：……（八）以其他不合理条件限制或者排斥潜在供应商。"《中华人民共和国中小企业促进法》第四十条："政府采购不得在企业股权结构、经营年限、经营规模和财务指标等方面对中小企业实行差别待遇或者歧视待遇。"

【启示或建议】

采购人应加强学习政府采购文件，提升业务能力，避免理解上的偏差在采购文件中设置歧视性条款，尤其是政府目前促进政府采购公平竞争优化营商环境，持续为大众创业、万众创新清障搭台，释放中国经济的无限活力的大环境下，更应创造公平、公开、自由竞争的机会鼓励中小企业发展。

【案例 229】将专业设备规模作为评分因素

某政府公开招标文件，采用综合评分法，其技术评分表的评分细则：投标人投入本项目的特种专业设备中，具有 1 ~ 10 台得 2 分，11 ~ 20 台得 4 分，21 ~ 30 台得 6 分，该评分通过对设备规模的大小划分档次。

【定性依据】

1.《中华人民共和国政府采购法》（2014 年修正）第二十二条："供应商参加政府采购活动应当具备下列条件：……（三）有履行合同所必需的设备和专业技术能力。"

2.《政府采购货物和服务招标投标管理办法》（2017年财政部令第87号）第五十五条："评审因素的设定应当与投标人所提供货物服务的质量相关，包括投标报价、技术或者服务水平、履约能力、售后服务等。资格条件不得作为评审因素"。

【启示或建议】

《中华人民共和国政府采购法》规定：供应商参与政府采购活动应当具备的资格条件之一是"履行合同所必需的设备和专业技术能力"，凡是具有履行合同所需设备的供应商，就视同具备该项资格条件，而无须通过对设备规模的大小划分档次考虑。

【案例230】将良好的商业信誉作为评审因素

1. 某政府公开招标文件，采用综合评分法，其评分标准：取得工商部门实施的"重合同、守信用"企业信誉管理颁发的"AA"级信誉证书，在标书评审中就可以加3分，有"AB"级信誉证书的可加1分。

2. 取得金融机构颁发的"AAA"级信誉证书的可加5分，取得"AA"级信誉证书的可加3分，不能提供"信誉等级"证书的不得分。

3. 某政府采购招标文件对投标人资质荣誉实力评分设置如下：投标人获得省级以上社会组织评估"5A"等级，得5分；获得省级以上社会组织评估"4A"等级，得3分；获得省级以上社会组织评估"3A"等级，得2分；无不得分。

本案例均把商业信誉作为评审因素。

【定性依据】

1.《中华人民共和国政府采购法》（2014年修正）第二十二条："供应商参加政府采购活动应当具备下列条件：……（二）具有良好的商业信誉和健全的财务会计制度。"

2.《政府采购货物和服务招标投标管理办法》（2017年财政部令第87号）第五十五条："评审因素的设定应当与投标人所提供货物服务的质量相关，包括投标报价、技术或者服务水平、履约能力、售后服务等。资格条件不得作为评审因素。"

【启示或建议】

供应商应具备的"良好的商业信誉"作为其参与政府采购活动应当具备的一大资格条件，如果信誉不佳的供应商就无权参与政府采购活动。凡是不存在不良社会反映的供应商，就视为具备该项资格条件，而无须再按等级的高低进行细化或量化考虑了。

【案例231】分值未与评审因素的量化指标相对应

1. 2016年9月，某职业技术学院网络中心购置基于桌面云服务的公共教学资源和教学、办公区域校园无线网建设采购项目”，该项目采用综合评分法，采购文件商务评价表中“投标人同类项目业绩”设置的评分标准为：“优：4~5分，良2~3分，差0~1分。”

2. 某政府采购公开招标文件评分标准：“投标人生产能力最强、生产工艺良好、生产设备精良得10分；投标人生产能力较强、生产工艺较好、生产设备较精良得8分；投标人生产能力中等、生产工艺中等、生产设备中等得6分；投标人生产能力差、生产工艺差、生产设备差得2分。”

上述案例中，评审标准的分值设置未能与评审因素的量化指标相对应。

【定性依据】

1. 《中华人民共和国政府采购法实施条例》（国务院令第658号）第三十四条：“采用综合评分法，评审标准中的分值设置应当与评审因素的量化指标相对应。”

2. 《政府采购货物和服务招标投标管理办法》（2017年财政部令第87号）第五十五条：“评审因素应当细化和量化，且与相应的商务条件和采购需求对应。商务条件和采购需求指标有区间规定的，评审因素应当量化到相应区间，并设置各区间对应的不同分值。”

【启示或建议】

评审因素细分，是对采购要求作详细的规定和要求，避免评审自由裁量权过大；所谓量化，是评审要素要求的条件、指标，能够用数字衡量，采购人可通过加强学习政府采购文件，提升业务能力，编制高质量的采购招标文件。

【案例232】评审专家组成人员、选取方式违反规定

1. A公立学院在2014~2016年间，招投标项目评标专家团主要是由招标投标办公室、资产管理处、审计处、财务处、采购人（经办人）等直接组成，并没有从规定的评审专家库中抽取，不符合规定。

2. 某市教育局一公开招标项目，审计组对评标委员会成员名单进行分析后，发现了不正常的现象，本次评标委员会成员共五人，有两人为本单位人

员，其中一人为招标人代表，一人为评审专家，按规定，评审专家对本单位的采购项目只能作为采购人代表参与评标。

【定性依据】

《政府采购货物和服务招标投标管理办法》（2017年财政部令第87号）第四十七条："评审专家对本单位的采购项目只能作为采购人代表参与评标，本办法第四十八条第二款规定情形除外。"第四十八条："采购人或者采购代理机构应当从省级以上财政部门设立的政府采购评审专家库中，通过随机方式抽取评审专家。对技术复杂、专业性强的采购项目，通过随机方式难以确定合适评审专家的，经主管预算单位同意，采购人可以自行选定相应专业领域的评审专家。"

【启示或建议】

行政事业单位要按相关制度规定组成评标专家组，发挥专家在评标中主导作用，促使评标遵循公平、公正、科学、择优的原则，确保评标的专业性、公正性。

【案例233】未客观、公正、独立评审

2018年10月，刘某等5位专家参与评审的"某政府物业服务采购项目"，该项目采购文件商务评审表有关"专业资质认证"的评分要求："投标人具有某A级物业服务资质的得4分。"供应商A公司提交了：A公司全资子公司获得的A级证书，提交的是其子公司的资质，该项不应得分，但该项目评审专家均评4分。

【定性依据】

《中华人民共和国政府采购法实施条例》（国务院令第658号）第四十一条："评标委员会、竞争性谈判小组或者询价小组成员应当按照客观、公正、审慎的原则，根据采购文件规定的评审程序、评审方法和评审标准进行独立评审。"

【启示或建议】

管理部门应加大对评审专家的管理力度。一是开展诚信教育，剖析评审违规案例，提升专家依法公正评标的法律意识。二是开展专业交流，培训及研讨政府采购业务知识、评标方法，提高专家依法公正评标的执业能力。三是建立评审专家考核责任追究机制。加大处罚力度，追究法律责任，防止贿赂评审专家的现象发生，提高贿赂成本和难度，培养既有德又有才，又廉洁公正的评审专家队伍。

【案例 234】合同的付款条件做实质性的修改

某政府采购项目，招标文件有关支付款项内容如下：（1）在签订合同后10个工作日内，采购人支付合同总额的40%款项给中标供应商；（2）在项目验收合格后20个工作日内，采购人支付合同总额余下的60%款项付给中标供应商。

所签订合同约定对付款进度及付款条件约定如下：（1）第一次付款：在签订合同后10个工作日内，支付合同金额的40%；（2）第二次付款：经项目验收合格后20个工作日内，支付合同金额的60%。或乙方在项目实施过程中提前提供等额银行履约保函给采购人，采购人按流程办理资金支付手续，项目验收合格后，采购人向中标人无息退还提供的等额银行履约保函。

合同款项支付情况：在取得履约保函后，支付余款项给乙方。

该合同对招标文件所确定的付款条件做了实质性的修改，修改后付款条件较招标文件的约定宽松了，允许项目未验收的情况下全额支付合同款项。

【定性依据】

《政府采购货物和服务招标投标管理办法》（2017 年财政部令第 87 号）第七十一条："采购人应当自中标通知书发出之日起 30 日内，按照招标文件和中标人投标文件的规定，与中标人签订书面合同。所签订的合同不得对招标文件确定的事项和中标人投标文件做实质性修改。"

【启示或建议】

政府采购招标流程所确定的事项属法定事项，政府采购当事人应严格遵守相关法规，不可随意为某些人的利益随意做实质性的修改。

【案例 235】政府采购合同备案时间不符合规定

某局有3个政府采购事项的合同备案时间不符合规定，晚于合同签订时间7个工作日以上，其中有1个采购项目，合同备案晚于合同签订180天。

【定性依据】

《中华人民共和国政府采购法》（2014 年修正）第四十七条："政府采购项目的采购合同自签订之日起七个工作日内，采购人应当将合同副本报同级政府采购监督管理部门和有关部门备案。"

【启示或建议】

采购人应严格遵守政府采购程序相关法规，及时对政府采购合同进行备案，接受上级部门的监督。

【案例236】政府采购项目未及时验收

某政府机关一公开招标采购项目，合同条款约定：委托服务期间自2017年9月至2018年8月止。乙方完成项目时提出验收申请，并提交项目成果材料，甲方接到申请后组织项目验收。付款条款：签订合同后，支付合同金额的40%，验收合格后支付合同余下的60%款。

2018年在未验收的情况下，全额支付合同款项。至2019年审计截止日，该项目仍在实施中，供应商尚未提出验收申请。

该采购项目已提前全额支付合同款项，超过验收期限，但对方未履行相应义务，未及时验收，对政府采购项目合同的履行缺乏监管。

【定性依据】

《政府采购货物和服务招标投标管理办法》（2017年财政部令第87号）第七十三条："采购人与中标人应当根据合同的约定依法履行合同义务。"第七十四条："采购人应当及时对采购项目进行验收。"

【启示或建议】

采购人应严格遵守政府采购程序相关法规及合同的约定，在对方未履行义务前，按内控规范控制合同款项的支付，并督促供应商按合同约定的进度履行相应义务。

【案例237】采购项目档案管理不规范

某市农科院2017年通过招标采购的笔记本电脑、台式计算机、显示器购置项目，预算金额300万元，档案资料未见公开招标文件；2018年的协同办公系统运维服务项目，预算金额100万元，档案资料未见询价通知书。

【定性依据】

《中华人民共和国政府采购法》（2014年修正）第四十二条："采购人、采购代理机构对政府采购项目每项采购活动的采购文件应当妥善保存，不得伪造、变造、隐匿或者销毁。采购文件的保存期限为从采购结束之日起至少保存十五年。采购文件包括采购活动记录、采购预算、招标文件、投标文件、评标标准、评估报告、定标文件、合同文本、验收证明、质疑答复、投诉处理决定及其他有关文件、资料。”

【启示或建议】

采购人应严格遵守政府采购法规妥善保存采购相关文件。

【案例238】未按规定公告采购合同信息

某民政局政府存在采购合同签订后未按规定在2个工作日内进行公告的情况：2017年9月30日与A物业管理有限公司签订的物业管理服务合同，金额200万元，2017年8月30日与B计算机科技有限公司签订的系统软硬件建设合同，金额200万元，两合同均未按规定公告。

【定性依据】

《中华人民共和国政府采购法实施条例》（国务院令第658号）第五十条：“采购人应当自政府采购合同签订之日起2个工作日内，将政府采购合同在省级以上人民政府财政部门指定的媒体上公告，但政府采购合同中涉及国家秘密、商业秘密的内容除外。”

【启示或建议】

公开透明是政府采购管理制度的重要原则。做好政府采购信息公开工作，对于规范政府采购行为，维护政府采购活动的公开、公平和公正具有重要意义。采购人应严格按政府采购法规的要求，从采购预算到采购过程及采购结果的全过程信息公开，接受上级部门和外部的监督。

【案例239】采购管理制度不健全

2018年审计发现，某机关对广东省政府集中采购目录外采购限额标准以下的采购事项未建立健全的采购管理办法，未明确相应的采购方式及采购流程。

【定性依据】

《行政事业单位内部控制规范（试行）》（财会〔2012〕21号）第二十九条：“单位应当建立健全支出内部管理制度，确定单位经济活动的各项支出标准，明确支出报销流程，按照规定办理支出事项。”

【启示或建议】

2018年广东省已调整政府采购限额标准提高至100万元，未达到采购限额标准的，不纳入政府采购管理范畴。随着进一步简政放权，扩大采购自主权，各行政事业单位应对未纳入政府采购管理范畴的政府采购建立健全内部管理制度。

7.3 本章小结

利益驱动是政府采购存在猫腻的根本原因，在利益驱动之下个别领导插手干预成为一个重要推手，不少招投标流于形式，表面上按程序公开进行，实际上“暗箱操作”，特别是一些领导干部违规插手干预招投标，一些掌握资金和项目审批权的部门或领导干部直接或变相推荐供货商，背后往往都存在权钱交易等腐败问题。

政府采购涉及政府、供应商、采购机构等多方利益，只有明确各自的权利和义务、设定关口卡住多方利益，才能堵塞漏洞，有利益的地方就有必要设关口，但“关口”的制定不是一件简单事，首先，要堵住各利益团体钻空子的机会，围绕源头管控，加强对预算的监督十分关键，把政府采购预算编制挺在前面，做到先预算、后采购，预算编制应该精细化，坚决纠正随意扩大预算等变通行为；其次，加强风险点的信息化防控，对采购预算、指标和用款计划进行全程监管；再次，政府采购更要适应绩效管理的要求，要有指标体系来反映政府采购绩效的实现情况，最后还需不断增强采购人“按规矩办事儿”的意识，强化财政、审计、监察等监管部门监督执法的力度，并加大公开的力度，构建“全流程监督机制”，对公共采购的每一个环节实施监督，并严肃追责问责。

随着政府采购信息的全流程公开透明，公众可以了解从采购预算到采购过程及采购结果的全过程，据财政部信息公告，政府采购的“重灾区”主要集中招标文件编制不规范，如采购人以不合理的条件对供应商实行差别待遇或者歧视待遇；评审标准中的分值设置未与评审因素的量化指标相对应，在审计中应关注这些，从公开透明信息中寻找黑暗面，招标文件的不规范就是切入点，如某政府的工程项目招标，除了正常要求企业具有相应资质外，如果还要求投标企业必须拥有某一领域的专利或曾经参与过某项具体工程的建设，那么全部符合条件的可投标企业范围基本就已被限定，这时就要注意这个标很可能已经被“预定”了；又如提前介入项目，打时间差：很多项目只有内部人员才知道，外面根本是不知道的，消息给了直接对口人，先期就开始着手操办业务，等到办理得差不多了，突然发布一个公告要采购，技术标准和要求交货时间紧迫，一看就是不可能完成的任务；审计还可从项目业务开始时间，合同签订时间与招标时间对比，找出不合逻辑的细节；还有评标专家是否从规定的专家库中选取，政府采购计划、预算编制、会议纪要等流程是否合规，投标人的工商信息是否有关联，投标人与招标人是否存在隶属或关联关系等疑点展开审计，揭开冰山一角。

政府为促进政府采购公平竞争优化营商环境，自 2019 年 9 月 1 日起实施《财政部关于促进政府采购公平竞争优化营商环境的通知》（财库〔2019〕38 号），全面清理政府采购领域妨碍公平竞争的规定中，较具特色的有：“……（二）除小额零星采购适用的协议供货、定点采购以及财政部另有规定的情形外，通过入围方式设置备选库、名录库、资格库作为参与政府采购活动的资格条件，妨碍供应商进入政府采购市场；（三）要求供应商在政府采购活动前进行不必要的登记、注册，或者要求设立分支机构，设置或者变相设置进入政府采购市场的障碍；……（七）“强制要求采购人采用抓阄、摇号等随机方式或者比选方式选择采购代理机构，干预采购人自主选择采购代理机构。”

为贯彻落实该文件，广东省财政厅 2019 年 8 月 24 日转发《财政部关于促进政府采购公平竞争优化营商环境的通知》（粤财采购〔2019〕2 号），并就有关事项通知如下：“一、开展全面清理妨碍政府采购领域公平竞争规定和办法（一）关于《通知》第一大点第（二）小点的清理事项。对于会计审计、资产评估、法律咨询等因服务时间、服务数量、采购总金额事先不确定等原因，已经通过入围方式确定多家供应商，设置备选库、名录库、资格库的政府采购服务项目，除在入围过程中已明确服务标准、定价原则、入围后的选择规则并已签订采购合同的采购项目可继续执行之外，其他的采购项目应予以清理。此后，对于此类政府采购项目，需在明确服务标准、定价原则、年度总预算等采购需求的前提下，依照法定程序择优选择具体供应商，遵循量价对等的原则签订政府采购合同。由一家供应商承担的采购项目，可与其签订单价固定、数量不确定的采购合同；确需多家供应商共同承担的，可根据业务性质、服务区域等要素，进行合理分包，但需将相应采购业务明确到具体供应商。”

第 8 章
建设项目管理

8.1 常见问题及表现形式

8.1.1 工程管理

1. 建设项目立项不合规。主要表现形式：未编制可行性研究报告、项目建议书；可行性研究报告未按规定执行审批程序（大中型项目的可行性研究报告需要报国家发改委进行审批，重大项目或特殊项目的可行性研究报告需要报国务院审批）；经批准后的项目建议书、可行性研究报告、设计任务书的重大变更无相应依据，未按规定履行审批程序等。

2. 工程项目程序倒置。主要表现形式：设计任务书的编制没有在项目建议书和可行性研究报告批准后进行；存在边设计边施工的现象；工程先行建设再立项；先施工再签合同等。

3. 超概算、超标准、超范围建设。主要表现形式：未经审批违规擅自增加建设内容、扩大建设规模、提高建设标准、改变设计方案，造成投资超概算；违规建设楼堂馆所；装修项目支出不符合建设标准；建设项目管理不善、故意漏项、报小建大等造成投资超概算等。

4. 工程管理环节存在漏洞。主要表现形式：合同文本缺乏规范性操作；施工合同不严谨，重要条款缺失；合同管理意识薄弱，缺乏专职的合同管理人才；施工单位无施工资质；工程先施工后领施工许可证；工程违规分包；工程非法转包；工期滞后；偷工减料，未按照工程设计图纸和施工技术标准施工；工程造价文件无造价审核人员签字确认；验收手续不完整等。

8.1.2 基本建设财务管理

1. 提前支付工程进度款。

2. 基建项目业务招待费超标准。

3. 工程款支付依据不充分、虚列工程支出。

4. 建设项目已完工使用仍未做竣工决算。

5. 工程结算价款超中标价。

6. 工程结算范围不完整。主要表现形式：合同中约定的单项工程未纳入工程结算书结算范围等。

7. 未按规定预留质量保证（保修）金。

8. 建设项目财务管理混乱。主要表现形式：工程成本核算不准确，与工程相关的费用未纳入“在建工程”科目核算；以预付款为名转移资金，长期挂账；列支与建设项目无关的费用；在建工程已投入使用，但长期未结转固定资产等。

8.2 审计案例

【案例240】改造项目未经充分调研论证

某公立学院2013年10月第10次校长办公会议决议和2013年第20次学院党委常委会学院领导班子会议同意将学院综合楼改造成留学生公寓和引进双高人才周转房。2014年5月学院与广西某建设集团有限公司签订了《学院留学生公寓和引进双高人才周转房设备采购项目合同书》，合同金额为500万元，另预算编制费、工程监理费、设计费、配套家具床垫床上用品等50万元，项目总投入550万元。留学生公寓和引进双高人才周转房设备采购项目于2014年12月完成改造。

上述改造工程项目虽经集体决策，但决策会议资料未见有与留学生（泰国）相关单位签订合作协议或意向书，将综合楼二至四层改造成引进双高人才周转房也未见论证调研资料，以至于该项目完工后并无预计的每年100名留学生（泰国）入住，二至四楼也未作为引进双高人才周转房使用，由于未经过充分调查研究论证，项目改造后未达到预期效果，造成改造资金经济损失。

【定性依据】

1.《行政事业单位内部控制规范（试行）》（财会〔2012〕21号）第四十八条："单位应当建立与建设项目相关的审核机制。项目建议书、可行性研究报告、概预算、竣工决算报告等应当由单位内部的规划、技术、财会、法律等相关工作人员或者根据国家有关规定委托具有相应资质的中介机构进行审核，出具评审意见。"

2.《广东省普通高等学校贯彻执行"三重一大"决策制度的暂行规定》（粤教工委〔2011〕2号）第十条："'三重一大'事项提交会议集体决策前应当认真调查研究，经过必要的论证程序，充分听取、吸收各方面意见。"

【启示或建议】

高等学校要加强重大事项的调研与论证，集思广益，合理做出决策，避免资金沉淀，发挥资金使用效益。

【案例241】在未取得施工许可证的情况下组织工程施工

C公办院校2010年1月至2016年6月共有2个基建工程出现未领施工许可证即开工现象，具体为陶瓷学院学生公寓附属工程，建筑工程施工许可证颁发日期为2012年1月6日，动工日期为2011年8月1日；陶瓷学院第八栋学生公寓建筑工程施工许可证颁发日期为2014年4月16日，但动工日期为2014年4月1日。

【定性依据】

《建筑工程施工许可管理办法》（住建部令〔2014〕第18号）第三条："本办法规定必须申请领取施工许可证的建筑工程未取得施工许可证的，一律不得开工。"

说明：上述案例为2010～2016年，适用上述文件。《建筑工程施工许可管理办法》于2018年9月28日修正（住建部令第42号），第三条修正为："本办法规定应当申请领取施工许可证的建筑工程未取得施工许可证的，一律不得开工。任何单位和个人不得将应当申请领取施工许可证的工程项目分解为若干限额以下的工程项目，规避申请领取施工许可证。"

【启示或建议】

行政事业单位应遵守建筑工程施工相关规定，保证施工安全。

【案例 242】项目施工前未取得概算审批、建设用地批准书

某机关一工程项目于 2015 年 10 月开始施工，2017 年 12 月完工，但至 2017 年 2 月才取得财政投资评审中心的工程概算评审结果，审核结果为 8000 万元，该项目已使用建设用地面积合计 4000 平方米，其中 2000 平方米用地至 2018 年 12 月仍未取得建设用地批准书。

【定性依据】

《国务院办公厅关于加强和规范新开工项目管理的通知》（国办〔2007〕64 号）："一、严格规范投资项目新开工条件　各类投资项目开工建设必须符合下列条件：……（二）已经完成审批、核准或备案手续。实行审批制的政府投资项目已经批准可行性研究报告，其中需审批初步设计及概算的项目已经批准初步设计及概算。……（四）需要申请使用土地的项目必须依法取得用地批准手续。"

【启示或建议】

行政事业单位应遵循实施建设项目流程来安排工作，项目先经可行性研究报告、概算审批再开展施工。

【案例 243】项目已申报初步设计概算，尚未申报可行性报告

某局于 2017 年 3 月向当地财政投资评审中心申报 B 地块升级改造工程项目的初步设计概算，并于 2017 年 12 月获得批复，概算审核结果为 5000 万元。至 2018 年 12 月审计截止日，仍未向发展和改革局申报 B 地块升级改造工程的可行性研究报告。

【定性依据】

《广东省政府投资省属非经营性项目代建管理办法（试行）》（粤府〔2016〕36 号）第九条："使用单位主要职责：（一）组织编制项目建议书或估算总投资不足 5000 万元的项目可行性研究报告，并按程序报省发展改革部门。"

【启示或建议】

行政事业单位应遵循实施建设项目流程来安排工作，先行确定项目可行性研究报告，再行确定初步设计及概算。

【案例 244】超概算、超标准、超范围建设

1. 某医院综合楼项目实际造价远高于概算批准金额：据 2017 年 9 月 30

日项目竣工决算报告，该项目实际总投资支出为1.50亿元，其中：建安工程5000万元、设备购置和安装费1500万元、待摊投资500万元、其他投资（房屋购置费）8000万元。

2. 该项目立项及调整概算：2010年经发改部门批准立项，同意异地新建，项目建筑面积11000平方米，项目总投资8000万元，包括建筑工程费用3500万元，设备购置及安装工程费2500万元，其他费用1200万元，预备费800万元。由于选址原因，于2007年经发改部门批准调整概算，同意新建项目建设规模从11000平方米调整为14000平方米（含增加1000平方米建筑面积用于解决另外个同一主管部门下的某单位业务用房问题），项目总投资从原批准的8000万元调整为1亿元，建设内容仍为已批准的综合楼及其附楼、污水处理间等配套设施，由自建方式改为以转让方式取得原某单位办公楼所处地块使用权及附着物所有权后进行改造，该项目于2015年12月竣工验收。

3. 审计人员分析项目相关资料文件，发现超概算的主要原因如下：

（1）项目变更未经发改部门审批：建设模式和建设选址的变更未及时重新编制工程可行性研究报告和概算报发改部门审批，调整概算后，房屋购置费已高达8000万元，占调概后资金的80%，调概前项目建筑面积11000平方米，项目总投资8000万元，该综合楼装修工程单价为0.73万元，调概后建筑面积为14000平方米，装修工程可使用的概算金额为2000万元，调概后综合楼装修工程单价为0.14万元。

（2）超标准建设：原装修计划按普通办公用房进行，后因机构改革加挂另外一个牌子，按三级专科医院医疗专业用房建设标准进行装修，整体使用需求提高，材料品牌档次、标准增加，增加设计变更费以及手术室、供应室、洁净病房、实验室装备、智能化建设等专业工程项目费用以及为通过相关部门对手术室、供应室、实验室、制剂室等专业工程的资质验收，增加了相应的配套医疗设备、设施等费用。

（3）超范围建设：在装修改造过程中列支了同一办公楼的兄弟单位大厅装修费，加设专用电梯和智能化设施等。

（4）装修工程合同漏项：在装修过程中发现原合同清单缺漏电缆、配电箱、桥架等工程项目，一级该大楼存在楼龄长、结构安全性差及工程建设复杂性等客观因素，补充了楼房加固、消防水池基坑加固、市政园林等工程项目。

【定性依据】

1.《基本建设财务规则》（2016 年财政部令第 81 号）第十一条：“项目建设单位应当根据批准的项目概（预）算、年度投资计划和预算、建设进度等控制项目投资规模。”第二十二条：“项目建设单位应当严格控制建设成本的范围、标准和支出责任，以下支出不得列入项目建设成本：（一）超过批准建设内容发生的支出……”

说明：该案例适用上述文件，《基本建设财务规则》已于 2017 年 12 月 4 日修改，自 2018 年 1 月 1 日起施行（2017 年财政部令第 90 号），修改后第十一条、第二十二条内容不变。

2. 国家计划委员会《关于核定在建基本建设大中型项目概算等问题的通知》（计建设〔1996〕1154 号）：“五、项目的建设规模、建设内容和设计标准要严格控制在国家批准的可行性研究报告（或设计任务书）和初步设计的范围内，不得自行提高标准……七、在项目建设过程中，建设单位违反规定自行增加建设规模、内容和提高建设标准而引起的概算投资增加，在调整概算审核中一律不予承认。”

【启示或建议】

1. 加强基建项目预结算方面管理，严格执行相关基建管理规定，切实履行规定的基建程序，遵循项目概算控制预算、预算控制结算的原则，以经立项审批部门批复的项目概算为控制依据，严格控制建设成本的范围、标准和支出，严禁超标准、超规模建设。

2. 加强基建项目的审批管理，及时按照调整概算后的批准资金聘请有资质的专业机构编报工程可行性研究报告，并加强项目的选址合理性分析和建设模式投资估算方案的审核管理。同时应及时取得初步设计报告及概算批复文件。

【案例 245】超建设标准装修

某局综合业务用房修缮项目个别项目不符合装修标准，涉及金额 10 万元。审计人员查阅招标控制价发现，综合业务用房修缮项目——装修改造工程清单上包括办公家具、成品布窗帘 10 万元，属于 2014 年颁布的《党政机关办公用房建设标准》室内装修不包括的项目，不应列入装修工程项目。

【定性依据】

《党政机关办公用房建设标准》（发改投资〔2014〕2674 号）第三十八

条："党政机关办公用房室内装修包括：楼地面、墙面、柱面、天棚、内门窗、轻质隔墙、细部等，不包括活动家具、窗帘、饰物等。"

【启示或建议】

行政事业单位装修办公用房应严格遵守《党政机关办公用房建设标准》的相关规定。

【案例 246】施工单位无施工资质

广州某公办幼儿园 2016 年与广州某建设工程有限公司签订了《施工合同》，对课室进行装修，合同价为 20 万元。但装修工程实际中标单位和开具发票单位为广州市某贸易有限公司。因贸易公司不具有相关资质，挂靠广州某建设工程公司，让其与幼儿园签订施工合同。

【定性依据】

《建设工程质量管理条例》（国务院令第 279 号）第七条："建设单位应当将工程发包给具有相应资质等级的单位。"第二十五条："施工单位应当依法取得相应等级的资质证书，并在其资质等级许可的范围内承揽工程。禁止施工单位超越本单位资质等级许可的业务范围或者以其他施工单位的名义承揽工程。禁止施工单位允许其他单位或者个人以本单位的名义承揽工程。施工单位不得转包或者违法分包工程。"

说明：该案例适用上述文件，《建设工程质量管理条例》于 2017 年 10 月 7 日第一次修改（国令第 687 号），于 2019 年 4 月 23 日第二次修改（国令第 714 号），修改后第七条、第二十五条内容不变。

【启示或建议】

行政事业单位应当委托具有相应资质的单位进行施工，保证工程质量安全。

【案例 247】工程违规分包

2017 年某公立大学与中标单位潮州 ×× 建筑公司签订东区学生 F 幢工程合同，工程结算书显示：其中附楼一层实际施工单位为汕头 ×× 建安有限公司，审计人员发现其资质证书已经过期，原承包方潮州 ×× 建筑公司将该项工程违规分包给汕头 ×× 建安有限公司。

【定性依据】

1.《中华人民共和国招标投标法》（主席令第 21 号）第四十八条："中

标人应当按照合同约定履行义务，完成中标项目。中标人不得向他人转让中标项目，也不得将中标项目肢解后分别向他人转让。中标人按照合同约定或者经招标人同意，可以将中标项目的部分非主体、非关键性工作分包给他人完成。接受分包的人应当具备相应的资格条件，并不得再次分包。”

说明：该案例适用上述文件，《中华人民共和国招标投标法》于2017年12月27日第一次修正（主席令第86号），修正后第四十八条内容不变。

2.《建设工程质量管理条例》（国务院令第279号）第二十五条：“施工单位应当依法取得相应等级的资质证书，并在其资质等级许可的范围内承揽工程。禁止施工单位超越本单位资质等级许可的业务范围或者以其他施工单位的名义承揽工程。禁止施工单位允许其他单位或者个人以本单位的名义承揽工程。施工单位不得转包或者违法分包工程。”

说明：该案例适用上述文件，《建设工程质量管理条例》于2017年10月7日第一次修改（国令第687号），于2019年4月23日第二次修改（国令第714号），修改后第二十五条内容不变。

【启示或建议】

建设项目管理方应当对工程全程监督，严防非法转包，保证工程质量安全。

【案例248】工程非法转包

2018年审计人员对财政资金投资的A镇文化公园建设工程建设项目进行专项审计，该项目于2014年1月立项，2015年11月招标，由B公司以600万元中标施工，2017年9月21日竣工，已投入使用并办理竣工结算。审计组调阅了工程相关资料，发现工期严重滞后，合同约定竣工时间为2016年6月，实际竣工时间较合同约定时间滞后15个月。

审计组检查发现：A镇2015年12月支付的100万元工程预付款的收款人不是中标单位B公司，而是由B公司出具了委托收款书，将该款项支付给C公司。审计人员询问了A镇建设办跟进该项目的人员，得到答复：这是建筑行业常见的结算方式，B公司出具了委托收款书，所以向C公司支付了工程款。

审计人员查阅了B公司该项目的成本明细账，检查发现，B公司2015年12月账面记录：A镇代支付C公司100万元工程款，计入了施工成本，对应的会计凭证后附有B公司与C公司签订的《项目承包合同》。B公司在未经A镇书面许可的情况下，与C公司于2015年11月签订了《项目承包合同》，将A镇文化公园建设工程项目以500万元的合同价进行转包，非法获利100万元，达该项目中标价的20%。由于转包价远低于预算评审价，C公司在施工过程中就调增转包价与B公司未能达成一致，几度中断工程施工，且由于建设单位、监理单位未及时督促施工单位施工，最终导致工期严重滞后。

审计组针对B公司违规转包的情形，根据经验，判定该建设项目可能存在偷工减料、高算冒领的问题。该项目竣工图与施工图的施工内容一致，未曾办理工程变更，但现场勘察，发现现场施工与竣工图纸多处不符，多结算工程款约60万元，其中：荔枝面芝麻灰花岗石，竣工图纸为200×300×40，现场实际施工为200×300×20，多结算工程款约20万元；竣工图纸有英雄雕像项目，但现场施工无该项目，多结算工程款约20万元；看台木板竣工图纸为400×100×50，现场实际施工采用400×100×20，多结算工程款约20万元，材料规格不达标。

针对上述情况，我们向建设单位、监理单位、工程造价咨询单位相关人员就现场施工管理、竣工验收、工程结算等环节的具体实施情况进行了询问。经了解，由于转包价远低于中标价，C公司偷工减料、高算冒领；监理单位对工程未按规定进行监督，导致现场施工材料与施工图纸不符；竣工图纸由施工单位根据施工图纸绘制，未做任何调整，建设单位建设项目多，专业人员少，技术力量薄弱，在办理竣工验收时未能对竣工图纸与现场施工情况是否相符进行核实；工程造价咨询单位出于成本考虑，未派出专业人员对现场施工情况进行了解，直接依据竣工图纸进行工程量的结算，导致工程结算与现场施工不符。

上述案例存在以下违规行为：（1）中标人违规转包，导致工程施工组织不畅，工期严重滞后，且由于转包价远低于中标价，B公司的行为属于违规向他人转让中标项目的情形。（2）C公司偷工减料、高算冒领。（3）监理单位未对现场施工材料按规定进行监督，导致现场施工材料与施工图纸不符。

【定性依据】

1.《中华人民共和国招标投标法》（主席令第21号）第四十八条：“中标人应当按照合同约定履行义务，完成中标项目。中标人不得向他人转让中标项目，也不得将中标项目肢解后分别向他人转让。”

说明：该案例适用上述文件，《中华人民共和国招标投标法》于2017年12月27日第一次修正（主席令第86号），修正后第四十八条内容不变。

2.《中华人民共和国建筑法》（2011年主席令第46号）第三十二条："建筑工程监理应当依照法律、行政法规及有关的技术标准、设计文件和建筑工程承包合同，对承包单位在施工质量、建设工期和建设资金使用等方面，代表建设单位实施监督。工程监理人员认为工程施工不符合工程设计要求、施工技术标准和合同约定的，有权要求建筑施工企业改正。工程监理人员发现工程设计不符合建筑工程质量标准或者合同约定的质量要求的，应当报告建设单位要求设计单位改正。"第五十八条："建筑施工企业对工程的施工质量负责。建筑施工企业必须按照工程设计图纸和施工技术标准施工，不得偷工减料。工程设计的修改由原设计单位负责，建筑施工企业不得擅自修改工程设计。"

说明：该案例适用上述文件，《中华人民共和国建筑法》于2019年4月23日第二次修正（2019年主席令第29号），修正后第三十二条、第五十八条内容不变。

3.《建设工程工程量清单计价规范》（GB 50500－2013）："8.2.1 工程量必须以承包人完成合同工程应予计量的工程量确定。"

4.《建设工程监理规范》（GB/T50319－2013）："5.2.18 项目监理机构应审查施工单位提交的单位工程竣工验收报审表及竣工资料，组织工程竣工预验收。存在问题的，应要求施工单位及时整改。"

【启示或建议】

建设项目单位应建立健全建设项目管理内部控制制度，明确建设项目施工管理、工程变更、竣工验收、工程结算等各环节风险点及措施，制订建设项目管理指引，建立责任追究制度，并对相关人员进行建设项目管理的系统培训；建立工程服务单位考核机制，对监理单位、工程造价咨询单位、代建单位，定期进行考核，对不按规定履行职责的单位纳入信用黑名单；充实建设单位工程专业人员，确保履行管理职责的技术力量，加强工程项目施工管理，要求施工单位严格按照施工图纸与投标清单施工，及时办理工程变更手续；要求监理单位加强现场监管工作，确保工程质量；严格要求设计、施工单位按现场实际情况编制竣工图，作为交工验收的依据；对未按图施工的项目，应按照实际情况据实结算。

【案例249】工程造价文件无审核人员签字确认

审计发现某政府2014年工程结算评审报告只有工程造价咨询企业公章，无执行咨询业务的注册造价工程师签字、加盖执业印章。

【定性依据】

《工程造价咨询企业管理办法》（建设部令〔2006〕第149号）第二十二条：“工程造价咨询企业从事工程造价咨询业务，应当按照有关规定的要求出具工程造价成果文件。工程造价成果文件应当由工程造价咨询企业加盖有企业名称、资质等级及证书编号的执业印章，并由执行咨询业务的注册造价工程师签字、加盖执业印章。”

说明：该案例适用上述文件，《工程造价咨询企业管理办法》已于2015年5月4日第一次修改，于2016年9月13日第二次修改，修改后第二十二条内容不变。

【启示或建议】

建设项目管理方应当对工程全程监督，保证各类工程文书责任人署名齐全，责任到人。

【案例250】维修项目验收手续不完整

审计发现，某机关个别维修项目验收手续不完整，该机关2017年9月列支办公楼维修费50万元，工程验收证明书和工程量签证单上均没有施工单位和建设单位相关人员的签名。

【定性依据】

《房屋建筑和市政基础设施工程竣工验收规定》（建质〔2013〕171号）第五条：“……（二）施工单位在工程完工后对工程质量进行了检查，确认工程质量符合有关法律、法规和工程建设强制性标准，符合设计文件及合同要求，并提出工程竣工报告。工程竣工报告应经项目经理和施工单位有关负责人审核签字。”

【启示或建议】

建设项目管理方应当对工程全程监督，保证各类工程文书责任人署名齐全，责任到人。

【案例251】未按合同要求而提前支付工程款

广州市某公办中学于2016年与广州某安装工程有限公司签订宿舍楼装修改

造工程施工合同，合同条款约定："合同签订后，发包人向承包人支付合同价的30%作为工程预付款，工程竣工验收后支付至合同价的60%，工程结算评审后支付至结算价的95%，余下的5%作为工程保修金，保修期满后一次性无息返还。"学校2016年8月已支付60%工程款给广州某建安工程有限公司，但工程竣工验收时间为2016年12月，提前支付宿舍楼装修改造工程款。

【定性依据】

1.《建设工程施工发包与承包计价管理办法》（住房和城乡建设部令〔2013〕第16号）第十七条："建筑工程发承包双方应当按照合同约定定期或者按工程进度分阶段进行工程款结算。"

2.《行政事业单位内部控制规范（试行）》（财会〔2012〕21号）第五十条："财会部门应当加强与建设项目承建单位的沟通，准确掌握建设进度，加强价款支付审核，按照规定办理价款结算。实行国库集中支付的建设项目，单位应当按照财政国库管理制度相关规定支付资金。"

【启示或建议】

应当完善工程内部管理制度，加强工程款付款审批，严格按履约进度付款，杜绝提前支付工程款的现象。

【案例252】付款审批不严格，导致多支付工程进度款

2017年9月，某代建局在审批B工程三期第11次计量支付中，施工单位申请以及监理单位、代建单位、建设实施单位上报的审核认定的累计计量工程量为5300万元，建设实施单位核实的现场实际累计完成工程量为5000万元，申请及上报的审核认定的工程量比实际完成工程量多300万元，造成多支付工程进度款300万元。截至2017年末该工程的第12次计量支付中，仅扣回了上述多支付的进度款100万元，仍多支付工程进度款200万元。

【定性依据】

1.《建设工程施工发包与承包计价管理办法》（住建部令〔2013〕第16号）第十七条："发承包双方应当按照合同约定，定期或者按照工程进度分段进行工程款结算和支付。"

2.《关于印发〈建设工程价款结算暂行办法〉的通知》（财建〔2004〕369号）第十三条："工程进度款结算与支付应当符合下列规定：……（二）工程量计算　1. 承包人应当按照合同约定的方法和时间，向发包人提交已完工程量的报告。发包人接到报告后14天内核实已完工程量……以发包人核实的工程量作为工程价款支付的依据。”

3.《行政事业单位内部控制规范（试行）》（财会〔2012〕21号）第五十条：“财会部门应当加强与建设项目承建单位的沟通，准确掌握建设进度，加强价款支付审核，按照规定办理价款结算。”

【启示或建议】

建设实施单位应加强对建设项目的监督管理，严格按照相关规定审核支付工程进度款。

【案例253】基建项目业务招待费超支

某区教育局建设工程，2012年经发展改革部门批复立项建设，项目总投资5000万元，开工日期为2013年2月，2015年12月完工，总体工程验收日期为2016年10月，截至至竣工财务决算报告基准日该工程支出总额为6000万元。该项目建设单位管理费为63万元，其中业务招待费的支出额为8万元。业务招待费实际开支超出了建设单位管理费总额的10%的限额标准。

【定性依据】

《基本建设财务管理规定》（财建〔2002〕394号）第二十一条：“业务招待费支出不得超过建设单位管理费总额的10%。”

说明：该案例适用上述文件，《基本建设财务管理规定》（财建〔2002〕394号）已于2016年9月1日废止，自2016年9月1日起适用《基本建设项目建设成本管理规定》（财建〔2016〕504号）第六条：“一般不得发生业务招待费，确需列支的，项目业务招待费支出应当严格按照国家有关规定执行，并不得超过项目建设管理费的5%。”

【启示或建议】

该项目为老项目，建设单位管理费在总额控制标准内，但业务招待费超标，实际开支超出了建设单位管理费总额的10%的限额标准。

如根据新规定，项目管理费按比例应不超80万元，业务招待费按5%的限额，应不超4万元。

建设项目单位应当规范工程财务管理，控制项目招待费支出。

【案例254】工程进度款支付依据不充分

某公立医院办公楼改造工程合同金额为220万元，合同约定工程进度完成至60%，支付总工程的30%，工程进度完成至90%，累计支付总工程的

55%，2014 年 10 月支付施工单位工程款 64 万元，支付依据仅有费用报销单和发票，没有工程进度的计量依据。

【定性依据】

1.《建设工程施工发包与承包计价管理办法》（住建部令〔2013〕第 16 号）第十七条："发承包双方应当按照合同约定，定期或者按照工程进度分段进行工程款结算和支付。"

2.《行政事业单位内部控制规范（试行）》（财会〔2012〕21 号）第三十条："……（二）加强支出审核控制。全面审核各类单据。重点审核单据来源是否合法，内容是否真实、完整，使用是否准确，是否符合预算，审批手续是否齐全。支出凭证应当附反映支出明细内容的原始单据，并由经办人员签字或盖章，超出规定标准的支出事项应由经办人员说明原因并附审批依据，确保与经济业务事项相符。"

【启示或建议】

建设项目单位应当加强工程进度款付款环节的管理，支付工程进度款时，应提供工程形象进度的佐证材料，按合同约定的进度支付工程款。

【案例 255】虚列工程支出

某医院列支某技改项目成本无依据，如 2015 年 12 月确认主营业务成本——工程维修费 45 万元，凭证无任何附件；2016 年 6 月确认主营业务成本——工程维修费 280 万元，凭证无附件，经核实，截至 2017 年 12 月以上工程维修项目未实施及未签订合同，该医院违规列支、虚列成本费用。

【定性依据】

1.《中华人民共和国会计法》（1999 年主席令第 24 号修订）第九条："各单位必须根据实际发生的经济业务事项进行会计核算，填制会计凭证，登记会计账簿，编制财务会计报告。任何单位不得以虚假的经济业务事项或者资料进行会计核算。"第十三条："……任何单位和个人不得伪造、变造会计凭证、会计账簿及其他会计资料，不得提供虚假的财务会计报告。"第十四条："……会计机构、会计人员必须按照国家统一的会计制度的规定对原始凭证进行审核，对不真实、不合法的原始凭证有权不予接受，并向单位负责人报告；对记载不准确、不完整的原始凭证予以退回，并要求按照国家统一的会计制度的规定更正、补充。"

说明：该案例适用上述文件，目前《中华人民共和国会计法》已于 2017

年11月4日修改（2017年主席令第81号），修改后第十四条内容不变。

2.《行政事业单位内部控制规范（试行）》（财会〔2012〕21号）第三十条："……（二）加强支出审核控制。全面审核各类单据。重点审核单据来源是否合法，内容是否真实、完整，使用是否准确，是否符合预算，审批手续是否齐全。支出凭证应当附反映支出明细内容的原始单据，并由经办人员签字或盖章，超出规定标准的支出事项应由经办人员说明原因并附审批依据，确保与经济业务事项相符。"

【启示或建议】

行政事业单位应以实际发生的经济业务进行会计核算，不得虚列经营成本或费用，确保会计信息披露符合会计法及会计制度的规定。加大对成本费用列支审核力度，规范成本费用列支核算流程，加大对财务人员关于成本费用列支、财经法规等知识的培训，确保成本费用列支的合规性。

【案例256】基本建设项目已完工使用，未及时办理竣工决算

ABC公办高校2018年末"在建工程"期末余额25000万元，为新建校区的征地拆除款和部分前期设计等待摊费用，新校区已于2016年9月投入使用，但至2018年末该部分余额未结转分摊记入固定资产。截至2018年年末新校区建设项目也未办理工程结算与竣工决算手续。

【定性依据】

《基本建设财务规则》（2016年财政部令第81号）第三十三条："项目建设单位在项目竣工后，应当及时编制项目竣工财务决算，并按照规定报送项目主管部门。"

说明：该案例适用上述文件，《基本建设财务规则》已于2017年12月4日修改，自2018年1月1日起施行（2017年财政部令第90号），修改后第三十三条内容不变。

【启示或建议】

建设项目单位应当规范工程决算管理，及时办理竣工财务决算。

【案例257】竣工决算严重滞后

某医院新建项目2012年4月投入使用，截至2016年7月尚未编制竣工财务决算报表，也未送达省财政评审中心进行结算审核，工程项目竣工决算严重滞后。

【定性依据】

《基本建设财务规则》（2016 年财政部令第 81 号）第三十三条："项目建设单位在项目竣工后，应当及时编制项目竣工财务决算，并按照规定报送项目主管部门。"

说明：该案例适用上述文件，《基本建设财务规则》已于 2017 年 12 月 4 日修改，自 2018 年 1 月 1 日起施行（2017 年财政部令第 90 号），修改后第三十三条内容不变。

【启示或建议】

医院应当规范工程决算管理，及时办理竣工财务决算。

【案例 258】合同约定的单项工程未纳入工程结算范围

B 公立医院的装修工程由×××装饰工程有限公司总承包，根据招投标文件及 2015 年 12 月 9 日工程招投标咨询答疑会会议补充纪要，总承包施工包括消防工程、防雷工程等 4 个附属工程。但 2017 年 1 月 8 日工程结算书未将消防纳入单项工程结算范围，涉及价款为 260 万元。

【定性依据】

《基本建设财务规则》（2016 年财政部令第 81 号）第三十一条："项目竣工财务决算是正确核定项目资产价值、反映竣工项目建设成果的文件，是办理资产移交和产权登记的依据，包括竣工财务决算报表、竣工财务决算说明书以及相关材料。项目竣工财务决算应当数字准确、内容完整。"

说明：该案例适用上述文件，《基本建设财务规则》已于 2017 年 12 月 4 日修改，自 2018 年 1 月 1 日起施行（2017 年财政部令第 90 号），修改后第三十一条内容不变。

【启示或建议】

建设项目单位应加强对基本建设活动的财务控制和监督，及时准确编制项目竣工财务决算，全面反映基本建设财务状况。

【案例 259】维修费用未按合同约定预留质保金

某局维修费用未按合同约定预留质保金，2018 年 6 月会计凭证，办公用房改造装修工程审定工程造价 20 万元，合同日期 2018.7.20～2018.8.30，合同约定质量保证金按工程结算金额的 3% 在缺陷责任期终止后的 14 天内返还，缺陷责任期为工程验收合格之日起 12 个月，该凭证全额支付维修款，未预留质保金。

【定性依据】

1.《行政事业单位内部控制规范（试行）》（财会〔2012〕21 号）第五十七条：“财会部门应当根据合同履行情况办理价款结算。”

2.《基本建设财务规则》（2017 年财政部令第 90 号修正）第二十九条：“项目建设单位可以与施工单位在合同中约定按照不超过工程价款结算总额的 3% 预留工程质量保证金，待工程交付使用缺陷责任期满后清算。资信好的施工单位可以用银行保函替代工程质量保证金。”

【启示或建议】

行政事业单位应严格按工程合同条款支付款项，维护合法权益。

【案例 260】工程建设项目财务管理薄弱

1. 某区教育局建设工程，2011 年经发改部门批复立项建设，该项目建筑面积 48000 平方米，项目总投资 2 亿元，开工日期为 2012 年 2 月，2014 年 11 月完工，总体工程验收日期为 2017 年 10 月，截止至竣工财务决算报告基准日该工程支出总额为 1.89 亿元。该项目建设单位管理费为 150 万元，其中业务招待费的支出额为 20 万元。

2. 审计组发现该工程财务管理方面比较薄弱，具体情况如下：

（1）会计核算不规范：项目部分支出直接在支出科目列支未计入在建工程科目；部分支出未设立辅助项目分类核算，在建工程未设立建安工程、设备投资、待摊投资、其他投资等二级明细分类核算；有部分基建资金滋生的利息收入直接计入其他收入没有冲减待摊投资。

（2）部分费用支出与该项目无关：如差旅费后附资料显示为管理人员其他项目外出考察经费分摊费用和非建设单位人员的机票费；会务费后附资料显示为参加“某届全国某某学术会议”费用；考察费后附材料显示为赴外地茶场慰问援助干部的调研考察费用；学习费后附资料显示为某公司年会分摊计入的费用；车辆费用为施工单位用车开支；电话费为个人开支；业务招待费后附大部分为食品发票，未注明用途事项。

（3）竣工验收交付使用后列支建设单位管理费：如列支差旅费、办公费、业务招待费等。

（4）审批手续和附件资料不完善：如工程列支的差旅费凭证附件未见出差前审批手续；市内交通费未规定注明事由和起止地点；部分会议费未见相

关的通知、签到表、会议纪要等会议材料；支付租金未取得发票、部分大额安装费开支和物业管理费未见提供相关的合同。

（5）部分工程款、费用发票不规范，如：发票抬头为单位简称，个别工程款发票内容为“合同款。”

（6）未严格履行合同条款：部分工程进度款比合同约定进度提前支付、未按要求预留5%工程质量保证金待竣工验收一年后再清算。

（7）业务招待费超标：该项目为老项目，建设单位管理费在总额控制标准内，但业务招待费超标，实际开支超出了建设单位管理费总额的10%的限额标准。

【定性依据】

1.《财政部关于解释〈基本建设财务管理规定〉执行中有关问题的通知》（财建〔2003〕724号）：“四、根据基本建设有关规定，每个基本建设项目都必须单独建账、单独核算；同一个建设项目，不论其建设资金来源性质，原则上必须在同一账户核算和管理。”

说明：此规定2016年9月1日起废止，新项目适用《基本建设财务规则》（2016年财政部令第81号）第七条：“项目建设单位应当做好以下基本建设财务管理的基础工作：……（二）按项目单独核算，按照规定将核算情况纳入单位账簿和财务报表。”

2.《基本建设财务管理规定》（财建〔2002〕394号）第十二条：“建设项目在建设期间的存款利息收入计入待摊投资，冲减工程成本。”第十九条：“建设单位要严格按照规定的内容和标准控制待摊投资支出，不得将非法的收费、摊派等计入待摊投资支出。”第二十一条：“业务招待费支出不得超过建设单位管理费总额的10%。”第三十条：“建设项目按批准的设计文件所规定的内容建成……。凡已超过批准的试运行期，并已符合验收条件但未及时办理竣工验收手续的建设项目，视同项目已正式投产，其费用不得从基建投资中支付。”第三十四条：“建设单位应当严格执行工程价款结算的制度规定，坚持按照规范的工程价款结算程序支付资金。建设单位与施工单位签订的施工合同中确定的工程价款结算方式要符合财政支出预算管理的有关规定。工程建设期间，建设单位与施工单位进行工程价款结算，建设单位必须按工程价款结算总额的5%预留工程质量保证金，待工程竣工验收一年后再清算。”

说明：此规定2016年9月1日起废止，新项目适用《基本建设项目建设成本管理规定》（财建〔2016〕504号）第四条：“项目在建设期间的建设资金存款利息收入冲减债务利息支出，利息收入超过利息支出的部分，冲减待摊投资总支出。”第六条：“一般不得发生业务招待费，确需列支的，项目业务招待费支出应当严格按照国家有关规定执行，并不得超过项目建设管理费的5%。”第二十二条：“项目建设单位应当严格控制建设成本的范围、标准和支出责任，以下支出不得列入项目建设成本：（一）超过批准建设内容发生的支出；（二）不符合合同协议的支出；（三）非法收费和摊派；（四）无发票或者发票项目不全、无审批手续、无责任人员签字的支出；（五）因设计单位、施工单位、供货单位等原因造成的工程报废等损失，以及未按照规定报经批准的损失；（六）项目符合规定的验收条件之日起3个月后发生的支出；（七）其他不属于本项目应当负担的支出。”第二十八条：“项目建设单位应当严格按照合同约定和工程价款结算程序支付工程款。”第二十九条：“项目建设单位可以与施工单位在合同中约定按照不超过工程价款结算总额的5%预留工程质量保证金，待工程交付使用缺陷责任期满后清算。资信好的施工单位可以用银行保函替代工程质量保证金。”

【启示或建议】

1. 做好基本建设财务管理的基础工作，按项目单独核算，按照规定将核算情况纳入单位账簿和财务报表。

2. 加强项目费用支出的审批管理，遵循专款专用原则，严格按照批准的项目预算执行，不得挤占挪用，对于与项目无关的支出、超过批准建设内容发生的支出、非法收费和摊派、项目符合规定的验收条件之日起3个月后发生的支出不应列入该工程经费中，对于用途未明、不符合合同协议的支出、无发票或者发票项目不全、无审批手续、无责任人员签字的支出、其他不属于本项目应当负担的支出的开支不予以报销。

3. 严格控制业务招待费支出，如有发生应当严格按照国家有关规定执行，不得超过项目建设管理费的有关比例规定。

4. 严格按照合同约定和工程价款结算程序支付工程款。

8.3 本章小结

工程建设项目存在违规转包、偷工减料、监理不力、造价咨询公司敷衍等诸多问题，归根到底，还是各方利益问题，都想不费力气或少费力气从国家工程建设中分得一杯羹，建设单位项目管控不严、先施工后签工程合同、未经批准超概算建设、财务管理薄弱，费用支出不合规，提前支付工程款等则是建设单位工程建设管理意识不严，工程内部控制制度不完善，执行有偏差，也不乏部分人员存在利益驱动，意图在国家工程建设上捞一把。

建议：

1. 建设单位严格执行相关基建管理规定，切实履行规定的基建程序，遵循项目概算控制预算、预算控制结算的原则，以经立项审批部门批复的项目概算为控制依据，严格控制建设成本的范围、标准和支出，严禁超标准、超规模建设。

2. 建设单位应建立健全建设项目管理内部控制制度，明确建设项目施工管理、工程变更、竣工验收、工程结算等各环节风险点及措施，制订建设项目管理指引，建立责任追究制度，并对相关人员进行建设项目管理的系统培训；建立工程服务单位考核机制，对监理单位、工程造价咨询单位、代建单位，定期进行考核，对不按规定履行职责的单位纳入信用黑名单；充实建设单位工程专业人员，确保履行管理职责的技术力量，加强工程项目施工管理，要求施工单位严格按照施工图纸与投标清单施工，及时办理工程变更手续；要求监理单位加强现场监管工作，确保工程质量；严格要求设计、施工单位按现场实际情况编制竣工图，作为交工验收的依据；对未按图施工的项目，应按照实际情况据实结算。

3. 加强项目费用支出的审批管理，遵循专款专用原则，严格按照批准的项目预算执行，不得挤占挪用，对于与项目无关的支出、超过批准建设内容发生的支出、非法收费和摊派、项目符合规定的验收条件之日起3个月后发生的支出不应列入该工程经费中，对于用途未明、不符合合同协议的支出、无发票或者发票项目不全、无审批手续、无责任人员签字的支出、其他不属于本项目应当负担的支出的开支不予以报销。

4. 严格按照合同约定和工程价款结算程序支付工程款。

第 9 章
合同管理

9.1 常见问题及表现形式

1. 合同签订、审批程序不规范。主要表现形式：签订、审批程序倒置、业务开展后补签订合同、未经审批签订并履行合同、合同审批流于形式、对外签订合同未取得法人授权等。

2. 合同内容条款欠缺。主要表现形式：无签订日期、无合同总金额等。

3. 合同履行不到位。主要表现形式：未按合同约定履行义务、未严格执行合同条款等。

4. 签订虚假合同。

5. 签订阴阳合同。

9.2 审计案例

【案例 261】先开展业务后补签合同

1. 合同涉及服务商未及时签订合同。某机关单位代理协议书存在签订日期在协议生效日后情况，如：2015 年该机关单位与 × 有限公司签订了一份代理协议书，合同注明协议有效期为 2015 年 1 月 5 日至 2015 年 12 月 31 日，合同盖章处的签署日期为 2015 年 1 月 4 日，但 × 有限公司盖章处签署日期为 2015 年 6 月 24 日。经咨询相关人员，由于 × 有限公司审批流程较长，造成了先开展业务后补签订合同的情况。

2. 合同履行期间后补签订合同。某局于2015年11月8日签订城市形象宣传策划合同，合同服务期限2015年9月17日至2016年6月30日。

3. 合同履行结束后补签订合同。某局于2016年8月10日签订采编和发行服务合同，合同约定乙方应在2016年6月15日前提交初稿，实际上乙方2016年6月30日已完成终稿工作。

上述案例均属于先开展业务再补签合同，未及时明确合同双方的权利义务，合同内部管理流程不完善，未对合同履行情况实施有效监控。

【定性依据】

《行政事业单位内部控制规范（试行）》（财会〔2012〕21号）第五十四条："单位应当建立健全合同内部管理制度。单位应当合理设置岗位，明确合同的授权审批和签署权限，妥善保管和使用合同专用章，严禁未经授权擅自以单位名义对外签订合同。"第五十五条："单位应当加强对合同订立的管理，明确合同订立的范围和条件。"第五十六条："单位应当对合同履行情况实施有效监控。"

【启示或建议】

建议严格按照流程开展业务，开展业务应先签订合同，明确合同双方的权利义务，是对合同履行情况实施有效监控的前提。

【案例262】未经审批即签订并履行合同

审计发现，某街道办2018年7月授权支付城管科修剪辖内绿化树木费用10万元，街道办城管科的请示日期为2018年3月28日，街道领导批复为2018年4月12日，与某园林绿化有限公司签订的园林绿化施工承包合同签订日期为2018年3月27日，合同条款二、工程工期由2018年3月20日入场施工计算，工期20天。该单位未经审批的情况下先签合同进场施工，未对合同履行情况实施有效监控。

2018年8月，该街道办授权支付城管科整治Y路基本农田费用2万元，街道办城管执法队与城管科的经费请示为2018年6月13日，街道领导批复日期为6月16日，与委托方×装饰设计工程公司签订的装饰工程施工承包合同未填列签约日期，工程质量验收报告列示的施工日期为2018年5月20日至2018年5月25日，验收日期为2018年5月26日。

2018年11月，该街道办支付综合执法大队购买装备、器材费用8万元，报价单日期与采购合同签订日期均为2018年8月26日，购买请示的批复为

2018 年 10 月 23 日。该单位在未经审批的情况下先签合同进场施工或开展业务，合同内部管理流程不完善，未对合同履行情况实施有效监控。

【定性依据】

《行政事业单位内部控制规范（试行）》（财会〔2012〕21 号）第五十四条："单位应当建立健全合同内部管理制度。单位应当合理设置岗位，明确合同的授权审批和签署权限，妥善保管和使用合同专用章，严禁未经授权擅自以单位名义对外签订合同。"第五十五条："单位应当加强对合同订立的管理，明确合同订立的范围和条件。"第五十六条："单位应当对合同履行情况实施有效监控。"

【启示或建议】

建议严格按照流程开展业务，开展业务先经审批、签订合同，明确合同双方的权利义务，是对合同履行情况实施有效监控的前提。

【案例 263】合同审批流于形式

审计发现某行政单位合同审批流于形式，该单位自主采购设备项目的合同由经办人自 2018 年 4 月 16 日起走呈批流程，4 月 19 日该单位负责人审批完毕，但合同于 2018 年 3 月 20 日已签订。

【定性依据】

《行政事业单位内部控制规范（试行）》（财会〔2012〕21 号）第五十四条："单位应当建立健全合同内部管理制度。单位应当合理设置岗位，明确合同的授权审批和签署权限，妥善保管和使用合同专用章，严禁未经授权擅自以单位名义对外签订合同。"

【启示或建议】

建议单位建立健全合同内部管理制度，合理设置岗位，明确合同的授权审批和签署权限。

【案例 264】对外签订合同未取得法人授权

审计发现，某机关单位对外签订合同时签章人未取得法人授权。2018 年该机关单位分别与 A 资产评估机构、B 废旧物品回收公司、C 电信公司签订《资产评估业务约定书》《废旧物资收购协议书》《电子系统项目采购合同》，合同上签章人均为刘某，未能提供法定代表人（林某）的授权书。

【定性依据】

《行政事业单位内部控制规范（试行）》（财会〔2012〕21 号）第五十四

条："单位应当建立健全合同内部管理制度。单位应当合理设置岗位，明确合同的授权审批和签署权限，妥善保管和使用合同专用章，严禁未经授权擅自以单位名义对外签订合同。"

【启示或建议】

建议应建立专门的合同管理制度，规定何种情况下需经法律顾问审核，并规定授权委托代表人的签约权限，对合同风险的进行有效管控。

【案例 265】合同签订缺少必备条款

1. 某地质勘察院于 2017 年与工程承接方签订的合同无签订日期、合同有效期、合同总金额等关键要素。出租业务中，因出租物业合同无禁止转租、分租及相应的违约责任条款，承租单位出现自行转租的情况。

2. 某局与 A 超市有限公司签订食品采购合同，合同期自 2018 年 11 月 9 日至 2018 年 12 月 31 日，采购标的为生鲜类、干货、调味品等商品，该合同未经批准立项，且合同未约定标的数量及合同价款；与 B 食品商行签订食品采购合同，合同期自 2018 年 7 月 6 日至 2018 年 12 月 31 日，该合同未经审批，且合同未约定标的数量及合同价款。

【定性依据】

1.《中华人民共和国合同法》（主席令第 15 号）第二十条："合同的内容由当事人约定，一般包括以下条款：……（五）价款或者报酬 .……（七）违约责任。"

2.《行政事业单位内部控制规范（试行）》（财会〔2012〕21 号）第五十五条："单位应当加强对合同订立的管理，明确合同订立的范围和条件。"

【启示或建议】

合同必要条款的完整性是保护双方权益的基础，建议按照合同法及内控规范的规定、要求，完善合同必要条款，保障双方权益。

【案例 266】未按合同约定验收并支付款项

某中心制订《合同管理制度》规定了合同管理职责，其中综合业务室的主要职责为"对所签合同，认真执行，并定期自查合同履行情况"。审计发现，该中心个别项目未严格按照合同履行条款，提前支付款项、项目完成后无验收，如：

1. 提前支付款项。根据该中心与某物业管理有限公司签订的《物业管理服务合同》，合同约定的服务期为 2018 年 1 月 1 日至 2018 年 12 月 31 日，付款方式为服务期内一次性支付 20 万元，但实际付款时间为 2017 年 12 月 1 日。

2. 合同完成后无验收。根据该中心与某物业管理有限公司签订的《空调清洗合同》，合同约定“项目全部完成后并经甲、乙双方共同签字确认验收合格，甲方应在验收合同及收到乙方有效票据后付款 6 万元”，但该中心 2018 年 10 月在未经验收的情况下支付空调清洗费 6 万元。

【定性依据】

1. 《中华人民共和国合同法》（主席令第 15 号）第一百六十一条：“买受人应当按照约定的时间支付价款……”

2. 《行政事业单位内部控制规范（试行）》（财会〔2012〕21 号）第五十七条：“财务部门应当根据合同履行情况办理价款结算和进行账务处理。未按照合同条款履约的，财会部门应当在付款之前向单位有关责任人报告。”

【启示或建议】

建议进一步加强支付审批的管理，完善合同管理，严格按照合同约定条款支付款项。

【案例 267】履约保证金、预付款条款流于形式

1. 某行政单位（招标人）签订《A 建设项目施工总承包合同》（合同（2018）188 号）第二部分通用条款 28.1 约定承包人提供履约担保：“乙方提供的履约保证金为中标价的 10%。履约担保采用银行保函的形式……”该项合同签订后，该行政单位未要求中标人 E 工程公司缴纳履约保证金。

2. 某行政单位（招标人）签订《B 建设项目施工总承包合同》（合同（2018）189 号）第三部分专用条款 80.1 预付款的约定：“约定预付款的，预付款的金额为 10%，其支付办法和方式，按本条有关专用条款约定。”中标人 E 工程公司未要求建设方支付预付款，建设方某行政单位实际也未支付预付款。甲乙双方都未遵守合同约定义务。

【定性依据】

《中华人民共和国合同法》（主席令第 15 号）第六十条：“当事人应当按照约定全面履行自己的义务。当事人应当遵循诚实信用原则，根据合同的性质、目的和交易习惯履行通知、协助、保密等义务。”

【启示或建议】

建议双方在签订合同前，严格审核合同条款，明确合同双方的权利义务，合同条款的各项约定内容为甲乙双方真实的意思表示，遵循诚实信用原则。

【案例268】未严格履行合同约定的审批程序事项

2015年12月，某市行政单位F（甲方）、委托市城投公司G（乙方）签订《H项目建设管理委托合同》，甲方委托乙方负责H项目的建设管理工作。委托合同双方的权利与义务3.2约定："……根据工程建设的需要，可以依法向外直接委托确定供应商的项目，经甲方批复同意后，乙方才能组织实施。"

乙方与本市某工程公司（丙方）签订的《H项目照明安装工程合同》，合同价款暂定50万元。乙方于2015年10月10日发出《H项目照明安装工程直接委托函》，确认委托丙方为该项目的施工方。乙方于2015年10月18日才向甲方发出《关于H项目照明安装工程直接委托函的审批请示函》，建议由丙方负责该项目的施工，先发出施工方直接委托函，后报甲方审批。甲方于2015年10月22日召开本周例会，形成会议纪要，同意乙方的决定。H项目照明安装工程施工方的确定涉及直接委托事项，乙方未报甲方的批准越权提前确定施工方，甲方事后追认，涉及直接委托的事项乙方越权，甲方监督不力。

【定性依据】

1.《中华人民共和国建筑法》（2011年主席令第46号）第十五条："建筑工程的发包单位与承包单位应当依法订立书面合同，明确双方的权利和义务。"

说明：该案例适用上述文件，《中华人民共和国建筑法》已于2019年4月23日修正（主席令第29号），修正后第十五条内容不变。

2.《中华人民共和国合同法》（主席令第15号）第六十条："当事人应当按照约定全面履行自己的义务。当事人应当遵循诚实信用原则，根据合同的性质、目的和交易习惯履行通知、协助、保密等义务。"

【启示或建议】

建议双方在签订合同后，应严格按照合同约定的权利义务开展工作，涉及须甲方审批同意后乙方才能进行的事项，乙方不能越权行事，同时，甲方应加强同乙方的沟通和监督工作，防范合同履行出现重大失误。

【案例269】以虚假合同骗取财政资金

审计组对某市×代建局代建项目情况进行审计。该代建局负责全市的财政投资项目的代理建设工作，2017年全年代建项目共七个，但审计人员抽查设计招标文件发现八个招标文件，多了一个“A项目附属设施工程设计文件”。审计人员查看A项目附属设施总体工程设计招标文件，内容与H项目存在相似之处，即A项目所包含的设计内容，在H项目同样存在。

一方面，审计组人员重新查看A项目招标文件的所有内容，A项目设计是整体打包招标，包括主体工程项目设计和附属设施工程项目设计，设计费涉及金额196万元，其中也包含了A项目的附属设施工程设计36万元。A项目采用询价方式，确定成交供应商为J设计公司。

另一方面，审计人员要求J设计公司提供设计合同、设计图纸，并请来建设工程项目的专业人士，经专业人员核对，发现A工程项目图纸中的附属设施工程设计与H项目附属设施工程设计图纸完全是相同的。

审计人员查看款项支付情况发现：A工程项目图纸中的附属设施工程设计款已经在2017年2月转出支付，且收款单位不是J设计公司；H项目附属设施工程设计图纸款项也于2017年7月付出，而收款单位正是J设计公司。

审计人员指出×代建局附属设施工程设计存在虚假合同，同一个设计项目支付了两笔相同的款项，但收款却是两个不同的单位。最终×代建局下属设计室主要负责人承认：由于该室没有严格执行八项规定政策，在公务用车、公务接待方面没有严格把关，以致近三年设计室在外挂账的“餐费、油费”等费用支出不能在单位报销。引起相关单位的频频“追债”，为了“解决”这笔费用支出的来源，不得不采取“变通”手法——做一份虚假合同，骗取财政资金，以用来“偿债。”

经审计核实，上述行为具备主观上的故意，侵犯的客体是财政资金，属于以虚假合同骗取财政资金。审计指出后，该局已要求J设计公司将款项36万元退回×代建局。

【定性依据】

1.《行政事业单位内部控制规范（试行）》（财会〔2012〕21号）第三十条：“……（二）加强支出审核控制。全面审核各类单据。重点审核单据来源是否合法，内容是否真实、完整，使用是否准确，是否符合预算，审批手续是否齐全。支出凭证应当附反映支出明细内容的原始单据，并由经办人员签字或盖章，超出规定标准的支出事项应由经办人员说明原因并附审批依据，确保与经济业务事项相符。”第五十四条：“单位应当建立健全合同内部管理制度。单位应当合理设置岗位，明确合同的授权审批和签署权限，妥善保管和使用合同专用章，严禁未经授权擅自以单位名义对外签订合同。”第五十七条：“财会部门应当根据合同履行情况办理价款结算和进行账务处理。”

2.《财政违法行为处罚处分条例》（2011 年修订）第六条：“国家机关及其工作人员有下列违反规定使用、骗取财政资金的行为之一的，责令改正，调整有关会计账目，追回有关财政资金，限期退还违法所得。对单位给予警告或者通报批评。对直接负责的主管人员和其他直接责任人员给予记大过处分；情节较重的，给予降级或者撤职处分；情节严重的，给予开除处分：（一）以虚报、冒领等手段骗取财政资金。”

【启示或建议】

有些机关单位合同管理混乱，对合同的签署没有进行监管，合同签署后，没有由专门的部门负责对合同的管理监督，总以为签署了合同就万事大吉，没有跟进合同的履行情况，这往往是检查监督的死角，在审计过程中，对合同是否受到监督，应列为审计的重点范围。这些单位合同管理混乱，由于内部控制制度不健全，各业务管理环节缺乏相互牵制，致使违纪问题屡屡发生，内控制度的审查，应作为审计的重要内容。

在合同的管理中，常常被认为不容易出问题的环节，恰恰是不法分子乘虚而入之处，也是经济检查监督往往疏忽的地方，以上虚假合同，如果没有仔细查看比对，是很难发现的，因此，重视细节的查看，堵塞管理漏洞，是审计工作高度重视的问题。

【案例 270】阴阳合同下的贪污案

2016 年 8 月，审计组对事业单位 J 医院进行财务收支审计。审计人员抽查采购物品款项结算及支付凭证，发现 J 医院食堂物品“食堂配送”业务较为频繁，采购业务量大。查阅食堂的“食堂配送”结算凭证发现，J 医院全年支付的每一笔结算“食堂食品配送”物品款项，是根据供货商开出的“送货单”所列数量和单价支付，付款凭证后面的附件有：“送货单”、食堂食品配送《政府采购合同书》、用款审批等。其中凭证附件的食堂食品配送《政府采购合同书》“货款结算”约定：采购物品结算价按不超过 Y 市菜篮子全市平均零售价格结算。

审计人员觉得这种结算有点“不靠谱”，于是在网上抽查了审计期间 Y 市菜篮子全市平均零售价格情况，再将价格与现时超市价格进行比较发现，Y市菜篮子全市平均零售价格会比超市价格高10% ~20%不等，虽然采购物品结算价没有超过Y市菜篮子全市平均零售价格，但是高出超市零售价格10% ~20%的差价。

审计人员要求J医院提供“食堂配送物品”采购项目招投标文件，查看后发现：“食堂配送物品”采购项目采购招标金额为200万元，附加条件为：“采购数量由院方根据实际情况确定（全年总量不得低于200万元），……定价标准以Y市菜篮子全市平均零售价格为基准价结合中标折扣率（85%）后为最终定价”进行结算。

审计人员发现中标价为200万元，按实际情况结算，支付凭证所附的“食堂食品配送《政府采购合同书》”与招投标文件不一样。审计人员拿着支付款项的合同，询问采购小组组长，小组长审阅核实后说：这不是原来的合同，原来的合同签署的合同结算价是按Y市菜篮子全市平均零售价格为基准价结合中标折扣率（85%）后为最终定价进行结算的，当时针对结算价格，大家还进行了讨论，《会议纪要》都有记录的。采购小组组长通知档案室找出原来讨论的《会议纪要》。

经办人马某也最终坦白为了达到“套钱”的目的，与中标人在2015年5月3日J医院与L食品股份有限公司签署了新的《政府采购合同书》，双方就食堂的“配送食品相关事宜”进一步约定：《政府采购合同书》，全年采购中标金额为200万元的，定价标准以Y市菜篮子全市平均零售价格为基准价结合中标价执行，按实际进行结算，经办人马某借采购物品验收为名，取得公章，使得《政府采购合同书》加盖了单位合同专用章，但没有单位法人签名。

审计人员发现，J医院2015年6月至2016年5月饭堂采购项目涉及金额235万元，按“新合同”，J医院按广州市菜篮子全市平均零售价格结算（100%），金额为235万元，未按合同履行（85%折扣），应付款199.75万元，多支付合同结算价的15%，多付采购款35.25万元。经延伸审计至供货单位，证实经办人马某将多付款35.25万元现金交给了经办人马某。

审计人员最终确认，食堂食品配送《政府采购合同书》出现了两个版本，与招投标文件相符的合同在档案室保存，而支付款项的合同由经办当事人马某负责，通过“移花接木”，出现了阴阳合同。

【定性依据】

1.《行政事业单位内部控制规范（试行）》（财会〔2012〕21号）第五

十四条："……单位应当合理设置岗位，明确合同的授权审批和签署权限，妥善保管和使用合同专用章，严禁未经授权擅自以单位名义对外签订合同，严禁违规签订担保、投资和借贷合同。单位应当对合同实施归口管理，建立财会部门与合同归口管理部门的沟通协调机制，实现合同管理与预算管理、收支管理相结合。"第五十六条："单位应当对合同履行情况实施有效监控。合同履行过程中，因对方或单位自身原因导致可能无法按时履行的，应当及时采取应对措施。"第五十七条："财会部门应当根据合同履行情况办理价款结算和进行账务处理。未按照合同条款履约的，财会部门应当在付款之前向单位有关负责人报告。"

2. 《中华人民共和国刑法》（2011 年主席令第 41 号修订）第三百八十二条："国家工作人员利用职务上的便利，侵吞、窃取、骗取或者以其他手段非法占有公共财物的，是贪污罪。"

说明：该案例适用上述文件，《中华人民共和国刑法》于 2017 年 11 月 4 日修订（主席令第 80 号），修订后第三百八十二条内容不变。

3. 《财政违法行为处罚处分条例》（2011 年修订）第六条："国家机关及其工作人员有下列违反规定使用、骗取财政资金的行为之一的，责令改正，调整有关会计账目，追回有关财政资金，限期退还违法所得。对单位给予警告或者通报批评。对直接负责的主管人员和其他直接责任人员给予记大过处分；情节较重的，给予降级或者撤职处分；情节严重的，给予开除处分：（一）以虚报、冒领等手段骗取财政资金……（五）其他违反规定使用、骗取财政资金的行为。"

【启示或建议】

本案例当事人采用"阴阳合同"，达到"骗取财政资金"的目的，通过利用职务上的便利，逃避监管，将国家财政资金骗取的手段，非法占有公共财物（资金）占为已有的，这种行为属于贪污。

如果单位内控制度健全有效，合同专用章就不能被盗用，就不可能签署"阴阳合同"，达到"套取、骗取"财政资金的目的。

如果单位的财会部门根据合同履行情况办理价款结算和进行账务处理时，发现采购物品未按照合同条款履约的，财会部门或者在付款之前向单位有关负责人报告物品采购款项时，由监管部门核实，问题也许就不会或没有机会发生。

近年来，政府采购业务已经普遍被接受，人们都习惯了以为主要采取了

“政府采购”行为，就万无一失了，其实，在合法的外衣下，只要规定的程序未执行，只要制度监督不到位，腐败行为仍然会发生，验证了那句话：“党风廉政建设永远在路上。”

9.3 本章小结

合同是确保经济活动顺利进行的重要保证，在经济运行中占据重要地位。加强合同管理是提高项目水平、规范政府采购等方面的必由之路。合同必要条款的完整性是保护双方权益的基础，有些单位合同意识薄弱，合同签订时缺少关键条款，容易造成合同一方未履行合同时无法更好的保护另一方的权益。合同生效后，按合同约定履行程序已经成为关键，有些单位为完成预算执行率，达到考核要求，提前支付合同款项，而这样造成资金不安全的后果是无法估计的。如今，财政资金的流失也越来越隐蔽在“虚假合同”和“阴阳合同”之下，利用合同形式上“合法化”的手段套取财政资金属于严重的违规行为。

针对合同管理存在的上述问题，我们提出以下建议：1. 规范合同备案手续，加强对项目合同签署的审核，特别是对相关要素进行严格把关，坚决杜绝合同要素不齐全的现象发生，对已签订合同进行整理完善。2. 确认合同管理流程的各个细节，明确每一环节的工作目标及其措施，切实履行合同内容。3. 加强对合同的准备、签订、履行、终止等各个阶段实行全过程监管，确保合同内容的合法性、规范性和真实性，以此防止利用虚假合同套取财政资金的行为。

第 10 章
小 金 库

10.1 常见问题及表现形式

1. 违规收费、罚款及摊派设立“小金库。”
2. 用资产处置、出租收入设立“小金库。”
3. 以会议费等名义套取资金设立“小金库。”
4. 经营收入未纳入规定账簿核算设立“小金库。”
5. 虚列支出转出资金设立“小金库。”
6. 以假发票等非法票据骗取资金设立“小金库。”
7. 上下级单位之间相互转移资金设立“小金库。”

10.2 审计案例

【案例 271】违规向学生收费设立“小金库”

2013～2014 年，某公办大学教务处现金收取补考费、首次办理学生证费 23.67 万元，用于发放相关部门人员的补助；对工商管理、财务管理等管理类专业学生按每年 4500 元收费标准收取学费，未执行该省物价局收费许可证规定的每学年 3800 元的学费标准，共计多收学费 130.89 万元，私存在新设银行账户内，用于逢年过节按教师级别发放节日补贴。

【定性依据】

1.《广东省物价局、广东省教育厅、广东省财政厅关于进一步规范我省高等学校收费管理的通知》(粤价〔2007〕186号):“高校首次为学生办理各种证件时,不得收取工本费。……高校不得自立项目或提高标准收取考试费。”

2.《广东省行政事业性收费管理条例》(2010年修正)第二十条:“下列各项属违法行为:(一)超越权限擅自设立收费项目、扩大收费范围或提高收费标准的……”

3.《关于在党政机关和事业单位开展“小金库”专项治理工作的实施办法》(中纪发〔2009〕7号):“违反法律法规及其他有关规定,应列入而未列入符合规定的单位账簿的各项资金(含有价证券)及其形成的资产,均纳入治理范围”规定的设立“小金库”。

【启示或建议】

违反规定收费、罚款以及摊派,原则上按原渠道退还给当事人,无法退还的,收缴国库。

【案例272】截留国有资产收益形成“小金库”

2017年,审计组在对A单位进行专项检查过程中,发现A单位将登记在本单位固定资产账上的办公用房、停车场共14处交由与本单位无行政、财务隶属关系的B物业公司代为出租,自2017年开始计收租金,租金收入均在B物业公司账簿反映,未列入A单位账簿核算。经查,2017年B物业公司代收租金和停车费共480万元,A单位直接在B物业公司代收的收入中列支费用共450万元,其中支付退休合同工节日、生活补贴147万元、计生奖25万元,在职合同工电话费补贴2万元、报销接待费7万元、报销个人交通费及车辆费用18万元,老干活动中心管理费、水电费等支出68万元,税费89万元,物业费用69万元,返聘及临聘人员劳务费25万元等。结余30万元。

【定性依据】

1.《〈关于深入开展“小金库”治理工作的意见〉的通知》(中办发〔2009〕18号)二:“(一)治理范围。违反法律法规及其他有关规定,应列入而未列入符合规定的单位账簿的各项资金(含有价证券)及其形成的资产,均纳入治理范围……”

2.《行政单位财务规则》(中华人民共和国财政部令第71号令)第十七条:“行政单位的各项收入应当全部纳入单位预算,统一核算,统一管理。”第十九条:“行政单位应当将各项支出全部纳入单位预算。各项支出由单位财务部门按照批准的预算和有关规定审核办理。”

3.《财政违法行为处罚处分条例》(2011 年修订)第六条:“国家机关及其工作人员有下列违反规定使用、骗取财政资金的行为之一的,责令改正,调整有关会计账目,追回有关财政资金,限期退还违法所得。对单位给予警告或者通报批评。对直接负责的主管人员和其他直接责任人员给予记大过处分;情节较重的,给予降级或者撤职处分;……(四)违反规定扩大开支范围,提高开支标准;(五)其他违反规定使用、骗取财政资金的行为。”

【启示或建议】

上述是一起利用国有资产出租收入截留账外,私设小金库用于退休合同工发放补贴、在职合同工报销费用及其他费用开支的典型案例。行政事业单位国有资产管理点多、面广,资产购置、使用、处置等环节都有可能滋生“小金库。”

事业单位出租出借国有资产产生的收入,应列入而未列入符合规定的账簿,应当追回有关款项,纳入单位预算,统一核算,统一管理。

【案例 273】租赁收入形成“小金库”

甲单位为行政单位,其属下有二级、三级单位合计约 20 个。甲单位将名下的办公楼、商业店铺、住宅、停车场等物业全部委托给乙单位(二级单位)管理,由乙单位将收到的出租物业租赁收入完税后全额上缴财政。

乙单位 2016 年 001 号会计凭证后附一份关于缴纳当月租赁收入税费计算过程表,审计人员发现当月应缴纳的流转税及附加税费、房产税都计算准确并上缴,但在备注栏有一行不起眼的小字:某停车场税后收入用于丙单位日常开支。经核实,甲单位委托丙单位负责管理一处位于市中心的停车场。

丙单位为私营企业,其法定代表人为乙单位的一位领导。丙单位负责管理并收取某停车场停车费收入,用于该私营企业的日常开支。除了支付停车场两位保安人员工资外,全部用于支付乙单位的费用报销;丙单位将收取的月保车位押金以出纳个人名义开设存折管理,收到车主押金时存入出纳个人存折,退押金时从个人存折支取,未在账面记录,现场盘点时,该存折账户余额 10 万元。经核实,丙单位从接手管理该停车场起,累计取得停车场管理费收入 200 万元。

丙单位违规将月保押金以出纳名义开立账户存储。该停车场属于国有资产,其停车费收入属于应上缴的非税收入,丙单位违规截留使用未上缴。丙单位将停车场税后停车费收入用于乙单位费用报销属于私设“小金库”的行为。

【定性依据】

1.《关于在党政机关和事业单位开展“小金库”专项治理工作的实施办法》（中纪发〔2009〕7 号）：“（二）违反法律法规及其他有关规定，应列入而未列入符合规定的单位账簿的各项资金（含有价证券）及其形成的资产，均纳入治理范围。”

2.《中华人民共和国商业银行法》（主席令〔2015〕34 号）第四十八条：“任何单位和个人不得将单位的资金以个人名义开立账户存储。”

3.《中华人民共和国预算法》（2014 年修正）第五十六条：“政府的全部收入应当上缴国家金库（以下简称国库），任何部门、单位和个人不得截留、占用、挪用或者拖欠。”

说明：本案例适用上述文件，《中华人民共和国预算法》已于 2018 年 12 月 29 日修改（2018 年主席令第 22 号），修改后第五十六条内容不变。

【启示或建议】

审计人员在进行预算执行情况及其财务收支审计时，可参考以下审计程序：1. 对于有物业出租的单位，须现场核实出租情况，核实是否存在物业已出租而账面无收入情况；2. 根据租赁合同测算租金收入是否及时足额收取并上缴；3. 参考广州市房地产租赁管理所公布的租金参考价，是否低价出租物业；4. 当存在低价出租物业时，需考虑是否存在二房东，即低价出租给二房东，由其再对外高价出租，差价有可能形成“小金库”截留在使用单位或转移至某个人账户，造成国有资产损失。

【案例 274】用出租收入设立小金库

举办方 E 为事业单位，投资 A 幼儿园并占 100% 股权，A 幼儿园为合作办学，同时承担了建设办学场所、购置前期设备设施，办理幼儿园办学许可证。教育集团 F 则引进国外教学模式、管理模式和教学内容来负责运营，负责聘请园长，实行园长负责制，全面负责幼儿园日常的经营管理。举办方 E 和教育集团 F 双方共同签订了 10 年合作期协议，约定合作分配比例为：举办方 E 占幼儿园经营性收入的 30%，分配后其余部分在支付完幼儿园的办学费用后归教育集团 F，幼儿园支出超出总收入 70% 的部分由教育集团 F 承担。

审计人员与园方管理人员交谈，发现园方和教育集团对合作分成比例有意见，认为分成比例过高，是导致账面累计亏损1200多万元的主要原因，审计人员把亏损额作为一个审计关注事项。该幼儿园2017年末在读幼儿将近600名，在职教职工200名，其中保教人员人数为150人，有29个班，备案的收费标准日托班为5500元/月·生，2017年收费收入为3800多万元。根据教职工、保教人数和在园幼儿比例过高情况，审计人员将重点放在教职工岗位设置合理性上，发现不设班别的专科老师较多，例如美术专科老师多达4个。根据2017年12月老师的考勤考核、课酬计算表，并在现场盘点固定资产，同时查看专业教室和专业老师的课程安排。

1. 盘点固定资产发现，电子琴未在资产表中反映，财务账上没有琴房租赁收入。经核实，钢琴工作室为应家长要求替代被取消的钢琴特色课程而设立，钢琴老师直接向经营方F教育集团股东的弟弟（为幼儿园后勤采购人员）缴纳钢琴琴房租赁费，并由其管理。琴房租赁标准为4500元/月，2014～2017年间共收租金130多万元，租金作为经营方F教育集团股东的备用资金进行管理，用于经营方股东回国后的日常接待费用和利润进行分配。

2. 工资发放表上的4名专科老师无对应的课程安排等记录，以及多名外籍老师几年内的工资无变动等异样情况，为了规避园长、副园长、经营方4名股东、经营方某股东弟弟（某后勤人员专门负责采购）部分个税共借用4名专科老师、6名外教名义发放工资，其中经营方股东以借用他人名义发放工资累计300多万元。

上述查出的“小金库”的表现形式为典型的用出租收入和违规收费设立“小金库”，在保教费外以开办兴趣班为由对学员另外收取费用，并以出租琴房的名义收取园外钢琴老师琴房出租收入，以提供违规收取兴趣班学费换取琴房出租收入。“小金库”以现金形态、银行存款形态由经营方亲信保管存放。

【定性依据】

《〈关于深入开展“小金库”治理工作的意见〉的通知》（中办发〔2009〕18号）二：“（一）治理范围。违反法律法规及其他有关规定，应列入而未列入符合规定的单位账簿的各项资金（含有价证券）及其形成的资产，均纳入治理范围……”

【启示或建议】

这是一起因长期未能分配利润，私下设置“小金库”和借用他人名字发放工资而进行私下补偿利益的案件；同时因为制度不完善、法人没有对经营监管、园长为经营方聘请、经营方将重要的采购权指定亲信来管理等多种因素形成了管理漏洞，使得私设“小金库”有了可乘之机。

【案例 275】虚列会议费套取财政资金形成“小金库”

省级财政预算管理部门 C 单位 2017 年年度会议费预算安排 112 万元，在全省计划安排四个省级三类会议，计划会议地点分别为：深圳、江门、清远、从化。2017 年度年会议费实际支出 112 万元。审计组对 C 部门 2017 年度预算执行审计时，发现会议费在三公经费中占比较大，且都在广州市外召开，决定将会议费支出的真实性及合规性作为审计重点。审计组查阅会议通知、会议审批文件、日程安排、相关项目申报文本、C 部门经费支出总账、明细账、相关电子数据等资料，认为深圳举行的会议规模较大、金额较大，选取深圳举行的会议作为现场核查重点。

深圳举行的会议规模较大、金额较大，会议费支出为 33 万元，参会人员达 180 人，凭证后附件包括：合同、宾馆开具的会议费发票、会议签到表、宾馆开具的会议住房汇总表。查阅签到表时发现 180 人的会议只有 102 人签到，凭证附件也未见会议费结算明细资料。

审计组延伸会议地点深圳 X 宾馆核实会议费情况。根据 X 宾馆打印的详细电子记录及结算收费情况，经核对，会议当晚入住人数确实为 102 人，对 C 部门共收取 33 万元，其中会议实际开支价格 29.49 万元，列作“营业收入”，余款在往来账“其他应付款——C 部门”挂账 3.51 万元，已冲账 1.41 万元，现剩余 2.1 万元尚未消费。该宾馆经理解释 C 部门是 X 宾馆的常客，宾馆按其联系人要求在会议期间安排接待领导事项，安排五粮液酒、高价水果等食品及按摩、美容娱乐活动，C 部门联系人要求会议费按会议通知上的人数计算收款，余款继续保留在 X 宾馆，什么时候消费就结算。

经核实，本次会议实际付款 33 万元，本次会议应付款项 29.49 万元，余 3.51 万元作为小金库。

【定性依据】

1.《〈关于深入开展“小金库”治理工作的意见〉的通知》（中办发〔2009〕18 号）二：“（一）治理范围。违反法律法规及其他有关规定，应列入而未列入符合规定的单位账簿的各项资金（含有价证券）及其形成的资产，均纳入治理范围……”

2.《关于在党政机关和事业单位开展“小金库”专项治理工作的实施办法》（中纪发〔2009〕7号）：“（二）违反法律法规及其他有关规定，应列入而未列入符合规定的单位账簿的各项资金（含有价证券）及其形成的资产，均纳入治理范围。”

3.《党政机关厉行节约反对浪费条例》第三十一条：“……完善会议费报销制度。未经批准以及超范围、超标准开支的会议费用，一律不予报销。严禁违规使用会议费购置办公设备，严禁列支公务接待费等与会议无关的任何费用，严禁套取会议资金。”

4. 广东省财政厅《省直党政机关和事业单位会议费管理办法》（粤财行〔2013〕443号）第十七条：“违反本办法规定，有下列行为之一的，由前款所列监督检查部门责令改正，依法依规追究有关单位和个人责任，对违规资金予以追回；涉嫌违法的，移交司法机关处理：（一）虚列、转移和转嫁会议费的；……（四）违反会议管理规定的其他行为。”

说明：本案例适用《省直党政机关和事业单位会议费管理办法》（粤财行〔2013〕443号），该办法已于2017年9月29日废止，自2017年9月29日起适用《省直党政机关和事业单位会议费管理办法》（粤财行〔2017〕283号）第二十四条：“违反本办法规定，有下列行为之一的，依法依规追究会议举办单位和相关人员的责任：（一）未按第七条规定履行调整审批程序，擅自计划外召开会议的；（二）以虚报、冒领手段骗取会议费的；（三）虚报会议人数、天数等进行报销的；（四）违规扩大会议费开支范围，擅自提高会议费开支标准的；（五）违规报销与会议无关费用的；（六）其他违反本办法行为的。有以上所列行为之一的，由省财政厅会同有关部门责令改正，追回资金，并经报批后予以通报。对直接负责的主管人员和相关负责人，报请其所在单位按规定给予行政处分。如行为涉嫌违法的，移交司法机关处理。”

【启示或建议】

该部门借会议之机，利用会议人数、报销制度等内控方面的漏洞，虚列会议费，套取会议资金，用于公务接待、个人消费，自以为手段天衣无缝，但“聪明”反被“聪明”误，当事人为自己的所作所为付出代价。

会议费是公务支出的重要组成部分，但超规模开会、超标准列支会议费报销等问题依然存在，造成了财政资金的损失浪费，也助长了奢侈浪费之风。各行政事业单位应严格按规定审核会议费开支，会议费报销凭证必须包括批准文件、会议通知、参会人员签到表、费用原始明细单据、合法有效的票据，核实会议的真实性和支出的合规性，各监管单位需加强各单位的监督检查，包括：会议计划的编报、审批和执行情况；会议费开支范围和开支标准情况；会议费报销和支付情况；会议定点管理制度执行情况，防止某些单位为套取财政资金，通过编造虚假项目、虚假人员名单（预付款不结算）等手段将财政资金私存私放，形成账外资产，也给哪些心存侥幸的人敲响了警钟，不管手段有多高明，到头来只能是搬起石头砸自己的脚，终究要受到法律的惩罚。

【案例 276】承包经营收入未入账私设“小金库”

审计组对某市直机关 2013 年度的财务收支进行审计，在检查进点会上，该机关领导在介绍本单位基本情况时说前几年招待所一直闲置，没有租出去，为了盘活资产，从 2012 年开始把原来的内部招待所对外出租，出租收入已经按规定上缴了财政，并随后提供了承包合同。但在调查时，审计组已经从机关相关科室中了解到招待所已经经营好几年了。在进点第二天，审计组同时对机关和招待所的现金进行了突击盘点。发现该机关的招待所已于 2010 年就对外承包给了王某，王某每年向机关上缴承包费，但是机关的账上却没有反映这部分承包收入。审计组立即分别询问机关和招待所的会计人员。在充足的审计证据和国家有关政策法规面前，该领导认识到问题的严重性，最后交代出三年内共收取王某承包收入 36 万元，主要用于发放给机关职工作为节日补贴，截至检查日，结余 4 万元。

【定性依据】

《关于在党政机关和事业单位开展“小金库”专项治理工作的实施办法》（中纪发〔2009〕7 号）：“（二）违反法律法规及其他有关规定，应列入而未列入符合规定的单位账簿的各项资金（含有价证券）及其形成的资产，均纳入治理范围。”

【启示或建议】

该机关为解决不合理的开支，把经营收益存至账外，私设“小金库”，属于违规行为。行政事业单位应当追回有关款项，纳入本单位预算，统一核算，统一管理，并按税收有关规定补缴税款。

【案例 277】从缴纳“社会保险费”引出的“小金库”

B 中心是市属某事业单位下属的公益一类事业单位，是市属重点建设单位，市财政拨付了该单位项目经费 1280 万元，用于 A 项目的建设补助经费。2017 年 10 月在对该中心进行专项资金审计时，发现该中心建设项目进度缓慢，未能按期完成，资金支出比例已达85%。

审计组抽查了“经费支出——财政补助支出——项目经费——其他商品和服务支出——社会保险费”科目的记账凭证，发现该科目有规则的每两个月计提一次职工社会保险费34.6万元，全年共有7笔，涉及金额共242.2万元，并通过支票转入该中心的工资发放过渡银行账户。

根据相关年度银行账户支出流水，款项实质支付到X酒店、Y旅游公司、Z汽车修理厂、大额现金提取等业务。经核实，款项是单位领导用于接待、用车支出、部分领导班子人员绩效奖金和单位职工集体活动等其他支出，还存在支付部分中层以上干部旅游的情况，涉及金额207.6万元。

【定性依据】

1.《设立“小金库”和使用“小金库”款项违法违纪行为政纪处分暂行规定》（2010年监察部 人力资源和社会保障部 财政部 审计署第19号令）第二条：“本规定所称‘小金库’，是指违反法律法规及其他有关规定，应列入而未列入符合规定的单位账簿的各项资金（含有价证券）及其形成的资产。”

2.《设立“小金库”和使用“小金库”款项违法违纪行为政纪处分暂行规定》（2010年监察部 人力资源和社会保障部 财政部 审计署第19号令）第三条：“国家行政机关及其内设机构有设立‘小金库’或者使用‘小金库’款项行为的，对负有责任的领导人员和其他直接责任人员（以下统称有关责任人员），由任免机关或者监察机关按照管理权限，依法给予处分。国有及国有控股企业、事业单位有设立‘小金库’或者使用‘小金库’款项行为的，对负有责任的领导人员和其他直接责任人员中由国家行政机关任命的人员（以下统称有关责任人员），由任免机关或者监察机关按照管理权限，依法给予处分。”第五条：“使用‘小金库’款项吃喝、旅游、送礼、进行娱乐活动或者有其他类似行为的，对有关责任人员，给予警告处分；情节较重的，给予记过或者记大过处分；情节严重的，给予降级或者撤职处分。”

【启示或建议】

该中心挪用项目资金，用于基本支出及以“缴交职工社会保险费”的名义挂账，形成“小金库”，虚列支出，用于公款吃喝、公款用车、公款旅游、发放绩效奖，金额较大，该案已移交市纪委，已追回“小金库”资金并上缴财政。

“小金库”具有隐蔽性。审计人员要善于从普遍现象看到问题的本质，从表面看似“正常”的现象，发现蛛丝马迹，一追到底。从表面上看，支付“社会保险费”合规、合情、合理，是最不起眼、最平常不过、最容易忽略的支出业务。但审计人员不局限于“表面”现象，善于“剥茧抽丝”，发现疑点，深入调查，终于使“小金库”原形毕露。

【案例278】以虚假发票、假采购业务骗取财政专项资金形成“小金库”

A服务中心是B某市行政单位所属二级预算单位，承担B单位饭堂等服务保障项目的组织实施工作，负责采购日常食品和日用品。2017年度，A服务中心财政拨款保障项目资金共485万元。

2017年度在对A服务中心审计时有几笔采购业务引起审计组的注意：2017年3月采购“大米”一批，金额6.8万元（江西增值税普通发票1张，开票方C公司）；2017年4月采购“日用品”一批，金额8.79万元（江西增值税普通发票2张，开票方D公司）；2017年6月采购“牛奶、饼干”一批，金额6.82万元（江苏增值税普通发票2张，开票方E公司）；2017年7月采购“被套床上用品”一批，金额16.78万元（上海增值税普通发票2张，开票方F公司）。以上7张发票开具的发票号基本连号，共计39.19万元。

审计组内部开展了讨论，提出几点疑问：采购日用品为平常事项，为何在千里之外的外省采购？开票的单位虽不同，但几张发票基本连号，一本发票多家公司使用合理吗？审计组对采购支出内容的真实性、相关性、合法性提出了怀疑。

审计人员进而对发票进行扫码验证，发现未能显示所开发票真实性的相关信息，初步判断为假发票，于是送到税务部门核查，确认为假发票。

发票为假，采购业务是否真实？审计人员核查采购业务款项支出单据，款项经中心主任批准后已支付，无验收记录，仓库保管员没有入库记录，同时对中心相关人员进行询问，回答都是“不清楚”或“不知道”；再查阅合同台账，无采购合同记录；因采购“被套床上用品”业务超过10万元，属于该单位的“三重一大”事项，均应该由中心班子会议讨论通过并上报主管部门批准后才能实施。接着，审计人员要求A服务中心提供采购业务事项的班子会议记录，也没有相关记录；种种迹象表明，该采购为假采购，没有实际购物。

经进一步核查，原来是A服务中心主任指示实施，开具假发票骗取财政资金用于小团体（班子人员）福利开支。审计组将该发现向A服务中心主管部门（业务委托单位）做了汇报，主管部门责令A服务中心提供原始收支凭证和核算记录，最终查明了A服务中心以虚假发票、虚假采购业务骗取资金总额68.8万元，支出去向主要用于班子人员福利性补助、用餐等。

【定性依据】

1.《设立“小金库”和使用“小金库”款项违法违纪行为政纪处分暂行规定》（2010年监察部　人力资源和社会保障部　财政部　审计署第19号令）第二条：“本规定所称‘小金库’，是指违反法律法规及其他有关规定，应列入而未列入符合规定的单位账簿的各项资金（含有价证券）及其形成的资产。”

2.《设立“小金库”和使用“小金库”款项违法违纪行为政纪处分暂行规定》（2010年监察部　人力资源和社会保障部　财政部　审计署第19号令）第三条：“国家行政机关及其内设机构有设立‘小金库’或者使用‘小金库’款项行为的，对负有责任的领导人员和其他直接责任人员（以下统称有关责任人员），由任免机关或者监察机关按照管理权限，依法给予处分”、第五条：“使用‘小金库’款项吃喝、旅游、送礼、进行娱乐活动或者有其他类似行为的，对有关责任人员，给予警告处分；情节较重的，给予记过或者记大过处分；情节严重的，给予降级或者撤职处分。”

【启示或建议】

A服务中心以“虚假发票、假采购业务”的方式虚列支出转出资金，骗取财政资金用于小团体开支，账外存放，形成“小金库。”

表面看似很平常的“采购业务”，未引起财务人员的注意，人们习惯了平时的“做法”，不管是否违反制度，不管是否手续齐全都会按着“惯性思维”去实施，这种“习惯”会导致我们不受“制度”约束，本案例中给了我们如下启示：（1）支出业务的真实性、合法性是确认预算项目执行情况的基础，应当引起审计人员的充分重视；（2）对于通过虚假业务骗取财政项目资金问题，重点在于顺着资金流向来核实业务的真实性，通过获得举报线索、虚假发票仅能提供查证思路；（3）审计人员对项目支出结构、业务开展情况的把握，有助于判断项目执行的整体合理性和支出内容的真实性；此外，主管部门除了对A机关服务中心的内部控制制度的完善，还应加强内控制度的执行，不给不法分子留下“机会”。

【案例279】上级单位转移资金设立"小金库"

A行政单位为省财政一级预算单位，该单位2015年度的科研项目实施主体为E公司，科研项目专项资金共230万元，其中A单位将160万元拨至E公司，剩余的70万元转付给下属单位B，B单位提供给A单位某领导一辆轿车私用，并过户登记在A单位，A单位未将该轿车登记在账。

【定性依据】

《关于在党政机关和事业单位开展"小金库"专项治理工作的实施办法》（中纪发〔2009〕7号）："（二）违反法律法规及其他有关规定，应列入而未列入符合规定的单位账簿的各项资金（含有价证券）及其形成的资产，均纳入治理范围。"

【启示或建议】

上述是一起上下级单位之间相互转移资金设立"小金库"的常见案例。"小金库"存放形态多样，案例中A单位将应拨给E公司的70万元转移给下级单位B形成"小金库"，存放形态为银行存款形态；B单位提供A单位一辆轿车形成A单位的"小金库"，存放形态为固定资产形态。行政事业单位应当从源头上防治"小金库"，构建防治"小金库"长效机制。

10.3 本章小结

10.3.1 "小金库"的概念及认定

根据中办发〔2009〕18号的规定，"小金库"的界定主要有三个特点：一是不再强调设立"小金库"的手段、方法；二是不限于资金，还包括有价证券和形成的资产；三是强调符合规定的账簿，不再区分单位财务会计账内是收支还是往来。如果在往来款中列收列支，超范围、超标准发放奖金、公款旅游等，只要是在符合规定的账簿中登记、核算，就不能认定为"小金库"，按违反财政、财务、会计法律法规、规章制度进行处理处罚。认定是否属于"小金库"唯一标准，就是其所涉资金或资产是否列入符合规定的单位账簿，即判断其是否纳入单位账内。凡放在单位账外的资金（含有价证券）

及其形成的账外资产，均属于“小金库”。所谓的“单位账簿”就是指本单位的会计账簿。《会计法》第三条、第十五条、第十六条等规定，各单位必须依法设置会计账簿，并保证其真实、完整。

10.3.2 “小金库”形成的主要原因及危害

“小金库”具有隐蔽性强、危害性大等特点。“小金库”形成的主要原因多样化，主要包括以下几点：一是“小金库”具有诱惑性，其实质上是领导层可以任意支配的小钱柜。二是管理制度存在漏洞。财务管理制度不完善，相关人员不负责，为截留上缴款、收钱不入账和虚报开支等方式设立“小金库”提供通道。三是处罚问责力度不够，未避免“家丑”外扬，一般采取收缴“小金库”金额的方式，对相关责任人处分较轻甚至不追究责任，违法成本较小，也侧面增加了违反者私设“小金库”的胆量。

“小金库”造成的危害严重，主要表现在：一是造成财务收支信息的失真，无法真实反映单位的经济活动、经营成果。二是扰乱单位的正常经济秩序，应纳入单位的各项收入和支出存留账外，资金管理失控。三是造成国有财产的私分流失，不法分子巧立名目滥发钱物，将国有资产流入个人腰包。四是败坏党风政风和社会风气，成为贪污挪用的“温床”，导致某些部门单位腐败问题层出不穷。

10.3.3 “小金库”的防治措施

从源头上防治“小金库”，可从以下几个方面着手：一是提高思想认知，使“小金库”设立者不想为。可加强典型案例教育，从思想上认清设立“小金库”的严重危害性。加强领导干部的思想道德教育，不断增强拒腐防变能力，为拒腐防变筑起一道思想道德防线。二是完善制度建设，使“小金库”设立者不能为。完备的内部控制，科学有效的监督体系，是遏制私设“小金库”行为的有效方式。如进一步强化财会和预算管理，建立和完善适应市场经济发展的财务监督管理体制。三是加大处罚力度，使“小金库”设立者不敢为。无论查出的“小金库”金额大小、走向如何，是否有贪污、挪用等行为，都应加大处罚力度，始终保持严打的高压态势。

10.3.4 “小金库”的常用审计方法

检查“小金库”的方式可从以下几个方面作为切入点：

1. 银行账户核查。以银行账户为线索。从审计实践看，“小金库”涉及的人员范围较小，但有的资金数额较大，因此资金的进出一般通常通过开设内部掌握的银行账户进行，而这种资金往来行为与单位正常的经济业务存在着一定联系。因此，在审计过程中，应当注意观察分析被审计单位的账户往来情况，并与被审计单位提供的银行开户情况资料和银行对账单进行核对。

2. 盘点库存现金。盘点应在事先不通知单位有关人员的情况下进行，对财务人员保管的现金进行突击盘点，再与调整后的现金余额表数据核对。保险柜内如果有存折、存单，不论是单位的户头或是个人的户头，一般都是“小金库”；另外如发现笔记本或账本之类，极有可能就是“小金库”的账务记录。

3. 查收费票据存根。对于有收费项目的单位，通过对收费票据存根联的审查是发现“小金库”的一种有效方法。通常是先对一段期间内已使用的票据存根金额进行统计，然后与账面收入数进行核对，如发现票据金额大于账面金额，该单位就可能存在收费不入账、私设“小金库”的问题。

4. 往来核对。对预付账款、应收账款、其他应收款等往来科目进行趋势分析，对存在异常变动的科目要重点分析被审计单位与相关客户、供应商之间往来的真实性，以查找利用外部往来单位虚构交易、以及利用关联交易转移资金的行为。同时，还应关注企业与其上级部门及下属企业往来的真实性，重点关注上下级往来单位转账支付所使用的被审计单位的收款账号，将其与被审计单位账内的银行账户进行核对，以查找利用内部往来转移资金设置“小金库”的情况。

5. 资产清查追踪。在审计时，应注意查阅固定资产明细账和固定资产卡片，对已报废的固定资产与固定资产清理账户进行核对，对应有残值及变价收入而账面却没有的固定资产，应进一步进行核实，以确认是否存在隐匿收入的问题。要重点对单位若干年度的各项资产的增减情况进行追踪调查，尤其是对长期不用或下马项目的资产、即报废资产的处理去向要进行追踪。这种审计方法对截留、隐匿处理固定资产和废旧物资收入存入“小金库”的情况尤其适用。另外资产清查追踪法也很适用于从账外资产为线索查出“小金库”。对于发现账外低值易耗品、固定资产等货物，若无支出凭证，则应追踪购买资产的资金，采用顺藤摸瓜的方法扯出隐藏的“小金库。”

6. 以收入作为切入口。了解被查单位的机构设置及职能，摸清所有收入的项目、来源及收取方式，逐一判断收入的准确性和真实性。

7. 将支出作为切入口。先分析支出项目增加变化情况，看有无异常情况。多关注租赁费、维修费、劳务费支出的真实性，有必要的进行现场查看。

8. 延伸检查至下属单位。看下属单位的收入是否及时上缴及是否入账，是否存在报销上级单位费用的情况，关注往来款，特别是一些长期挂账或异常的往来款项。

10.3.5 “小金库”与账外账的对比

1. 定义对比。“账外账”是指违反《中华人民共和国会计法》和国家有关规定，在法定会计账册之外设立的账册；“小金库”是指违反法律法规及其他有关规定，应列入而未列入符合规定的单位账簿的各项资金（含有价证券）及其形成的资产。

2. 表现形式对比。“账外账”就其资金来源而言，既包括属于本单位的正当收入、收益，又包括违规收入，如截留应当上缴财政的收入、虚列支出套取财政资金、“三乱”行为获取的收入等；在资金的处置上，既存在支出合理的情况，又存在乱支滥补、私存私放的问题。“小金库”是“账外账”的一种表现形式。

3. 定性依据对比。“账外账”的定性依据：根据《中华人民共和国会计法》第十六条规定：各单位发生的各项经济业务事项应当在依法设置的会计账簿上统一登记、核算，不得违反本法和国家统一的会计制度的规定私设会计账簿登记、核算。“小金库”的定性依据：（中办发〔2009〕18号）违反法律法规及其他有关规定，应列入而未列入符合规定的单位账簿的各项资金（含有价证券）及其形成的资产。

4. 处理处罚依据对比。“账外账”适用《会计法》的第四十二条，“小金库”适用《财政违法行为的处罚处分条例》等。

综上所述，由于“小金库”不是法律用语，引述“账外资金、账外资产、账外账”等法定用语时，确保定性法规与处理处罚依据保持一致性、规范性。

第 11 章
其他审计问题及案例

11.1 常见问题及表现形式

11.1.1 内控体系管理

1. 内部控制制度不完善。主要表现形式：未根据单位经济活动特点和管理要求全面建立内部控制制度，未有效执行内部控制制度等。

2. 岗责体系不健全。主要表现形式：未建立健全岗位责任制及关键岗位轮岗制度等。

11.1.2 决策管理

1. 集体决策流于形式。表现形式主要有：签订合同在前，集体决策在后；集体决策“走过场”等。

2. 集体决策不当。表现形式主要有：集体决策专项资金用于发放奖励金；集体决策事项不符合单位客观实际，搞“政绩工程”“形象工程”；事前没有充分论证，没有事实、数据作为支撑，直接“拍脑袋”决策。集体决策内容不完整，“议事不议钱”，导致决策事项超预算、超标准、超投资等。

3. 重大决策事项未经集体决策。表现形式主要有：经费预算编制、分配、调整、执行未按规定进行集体决策；重大资金支出，包括借款、大额度资金支出事项等，未按规定进行集体决策；重大基本建设项目安排、重大政府采购项目安排、重大资产处置事项等未按规定进行集体决策等。

11.2 审计案例

【案例280】未建立完善的内控管理制度

某中学未建立完善的资金管理制度，未对现金、银行账户、支票、印章、票据等的收支、使用和保管作出明确规定；未建立完善的资产管理制度，对固定资产和物资的采购、使用和保管作出明确的规定；未建立完善的工程管理制度，对工程项目投资决策程序，相关机构和人员的职责权限作出明确规定。

该中学未制定绩效评价指标，没有具体的评价标准，不利于考核；虽然制定了财务管理制度和专项资金管理制度，但相关制度内容不具体，不利于专项资金的管理和核算。

【定性依据】

1.《行政事业单位内部控制规范（试行)》（财会〔2012〕21号）第五条：“单位建立与实施内部控制，应当遵循下列原则：（一）全面性原则。内部控制应当贯穿单位经济活动的决策、执行和监督全过程，实现对经济活动的全面控制……（四）适应性原则。内部控制应当符合国家有关规定和单位的实际情况，并随着外部环境的变化、单位经济活动的调整和管理要求的提高，不断修订和完善。”第六条：“单位负责人对本单位内部控制的建立健全和有效实施负责。”第七条：“单位应当根据本规范建立适合本单位内部情况的内部控制体系，并组织实施。”

2.《关于全面推进行政事业单位内部控制建设的指导意见》（财会〔2015〕24号)：“二、主要任务。(一）健全内部控制体系，强化内部流程控制。单位应当按照内部控制要求……建立适合本单位实际情况的内部控制体系，全面梳理业务流程，明确业务环节，分析风险隐患，完善风险评估机制，制定风险应对策略；有效运用不相容岗位相互分离、内部授权审批控制、归口管理、预算控制、财产保护控制、会计控制、单据控制、信息内部公开等内部控制基本方法，加强对单位层面和业务层面的内部控制，实现内部控制体系全面、有效实施。”

【启示或建议】

行政事业单位应当建立完善的内控管理制度，结合本单位业务特点和管理要求，建立单位适用的现金、银行账户、支票、印章、票据、资产、工程等管理制度，提升单位内部控制水平，有利于单位防范风险。

【案例 281】内控制度不健全、职权分管不清晰

某单位存在内控制度建设不健全，职权分管不清晰的情况。在办公用品购置、车辆使用维修、固定资产管理、公务接待等方面存在诸多不规范，如日常工作中办公室对车辆使用未有实施调配的权限，车辆长期由民防办工作人员自行使用，日常用车也不经办公室调配；固定资产未登记实际使用人，未按期进行盘点管理；未制定公务接待制度，且报销凭据等相关单据未记录接待对象及人数，报销支出无标准可依。

【定性依据】

1.《行政事业单位内部控制规范（试行）》（财会〔2012〕21 号）第五条："单位建立与实施内部控制，应当遵循下列原则：（一）全面性原则。内部控制应当贯穿单位经济活动的决策、执行和监督全过程，实现对经济活动的全面控制……（四）适应性原则。内部控制应当符合国家有关规定和单位的实际情况，并随着外部环境的变化、单位经济活动的调整和管理要求的提高，不断修订和完善。"第六条："单位负责人对本单位内部控制的建立健全和有效实施负责。"第七条："单位应当根据本规范建立适合本单位内部情况的内部控制体系，并组织实施。"

2.《关于全面推进行政事业单位内部控制建设的指导意见》（财会〔2015〕24 号）："二、主要任务。（一）健全内部控制体系，强化内部流程控制。单位应当按照内部控制要求……建立适合本单位实际情况的内部控制体系，全面梳理业务流程，明确业务环节，分析风险隐患，完善风险评估机制，制定风险应对策略；有效运用不相容岗位相互分离、内部授权审批控制、归口管理、预算控制、财产保护控制、会计控制、单据控制、信息内部公开等内部控制基本方法，加强对单位层面和业务层面的内部控制，实现内部控制体系全面、有效实施。"

【启示或建议】

行政事业单位应当结合本单位业务特点和管理要求，建立健全及完善适合本单位的内部会计控制制度并组织实施，加强对单位层面和业务层面的内部控制，实现内部控制体系全面、有效实施。

【案例 282】不相容岗位未分离、关键岗位未实施定期轮岗

2017 年审计组对某镇政府财政所进行审计，在沟通了解付款流程及印章保管情况时发现，该单位法人章交由会计陈某管理，财务章和出纳章由黄某保管，黄某为了工作便利，提前在空白支票上加盖财务专用章和出纳章，然后交给会计陈某进行支票打印工作；另外还了解到，从2011年1月至2017年1月一直是陈某担任会计岗位，陈某在此期间还负责了出纳的部分工作，如去打印银行对账单等。由于领导对其十分信任，一直以来并未对陈某所负责的会计岗位进行轮岗和检查，审计组判断，财政所虽然形式上设置了由不同岗位的人管理收付款业务的印章，而实际操作却与一个人保管收付款业务的全部印章没有区别。

审计组向其他同事了解会计陈某，有人反映其平时开销较阔绰，参与网络赌球、赴澳门赌博、并购买奥迪Q7等，与工资收入不吻合。

审计组通过银行跟函，发现银行对账单余额表与财政所账面不一致，对账单上的余额比账面少100万元，经抽查凭证，发现有的记账凭证存在异常情况，如存在同一事项重复入账、原始单据与记账凭证内容不符、报销单据附件不完整、审批单领导签名栏字迹非领导本人、报销发票为复印件等。从2011年至2016年底，涉及审批手续不全、领导笔迹非本人，发票为复印件、假发票等可疑资金支出约100万元。

经核实，原来是会计陈某以假换真重复报账，偷偷将真的发票用假的发票换下来，拿着真的发票和领导审批单重新报账，将钱套取出来；还有就是将发票和领导审批的材料抽出来，然后拿着发票和领导审批单再报账，所以有些会计凭证没有发票和审批单；再有一种情况是冒领导签名，虚构项目、支出向出纳套取资金。出纳每月底对账，向陈某索要相关发票和领导审批单据等支出凭证时，陈某就以放在领导处保管等各种理由糊弄过去。

审计组还发现陈某通过虚增工资金额的方式套取公款。该单位每月实际发放工资总额比工资表多出一部分，经检查银行发放清单，却发现多出的款项均发放至会计陈某的银行账户，陈某每月实际发放工资比工资表要多出一倍，几年下来，多发放30万元。

陈某利用了不相容岗位未实行相互分离、相互监督，关键岗位未实行定期轮岗，以及领导和同事对其工作的信任等漏洞，几年间通过伪造单据，将单位银行账户的钱陆续转至自己账户、亲属账户，侵吞公款金额达100多万元，且大部分已用于吃喝玩乐、赌球、赌博等。

【定性依据】

《行政事业单位内部控制规范（试行）》（财会〔2012〕21号）第十五

条："单位应当建立健全内部控制关键岗位责任制，明确岗位职责及分工，确保不相容岗位相互分离、相互制约和相互监督。单位应当实行内部控制关键岗位工作人员的轮岗制度，明确轮岗周期。不具备轮岗条件的单位应当采取专项审计等控制措施。"第四十一条："单位应当建立健全货币资金管理岗位责任制，合理设置岗位，不得由一人办理货币资金业务的全过程，确保不相容岗位相互分离。出纳不得兼管稽核、会计档案保管和收入、支出、债权、债务账目的登记工作。"

【启示或建议】

该案例中，审计组通过了解业务流程，发现不相容岗位未实行相互分离、关键岗位未实行定期轮岗、付款控制环节失控，进而审计查获蚕食财政资金的蛀虫，小官巨贪的贪污案件。

行政事业单位应当加强内部控制执行及监督，防止内控制度形同虚设。

【案例 283】集体决策流于形式

2017 年 12 月审计某事业单位，发现该单位部分决策流于形式。抽查采购 2 套科研设备的相关资料发现，2017 年 5 月 31 日经领导班子"集体决策"会议纪要显示，经研究决定购买科研设备 2 套，供货公司为 A 单位，价格为 15 万元/套。而实际签订合同的单位却为 B 单位，经在相关网站查询 B 单位为 A 单位的关联单位。集体决策签订合同单位与实际签订合同单位不一致，且合同签订时间为 2017 年 4 月 30 日，未经集体决策签订合同。

【定性依据】

《行政事业单位内部控制规范（试行）》（财会〔2012〕21 号）第五十四条："单位应当建立健全合同内部管理制度。单位应当合理设置岗位，明确合同的授权审批和签署权限，妥善保管和使用合同专用章，严禁未经授权擅自以单位名义对外签订合同。"第十四条："单位经济活动的决策、执行和监督应当相互分离。单位应当建立健全集体研究、专家论证和技术咨询相结合的议事决策机制。重大经济事项的内部决策，应当由单位领导班子集体研究决定。重大经济事项的认定标准应当根据有关规定和本单位实际情况确定，一经确定，不得随意变更。"

【启示或建议】

本案例中，在集体决策前已经签订采购设备合同，集体决策确定的供应商与合同签订方不一致，合同管理缺失，集体决策流于形式，权力缺乏监督，决策机制难以发挥作用。

行政事业单位应加强合同监管，对“三重一大”决策执行情况的加强监督检查，实行责任追究制，避免集体决策缺少监督，“三重一大”集体决策流于形式，难以发挥作用。

【案例284】集体决策不当，专项资金用于发放奖励金

2018年5月，审计组在对某文化事业单位审计时，发现几笔20多万元的文化产业发展专项资金结余被用于发放奖励金。发放的依据是一份领导班子会的会议纪要，经查阅该会议纪要，全体参会人员一致同意该专项资金结余用于发放奖励，会议记录显示，单位领导征询了财务经理的意见，财务经理个人认为可以发放，发放的理由是该项结余形成时间已五年以上，无须支付。财政专项资金用于发放奖励金，以班子“集体决策”的方式，形成实施方案，并付诸实施。

【定性依据】

《广东省文化产业发展专项资金管理办法》（粤财教〔2014〕357号）第十一条：“专项资金不得用于以下项目支出：……（二）发放职工工资福利……”第三十二条：“……（二）对申报单位在专项资金管理、使用过程中存在下列违法违纪行为的，依照相应法律法规严肃处理，追回财政专项资金，五年内停止其申报专项资金资格，并向社会公开其不守信用信息：……2. 擅自变更使用范围、支出内容或实施方案。”

【启示或建议】

“集体决策”不是违纪违法挡箭牌，集体决策是民主、科学、合理的体现，它的底线必须建立在合规、合纪、合法的基础之上。本案例中，领导班子不了解专项资金相关政策，也未充分调查研究，仅征询财务经理的个人意见作出集体决策，把文化产业发展专项资金结余用于发放奖励金违反了相关规定。

主管部门及各单位选拔关键岗位工作人员时，须考察其是否具备相应的资格和能力，加强关键岗位工作人员的管理，包括培训、评价等机制，加强内部控制关键岗位工作人员业务培训，不断提升其业务水平和综合素质，对本单位须决策事项作出正确的判断。

单位领导决定分配文化产业发展专项资金作奖励金决策前，应进行深入的调查研究，了解专项资金相关政策，充分听取各方面意见，才能做到不偏听偏信，做出正确的决策。

【案例 285】部分重大决策事项未经集体决策

某学院院长任期内共做出重大决策事项 250 项，经抽查其中 120 项，发现有 1 项合作办学项目、50 项新增科研项目合作及产学研合作项目、20 项重要设备及大宗物资采购项目未经集体决策，涉及金额合计 3000 万元。

【定性依据】

《广东省普通高等学校贯彻执行“三重一大”决策制度的暂行规定》（粤教工委〔2011〕2 号）第九条：“各高等学校应当按照集体决策的具体要求，依照《中华人民共和国高等教育法》……的要求，明确学校党委全委会、党委常委会、校长办公会的议事规则和程序，以正式会议的形式，对职责权限的‘三重一大’事项作出集体决策。不得以传阅或者个别征求意见等方式做出决策。”

【启示或建议】

行政事业单位“三重一大”事项必须由单位会议集体研究决定，重大决策事项提交前应当认真调查研究，经过必要的论证确定经济事项的可行性，防范重大决策失误带来的经济损失，决策事项应当符合国家的法律法规。

11.3 本章小结

2012 年财政部发布了《行政事业单位内部控制规范》以来，地方政府及相关行政事业单位也出台规范重大行政决策程序的制度文件，科学民主依法决策水平在一定程度上得到提升。但实践中，仍有不少问题须进一步规范，一些地方行政决策尊重客观规律不够，听取群众意见不充分，违法决策、专断决策、应及时决策而久拖不决等问题较为突出；一些关系国计民生的重大项目因当地群众不了解、不理解、不支持，导致项目无法落地或匆匆下马。搞“政绩工程”“形象工程”等集体决策不当、集体决策流于形式、公共决策“拍脑袋”“一言堂”等这些问题严重损害政府公信力，有损营商环境，影响改革推进和经济社会发展。

为了健全科学、民主、依法决策机制，规范重大行政决策程序，2019 年 5 月 16 日中华人民共和国国务院令第 713 号《重大行政决策程序暂行条例》

公布，自2019年9月1日起施行。《条例》对重大行政决策事项范围、重大行政决策的作出和调整程序、重大行政决策责任追究等方面做出了具体规定。

内部控制是行政事业单位管理工作中的重要组成部分。单位负责人对内部控制的重要性认识不足、内部控制制度不规范等严重制约了行政事业单位的工作效率和效果，影响了行政事业单位的会计信息质量。因此，需要重视和强化行政事业单位内部控制工作，制定适合行政事业单位特点和管理模式的内部控制制度。

强化行政事业单位内部控制的对策，可以考虑以下几点：

1. 建立健全内部控制关键岗位责任制，明确岗位职责及分工，确保不相容岗位相互分离、相互制约和相互监督。实行内部控制关键岗位工作人员的轮岗制度，不具备轮岗条件的单位应当采取专项审计等控制措施。

2. 规范决策程序，强化权力制约。防止决策流于形式，把权力关进制度的笼子，逐步形成不敢腐的惩戒机制、不能腐的防范机制、不易腐的廉洁风险防控机制，让权力在阳光下运行。

3. 加强学习和培训，提升内部控制管理工作水平，进一步健全内部控制制度，严格按制度办事。

附录 行政事业单位相关法规选编

序号	标题	发布文号	施行时间	现行或废止时间
一、财务管理				
1.1	《中华人民共和国会计法》	主席令〔1999〕24号	2000年7月1日	现行
		2017年11月4日主席令第81号修正	2017年11月5日	
1.2	《财政违法行为处罚处分条例》	2004年11月30日国务院令第427号	2005年2月1日	现行
		2011年1月8日国务院令第588号修改	2011年1月8日	
1.3	《会计基础工作规范》	财会字〔1996〕19号	1996年6月17日	现行
		2019年3月14日财政部令第98号修改	2019年3月14日	
1.4	《国有林场（苗圃）财务制度》	财农〔2017〕72号	2018年1月1日	现行
1.5	《行政单位财务规则》	2012年12月6日财政部令第71号	2013年1月1日	现行
1.6	《事业单位财务规则》	2012年2月7日财政部令第68号	2012年4月1日	现行
1.7	《行政单位会计制度》	财库〔2013〕218号	2014年1月1日	2019年1月1日
1.8	《事业单位会计制度》	财会〔2012〕22号	2013年1月1日	2019年1月1日
1.9	《事业单位会计准则》	2012年12月6日财政部令第72号	2013年1月1日	2019年1月1日
1.10	《政府会计制度——行政事业单位会计科目和报表》	财会〔2017〕25号	2019年1月1日	现行
1.11	《工会财务会计管理规范》	总工办发〔2013〕20号	2013年5月21日	现行
1.12	《工会会计制度》	财会〔2009〕7号	2010年1月1日	现行
1.13	《医院财务制度》	财社〔2010〕306号	2012年1月1日	现行

续表

序号	标题	发布文号	施行时间	现行或废止时间
二、税务法规				
2.1	《中华人民共和国个人所得税法》	全国人大常委会令第11号公布	1980年9月10日	现行
		2011年6月30日主席令第48号修正	2011年9月1日	
		2018年8月31日主席令第9号修正	2019年1月1日	
2.2	《中华人民共和国个人所得税法实施条例》	1994年1月28日国务院令第142号公布	1994年1月28日	现行
		2005年12月19日国务院令第452号修订	2006年1月1日	
		2008年2月18日国务院令第519号修订	2008年3月1日	
		2011年7月19日国务院令第600号修订	2011年9月1日	
		2018年12月18日国务院令第707号修订	2019年1月1日	
2.3	《中华人民共和国增值税暂行条例》	1993年12月13日国务院令第134号公布	1994年1月1日	现行
		2008年11月10日国务院令第538号修订	2009年1月1日	
		2016年2月6日国务院令第666号修订	2016年2月6日	
		2017年11月19日国务院令第691号修订	2017年11月19日	
2.4	《中华人民共和国增值税暂行条例实施细则》	财法字〔1993〕第38号	1993年12月25日	现行
		2008年12月15日财政部、国家税务总局令第50号修订	2009年1月1日	
		2011年10月28日财政部令第65号修改	2011年11月1日	

续表

序号	标题	发布文号	施行时间	现行或废止时间
2.5	《关于个人取得劳务报酬等收入征收个人所得税问题的通知》	穗地税发〔2003〕46号	2003年1月1日	现行
		广州市地方税务局2012年第3号公告修正	2012年7月13日	
		广州市地方税务局公告2014年第11号修正	2014年7月11日	
		国家税务总局广州市税务局公告2018年第8号修正	2018年7月5日	
		国家税务总局广州市税务局公告2019年第2号	2019年7月1日	
2.6	《中华人民共和国房产税暂行条例》	国发〔1986〕90号	1986年10月1日	现行
		2011年1月8日根据国务院令第588号修正		
三、预算执行				
3.1	《中华人民共和国预算法》	1994年3月22日主席令第21号发布	1995年1月1日	现行
		2014年8月31日主席令第12号修改	2015年1月1日	
		2018年12月29日主席令第22号修改	2018年12月29日	
3.2	《中华人民共和国预算法实施条例》	1995年11月22日国务院令第186号	1995年11月22日	现行
3.3	《关于印发《财政总预算会计制度》的通知》	财预字〔1997〕287号	1998年1月1日	废止
		财库〔2015〕192号	2016年1月1日	现行
3.4	《行政事业单位会计决算报告制度》	财统〔2002〕4号	2002年3月5日	现行
3.5	《关于进一步做好预算执行工作的指导意见》	财预〔2010〕11号	2010年1月22日	现行
3.6	《财政部关于印发〈部门决算管理制度〉的通知》	财库〔2013〕209号	2014年1月1日	现行

续表

序号	标题	发布文号	施行时间	现行或废止时间
3.7	《国务院办公厅关于进一步做好盘活财政存量资金工作的通知》	国办发〔2014〕70 号	2014 年 12 月 30 日	现行
3.8	《关于进一步规范地方国库资金和财政专户资金管理的通知》	财库〔2014〕175 号	2014 年 10 月 28 日	现行
3.9	《关于进一步加强财政支出预算执行管理的通知》	财预〔2014〕85 号	2014 年 5 月 21 日	现行
3.10	《广东省人民政府关于深化预算管理制度改革的实施意见》	粤府〔2015〕50 号	2015 年 4 月 30 日	现行
3.11	《广东省省级部门整体支出绩效评价暂行办法》	粤财评函〔2015〕132 号	2015 年 12 月 14 日	现行
四、收入管理				
4.1	《中华人民共和国价格法》	1997 年 12 月 29 日主席令第 92 号	1998 年 5 月 1 日	现行
4.2	《财政票据管理办法》	2012 年 10 月 22 日财政部令第 70 号	2013 年 1 月 1 日	现行
4.3	《行政事业单位资金往来结算票据使用管理暂行办法》	财综〔2010〕1 号	2010 年 7 月 1 日	现行
4.4	《关于治理乱收费的规定》	中办发〔1993〕18 号	1993 年 10 月 9 日	现行
4.5	《关于进一步加强代扣代收代征税款手续费管理的通知》	财行〔2005〕365 号	2006 年 1 月 1 日	废止
		财行〔2019〕11 号	2019 年 2 月 2 日	现行
4.6	《政府非税收入管理办法》	财税〔2016〕33 号	2016 年 3 月 15 日	现行
4.7	《关于进一步完善制度规定切实加强财政资金管理的通知》	财办〔2011〕19 号	2011 年 4 月 11 日	现行

续表

序号	标题	发布文号	施行时间	现行或废止时间
4.8	《幼儿园收费管理暂行办法》	发改价格〔2011〕3207 号	2012 年 1 月 30 日	现行
4.9	《关于进一步规范高校教育收费管理若干问题的通知》	教财〔2006〕2 号	2006 年 5 月 12 日	现行
4.10	《广东省物价局、广东省教育厅、广东省财政厅关于进一步规范我省高等学校收费管理的通知》	粤价〔2007〕186 号	2007 年 9 月 1 日	现行
		粤价〔2012〕169 号（补充通知）	2012 年 7 月 26 日	
4.11	《财政专户管理办法》	财库〔2013〕46 号	2013 年 5 月 1 日	现行
4.12	《广东省行政事业性收费管理条例》	1991 年 11 月 22 日广东省人民代表大会常务委员会公告第 19 号	1992 年 1 月 1 日	现行
		1993 年 9 月 16 日广东省第八届人民代表大会常务委员会第四次会议修改	1993 年 9 月 17 日	
		2010 年 7 月 23 日广东省第十一届人民代表大会常务委员会第二十次会议修正	2010 年 7 月 23 日	
4.13	广东省财政厅关于印发《广东省行政事业性收费财务管理办法》的通知	粤财综〔1995〕23 号	1995 年 1 月 1 日	现行
4.14	《广东省财政票据管理办法》	粤财综〔2003〕59 号	2003 年 8 月 1 日	现行
4.15	《广州市非税收入管理办法》	广州市人民政府令 2006 年 1 号	2006 年 10 月 1 日	现行
		2015 年 9 月 30 日广州市人民政府令第 132 号修正	2015 年 9 月 30 日	

续表

序号	标题	发布文号	施行时间	现行或废止时间
4.16	《关于进一步加强非税收入征管工作提高非税收入质量的通知》	粤府〔2006〕62号	2006年6月5日	现行
4.17	《广州市人民政府转发省政府关于进一步加强非税收入征管工作提高非税收入质量的通知》	穗府〔2006〕28号	2006年7月27日	现行
五、支出管理				
（一）因公出国（境）经费				
5.1.1	《因公临时出国经费管理办法》	财行〔2013〕516号	2014年1月20日	现行
5.1.2	《关于印发〈省直党政机关和事业单位因公临时出国经费管理办法〉的通知》	粤财行〔2014〕32号	2014年2月7日	现行
（二）公务用车购置及运行费				
5.2.1	《党政机关公务用车配备使用管理办法》	中办发〔2011〕2号	2011年1月6日	2017年12月5日
5.2.2	《党政机关公务用车管理办法》	中办发〔2017〕71号	2017年12月5日	现行
5.2.3	《关于进行进一步规范和控制“三公”经费支出的通知》	粤办发〔2012〕20号	2012年6月18日	现行
5.2.4	广东省《关于《广东省全面推进公务用车制度改革总体方案》和《广东省省直机关公务用车制度改革实施方案》的通知》	粤办发〔2015〕9号	2015年7月13日	现行
5.2.5	《广州市市直党政机关事业单位“三公”经费管理办法》	穗财编〔2015〕192号	2015年6月16日	2020年6月16日

续表

序号	标题	发布文号	施行时间	现行或废止时间
（三）公务接待				
5.3.1	《党政机关国内公务接待管理规定》	中办发〔2013〕22号	2013年12月08日	现行
5.3.2	《广东省党政机关国内公务接待管理办法》	粤办发〔2014〕12号	2014年4月24日	现行
5.3.3	关于印发《省直党政机关外宾接待经费管理办法》的通知	粤财行〔2014〕80号	2014年3月18日	现行
（四）会议费				
5.4.1	《中央和国家机关会议费管理办法》	财行〔2016〕214号	2016年7月1日	现行
5.4.2	广东省《省直党政机关和事业单位会议费管理办法》	粤财行〔2013〕443号	2014年1月1日	2017年9月29日
		粤财行〔2017〕283号	2017年9月29日	现行
5.4.3	广州市《市直党政机关和事业单位会议费管理办法》	穗财编〔2018〕206号	2018年6月8日	现行
（五）培训费				
5.5.1	《中央和国家机关培训费管理办法》	财行〔2016〕540号	2017年1月1日	现行
5.5.2	《关于停止执行培训年度计划备案及执行情况报告规定的通知》	财行〔2019〕231号	2019年8月1日	现行
5.5.3	广东省《省直党政机关和事业单位培训费管理办法》	粤财行〔2017〕260号	2017年9月5日	现行
5.5.4	广东省《关于停止执行培训年度计划备案及执行情况报告规定的通知》	粤财行〔2019〕138号	2019年9月1日	现行

续表

序号	标题	发布文号	施行时间	现行或废止时间
5.5.5	《广州市市直党政机关和事业单位培训费管理办法》	穗财编〔2018〕4号	2018年1月24日	现行
（六）差旅费				
5.6.1	《中央和国家机关差旅费管理办法》	财行〔2013〕531号	2014年1月1日	2016年1月1日
5.6.2	《关于调整中央和国家机关差旅住宿费标准等有关问题的通知》	财行〔2015〕497号	2016年1月1日	现行
5.6.3	《关于规范差旅伙食费和市内交通费收交管理有关事项的通知》	财办行〔2019〕104号	2019年8月1日	现行
5.6.4	《关于加强公务机票购买管理有关事项的通知》	财库〔2014〕33号	2014年4月14日	现行
5.6.5	《财政部 中国民用航空局关于加强公务机票购买管理有关事项的补充通知》	财库〔2014〕180号	2014年11月6日	现行
5.6.6	广东省《省直党政机关和事业单位差旅费管理办法》	粤财行〔2014〕67号	2014年3月18日	现行
5.6.7	广东省《关于省直党政机关和事业单位差旅费管理问题的补充通知》	粤财行〔2016〕66号	2016年2月23日	现行
5.6.8	《广东省财政厅　中共广东省委机关事务管理局　广东省人民政府机关事务管理局关于规范差旅伙食费和市内交通费收交管理有关事项的通知》	粤财行〔2019〕141号	2019年8月14日	现行

续表

序号	标题	发布文号	施行时间	现行或废止时间
5.6.9	《广州市财政局关于调整市级国家机关事业单位误餐费、夜餐费等开支标准的通知》	穗财编〔2014〕207 号	2014 年 6 月 20 日	现行
5.6.10	广州市《市直党政机关和事业单位差旅费管理办法》	穗财编〔2015〕187 号	2015 年 5 月 27 日	现行
5.6.11	《广州市财政局关于调整市直党政机关和事业单位差旅住宿费标准有关问题的通知》	穗财编〔2016〕165 号	2016 年 1 月 1 日	现行
（七）工资与津贴补贴				
5.7.1	《中纪委、中组部、监察部、财政部、人事部、审计署关于规范公务员津贴补贴问题的通知》	中纪发〔2006〕17 号	2007 年 1 月 1 日	现行
5.7.2	《违规发放津贴补贴行为适用〈中国共产党纪律处分条例〉若干问题的解释》	中纪发〔2012〕4 号	2012 年 2 月 4 日	现行
（八）专项资金				
5.8.1	中华人民共和国发票管理办法	1993 年财政部令第 6 号	1993 年 12 月 23 日	现行
		2010 年 12 月 20 日国务院令第 587 号修改	2011 年 2 月 1 日	
		2019 年 3 月 18 日国务院令第 709 号修改	2019 年 3 月 18 日	
5.8.2	《中央财政专项扶贫资金管理办法》	财农〔2017〕8 号	2017 年 3 月 31 日	现行
5.8.3	《广东省省级财政专项资金管理暂行规定》	粤府〔2006〕37 号	2006 年 4 月 10 日	2014 年 1 月 1 日
5.8.4	《广东省省级财政专项资金管理办法》	粤府〔2013〕125 号	2014 年 1 月 1 日	2015 年 3 月 16 日
5.8.5	《广东省省级财政专项资金管理试行办法》	（粤府〔2015〕34 号）	2015 年 3 月 16 日	2016 年 8 月 31 日

续表

序号	标题	发布文号	施行时间	现行或废止时间
5.8.6	《广东省人民政府关于印发广东省省级财政专项资金管理试行办法的通知》	（粤府〔2016〕86号）	2016年8月31日	2018年12月24日
5.8.7	《广东省省级财政专项资金管理办法（试行）》	粤府〔2018〕120号	2018年12月24日	现行（有效期3年）
5.8.8	《广东省省级财政资金项目库管理办法》	粤财预〔2015〕188号	2015年	2018年11月12日
5.8.9	《广东省省级财政资金项目库管理办法（试行）》	粤财预〔2018〕263号	2018年11月12日	现行
5.8.10	《广东省精准扶贫开发资金筹集使用监管办法》	粤财农〔2016〕166号	2016年9月5日	现行
5.8.11	《国务院关于改进加强中央财政科研项目和资金管理的若干意见》	国发〔2014〕11号	2014年3月3日	现行
5.8.12	《教育部财政部关于进一步加强高校科研经费管理的若干意见》	教财〔2005〕11号	2005年6月26日	现行
5.8.13	《教育部关于进一步贯彻执行国家科研经费管理政策加强高校科研经费管理的通知》	教财〔2011〕12号	2011年12月2日	现行
5.8.14	《广东省强师工程专项资金管理办法》	粤财教〔2014〕86号	2014年5月16日	现行
5.8.15	《关于改进和加强中央财政科技经费管理的若干意见》	国办发〔2006〕56号	2006年8月21日	现行
5.8.16	《关于进一步完善中央财政科研项目资金管理等政策的若干意见》	中办发〔2016〕50号	2016年7月21日	现行
5.8.17	《广东省财政厅关于省级财政社会科学研究项目资金的管理办法》	粤财规〔2018〕1号	2018年3月1日	2021年2月28日

续表

序号	标题	发布文号	施行时间	现行或废止时间
5.8.18	《广东省财政厅　广东省审计厅关于省级财政科研项目资金的管理监督办法》	粤财规〔2019〕5号	2019年7月5日	2022年7月4日
5.8.19	《广东省财政厅关于印发〈关于省级财政科研项目资金拨付管理的暂行规定〉的通知》	粤财教〔2017〕503号	2018年1月3日	2019年7月5日
5.8.20	《国家规划布局内重点软件企业和集成电路设计企业认定管理试行办法》	发改高技〔2012〕2413号	2012年8月9日	现行
（九）工会经费				
5.9.1	《中华人民共和国工会法》	1992年主席令57号公布	1992年4月3日	现行
		2001年10月27日主席令第62号修正	2001年10月27日	
		2009年8月27日主席令第18号修正	2009年8月27日	
5.9.2	《基层工会经费收支管理办法》	总工办发〔2017〕32号	2017年12月15日	现行
5.9.3	《关于工会经费收入专用收据使用管理暂行办法》	工财字〔2010〕119号	2010年7月1日	现行
5.9.4	《广东省基层工会经费收支管理实施细则（试行）》	粤工总〔2018〕5号	2018年1月1日	现行
六、资金管理				
6.1	《现金管理暂行条例》	2011年1月8号国务院令第588号修正	1988年10月1日	现行
6.2	《现金管理暂行条例实施细则》	银发〔1988〕288号	1988年10月1日	现行
6.3	财政部中国人民银行关于印发《中央预算单位公务卡管理暂行办法》的通知	财库〔2007〕63号	2007年7月12日	现行

续表

序号	标题	发布文号	施行时间	现行或废止时间
6.4	关于实施中央预算单位公务卡强制结算目录的通知	财库〔2011〕160 号	2012 年 1 月 1 日	现行
6.5	关于印发《单位公务卡管理办法（试行）》的通知	财库〔2016〕8 号	2016 年 1 月 4 日	现行
6.6	广东省《关于实施省级预算单位公务卡强制结算目录的通知》	粤财库〔2012〕29 号	2012 年 8 月 1 日	现行
6.7	《关于全面实施公务卡结算管理的通知》	穗财库〔2010〕74 号	2011 年 1 月 1 日	现行
6.8	《关于全面实施公务卡强制结算目录的通知》	穗纪字〔2012〕41 号	2012 年	现行
6.9	《关于零余额账户管理有关事项的通知》	财库〔2009〕47 号	2009 年 6 月 2 日	现行
6.10	《关于加强和规范预算单位零余额账户资金管理事项的通知》	粤财库〔2009〕44 号	2009 年 11 月 3 日	现行
6.11	《关于推进地方盘活财政存量资金有关事项的通知》	财预〔2015〕15 号	2015 年 2 月 17 日	现行
6.12	《广州市财政局关于清理财政代管资金有关事宜的通知》	穗财库〔2015〕16 号	2015 年	现行
6.13	《国务院关于印发推进财政资金统筹使用方案的通知》	国发〔2015〕35 号	2015 年 6 月 16 日	现行
6.14	《广东省财政库款管理暂行办法》	粤财库〔2017〕17 号	2017 年 7 月 26 日	现行
七、资产管理				
7.1	《行政事业单位资产清查核实管理办法》	财资〔2016〕1 号	2016 年 3 月 1 日	现行

续表

序号	标题	发布文号	施行时间	现行或废止时间
7.2	《行政单位国有资产管理暂行办法》	2006 年 5 月 30 日财政部令第 35 号	2006 年 7 月 1 日	现行
		2017 年 12 月 4 日财政部令第 90 号修正	2018 年 1 月 1 日	
7.3	《事业单位国有资产管理暂行办法》	2006 年 5 月 30 日财政部令第 36 号发布	2006 年 7 月 1 日	现行
		2017 年 12 月 4 日财政部令第 90 号修正	2018 年 1 月 1 日	现行
		2019 年 3 月 29 日财政部令第 100 号修改	2019 年 3 月 29 日	现行
7.4	财政部关于印发《中央级事业单位国有资产管理暂行办法》的通知	财教〔2008〕13 号	2008 年 3 月 15 日	现行
7.5	关于印发《中央行政单位通用办公设备家具配置标准》的通知	财资〔2016〕27 号	2016 年 7 月 1 日	现行
7.6	《2016 年全国行政事业单位国有资产清查工作指南》	无	2016 年 1 月 20 日	2016 年 12 月 31 日
7.7	《广东省财政厅关于省直行政事业单位国有资产使用管理的暂行办法》	粤财资〔2011〕18 号	2011 年 3 月 15 日	现行
7.8	广东省《省直行政事业单位国有资产处置管理暂行办法》	粤财资〔2014〕16 号	2014 年 7 月 1 日	现行
7.9	《广州市市属行政事业单位国有资产使用管理办法》	穗财规字〔2016〕1 号	2016 年 10 月 7 日	2021 年 10 月 6 日
7.10	《广州市财政局关于印发广州市市属行政事业单位国有资产处置办法的通知》	穗财规字〔2017〕5 号	2017 年 10 月 24 日	2022 年 10 月 23 日

续表

序号	标题	发布文号	施行时间	现行或废止时间
八、债务管理				
8.1	《中华人民共和国担保法》	1995 年 6 月 30 日主席令第 50 号	1995 年 10 月 1 日	现行
8.2	《关于加强地方政府性债务管理的意见》	国发〔2014〕43 号	2014 年 9 月 21 日	现行
8.3	《关于坚决制止地方以政府购买服务名义违法违规融资的通知》	财预〔2017〕87 号	2017 年 5 月 28 日	现行
九、政府采购管理				
9.1	《中华人民共和国招标投标法》	1999 年 8 月 30 日主席令第 21 号	2000 年 1 月 1 日	现行
		2017 年 12 月 27 日主席令第 86 号修订	2017 年 12 月 28 日	现行
9.2	《中华人民共和国政府采购法》	2002 年 6 月 29 日主席令第 68 号	2003 年 1 月 1 日	现行
		2014 年 8 月 31 日主席令第 14 号修订	2014 年 8 月 31 日	现行
9.3	《中华人民共和国招标投标法实施条例》	2011 年 12 月 20 日国务院令第 613 号	2012 年 2 月 1 日	现行
		2017 年 3 月 1 日国务院令第 676 号修订	2017 年 3 月 1 日	现行
		2019 年 3 月 2 日国务院令第 709 号修订	2019 年 3 月 2 日	现行
9.4	《中华人民共和国政府采购法实施条例》	2015 年 1 月 30 日国务院令第 658 号	2015 年 3 月 1 日	现行
9.5	《政府采购货物和服务招标投标管理办法》	2004 年 8 月 11 日财政部令第 18 号	2004 年 9 月 11 日	2017 年 10 月 1 日
		2017 年财政部令第 87 号修改	2017 年 10 月 1 日	现行
9.6	《广东省实施〈中华人民共和国招标投标法〉办法》	2003 年广东省第十届人民代表大会常务委员会公告第 3 号	2003 年 6 月 1 日	2019 年 3 月 1 日
		2018 年广东省第十三届人民代表大会常务委员会公告第 19 号修订	2019 年 3 月 1 日	现行

续表

序号	标题	发布文号	施行时间	现行或废止时间
9.7	《广东省实施〈中华人民共和国政府采购法〉办法》	广东省第十一届人民代表大会常务委员会公告第12号	2010年3月1日	现行
9.8	广东省《政府向社会组织购买服务暂行办法》	粤府办〔2012〕48号	2012年5月24日	2014年7月2日
9.9	《广东省人民政府办公厅关于进一步深化政府采购管理制度改革的意见》	粤办函〔2015〕532号	2015年11月9日	现行
9.10	广东省《关于2013至2014年度省直单位公务车辆维修与保险政府采购协议供货事项的通知》	粤财采购〔2013〕2号	2013年1月1日	2014年12月31日
9.11	《广东省2013年政府集中采购目录及限额标准》	粤财采购〔2013〕13号	2013年7月1日	2017年1月1日
9.12	《广东省2017年政府集中采购目录及采购限额标准》	粤财采购〔2016〕7号	2017年1月1日	2019年1月1日
9.13	《广东省省级2019年集中采购机构采购项目实施方案》	粤财采购〔2018〕7号	2019年1月1日	现行
9.14	《广州市政府集中采购目录及采购限额标准（2009年）》	穗财采〔2009〕52号	2009年4月1日	2015年7月1日
9.15	《广州市政府集中采购目录及采购限额标准（2015年）》	穗财采〔2015〕71号	2015年7月1日	2018年11月6日

续表

序号	标题	发布文号	施行时间	现行或废止时间
9.16	《广州市政府集中采购目录及采购限额标准（2018年）》	穗财采〔2018〕328号	2018年11月6日	现行
9.17	广州市财政局关于《广州市政府集中采购目录及采购限额标准（2018年）》的补充通知	穗财采〔2019〕208号	2019年7月10日	现行
9.18	广州市财政局关于促进政府采购公平竞争优化营商环境的通知	穗财采〔2019〕226号	2019年8月9日	现行
9.19	《广州市财政局关于我市2016年度政府采购协议供应项目采购有关事宜的通知》	穗财采〔2015〕201号	2016年1月1日	2016年12月31日
十、工程项目				
10.1	《中华人民共和国建筑法》	1997年11月1日主席令第91号	1998年3月1日	现行
		2011年4月22日主席令第46号修改	2011年7月1日	
		2019年4月23日主席令第29号修改	2019年4月23日	
10.2	《基本建设财务规则》	2016年财政部令第81号	2016年9月1日	现行
		2017年财政部令第90号修改	2018年1月1日	
10.3	《关于核定在建基本建设大中型项目概算等问题的通知》	计建设〔1996〕1154号	1996年6月17日	现行
10.4	《基本建设财务管理规定》	财建〔2002〕394号	2002年10月23日	2016年9月1日
10.5	《关于解释〈基本建设财务管理规定〉执行中有关问题的通知》	财建〔2003〕724号	2003年12月10日	2016年9月1日
10.6	《基本建设项目建设成本管理规定》	财建〔2016〕504号	2016年9月1日	现行

续表

序号	标题	发布文号	施行时间	现行或废止时间
10.7	《关于印发〈建设工程价款结算暂行办法〉的通知》	财建〔2004〕369 号	2004 年 10 月 20 日	现行
10.8	《建设工程质量管理条例》	2000 年国令第 279 号	2000 年 1 月 30 日	现行
		2017 年国令第 687 号	2017 年 10 月 7 日	
		2019 年国令第 714 号	2019 年 4 月 23 日	
10.9	《工程造价咨询企业管理办法》	建设部令〔2006〕第 149 号	2006 年 7 月 1 日	现行
		住建部令〔2015〕第 24 号	2015 年 5 月 4 日	
		住建部令〔2016〕第 32 号	2016 年 10 月 20 日	
10.10	《建筑工程施工许可管理办法》	2014 年住建部令第 18 号发布	2014 年 10 月 25 日	现行
		2018 年 9 月 28 日住建部令第 42 号修正		
10.11	《建设工程施工发包与承包计价管理办法》	住建部令〔2013〕第 16 号	2014 年 2 月 1 日	现行
10.12	《建设工程工程量清单计价规范》	GB 50500－2008 住建部公告第 63 号	2008 年 12 月 1 日	2013 年
		GB 50500－2013	2013 年	现行
10.13	《建设工程监理规范》	GB/T50319－2013 住建部公告第 35 号	2014 年 3 月 1 日	现行
10.14	《房屋建筑和市政基础设施工程竣工验收规定》	建质〔2013〕171 号	2013 年 12 月 2 日	现行
10.15	《国务院办公厅关于加强和规范新开工项目管理的通知》	国办〔2007〕64 号	2007 年 11 月 17 日	现行
10.16	《党政机关办公用房建设标准》	发改投资〔2014〕2674 号	2014 年 11 月 24 日	现行

续表

序号	标题	发布文号	施行时间	现行或废止时间
10.17	《广东省普通高等学校贯彻执行“三重一大”决策制度的暂行规定》	粤教工委〔2011〕2号	2011年2月25日	现行
10.18	《广东省政府投资省属非经营性项目代建管理办法（试行）》	粤府〔2016〕36号	2016年5月1日	现行
十一、合同管理				
11.1	《中华人民共和国合同法》	1999年3月15日主席令第15号	1999年10月1日	现行
十二、小金库				
12.1	《关于清理检查“小金库”的具体规定》	财监字〔1995〕29号	1995年5月1日	现行
12.2	《关于在党政机关和事业单位开展“小金库”专项治理工作的实施办法》	中纪发〔2009〕7号	2009年4月23日	现行
12.3	《关于深入开展“小金库”治理工作的意见》	中办发〔2009〕18号	2009年	现行
12.4	《设立“小金库”和使用“小金库”款项违法违纪行为政纪处分暂行规定》	2010年1月5日监察部令第19号	2010年2月15日	现行
十三、内控指引				
13.1	《医疗机构财务会计内部控制规定（试行）》	卫规财发〔2006〕227号	2006年6月21日	现行
13.2	《行政事业单位内部控制规范（试行）》	财会〔2012〕21号	2014年1月1日	现行
13.3	《关于全面推进行政事业单位内部控制建设的指导意见》	财会〔2015〕24号	2015年12月21日	现行
十四、廉洁建设				
14.1	《关于党政机关厉行节约若干问题的通知》	中办发〔2009〕11号	2009年2月27日	现行

续表

序号	标题	发布文号	施行时间	现行或废止时间
14.2	《党政机关厉行节约反对浪费条例》	中发〔2013〕13 号	2013 年 11 月 18 日	现行
14.3	《广东省党政机关厉行节约反对浪费实施细则》	粤发〔2014〕7 号	2014 年 3 月 29 日	现行
十五、其他				
15.1	《中华人民共和国道路交通安全法》	2003 年 10 月 28 日主席令第 8 号	2004 年 5 月 1 日	现行
		2011 年 4 月 22 日主席令第 47 号修正		
15.2	《中华人民共和国电力法》	第八届全国人民代表大会常务委员会第十七次会议	1996 年 4 月 1 日	现行
		2018 年 12 月 29 日第十三届全国人民代表大会常务委员会第七次会议第三次修正		
15.3	《中华人民共和国反不正当竞争法》	1993 年 9 月 2 日主席令第 10 号公布	1993 年 12 月 1 日	现行
		2017 年 11 月 4 日主席令第 77 号修订	2018 年 1 月 1 日	
		2019 年 4 月 23 日主席令第 29 号修正	2019 年 4 月 23 日	
15.4	《中华人民共和国商业银行法》	2015 年 8 月 29 日主席令第 34 号修正	2015 年 10 月 1 日	现行
15.5	《中华人民共和国刑法》	1979 年 7 月 26 日全国人大常委会令第五号	1980 年 1 月 1 日	现行
		1997 年 3 月 14 日主席令第 83 号修订	1997 年 10 月 1 日	
		2011 年 2 月 25 日主席令第 41 号修订	2011 年 5 月 1 日	
		2015 年 8 月 29 日主席令第 30 号修订	2015 年 11 月 1 日	
		2017 年 11 月 4 日主席令第 80 号修订	2017 年 11 月 4 日	

续表

序号	标题	发布文号	施行时间	现行或废止时间
15.6	《中华人民共和国公务员法》	2005 年 4 月 27 日主席令第 35 号公布	2006 年 1 月 1 日	现行
		2017 年 9 月 1 日主席令第 76 号修正	2018 年 1 月 1 日	
		2018 年 12 月 29 日主席令第 20 号修订	2019 年 6 月 1 日	
15.7	广东省《关于加强我省中小学食堂建设与管理的意见》	粤教后勤〔2007〕54 号	2007 年 12 月 7 日	现行
15.8	《广东省事业单位分类改革的意见》	粤发〔2010〕6 号	2010 年 2 月 27 日	现行
15.9	《广东省文化产业发展专项资金管理办法》	粤财教〔2014〕357 号	2014 年 10 月 15 日	现行